本书受到 2016 年度国家社科基金一般项目"农民工家庭的教育选择与政策支撑研究"(项目编号:16BSH041)与 2017 年度贵州省区域内一流学科建设资金的资助。

农民工家庭的教育选择

肖庆华　著

人民出版社

责任编辑:孟令堃

策划编辑:王艾鑫

装帧设计:朱晓东

图书在版编目(CIP)数据

农民工家庭的教育选择/肖庆华 著.—北京:人民出版社,2019.3

ISBN 978-7-01-019120-1

Ⅰ.①农⋯　Ⅱ.①肖⋯　Ⅲ.①民工－子女－家庭教育－

研究－中国　Ⅳ.①G789.2

中国版本图书馆 CIP 数据核字(2018)第 055029 号

农民工家庭的教育选择

NONGMINGONG JIATING DE JIAOYU XUANZE

肖庆华　著

人民出版社 出版发行

(100706　北京市东城区隆福寺街 99 号)

北京中兴印刷有限公司印刷　新华书店经销

2019 年 3 月第 1 版　2019 年 3 月北京第 1 次印刷

开本:710 毫米×1000 毫米 1/16　印张:17.75

字数:256 千字

ISBN 978-7-01-019120-1　定价:54.00 元

邮购地址:100706　北京市东城区隆福寺街 99 号

人民东方图书销售中心　电话:(010)65250042　65289539

摘　要

　　中国的现代化、工业化和城镇化，带来了农民工及其子女这个特殊群体。农民工子女的出现是农民工家庭教育选择的结果。农民工家庭的教育选择关系到其子女是处于留守状态，还是处于随迁状态；关系到农民工子女的数量规模、分布区域、流动方向；关系到教育资源的配置及相关政策的制定。因此，农民工家庭教育选择的研究是一个时代课题，具有重要的现实价值和社会意义。

　　我们向农村留守儿童及其监护人、农民工随迁子女及其监护人共发放了 6000 份问卷，在数据分析与实地访谈的基础上，呈现出农民工家庭教育选择的现状，分析其存在的问题，并得出五个主要观点。一是由于农民工家庭的教育选择，农村留守儿童的数量总体来说呈现出下降趋势，农村流动儿童的规模则呈现出增长趋势。二是农民工家庭的教育选择实质上是教育供给与教育需求间矛盾的反映及实际行动。三是农民工家庭的教育选择受到经济、文化、教育、大众心理及孩子本身诉求等各种因素的影响，其中经济状况是影响农民工家庭教育选择的主导因素。四是农民工家庭的教育选择既存在线性机制和非线性机制，也存在多元机制。总体来说，农民工家庭的教育选择是一种以线性机制为主导的多元机制。五是农民工家庭的教育选择与国家政策之间是相互影响的。农民工家庭的教育选择影响着国家政策的制定与颁布，使政策既反映国家意志，又反映农民工家庭的教育诉求；而国家政策对于农民工家庭的教育选择既起到制约作用，又起到引导作用。

　　如何更深入地呈现出农民工家庭教育选择的决策机制？如何通过国家

政策的资源配置功能来引导农民工子女的教育分流及农民工家庭合理的教育选择？这些方面的深层次分析是后续研究需要进一步加强的。

关键词：农民工家庭；农民工子女；教育选择；政策体系

目　录

绪　　论

随着我国工业化、现代化和城镇化的持续推进，大量农村剩余劳动力进城务工就业，而其子女的去向则深刻地影响着他们的学习、生活等各个方面。农民工家庭对其子女所作出的教育选择，决定了其子女是处于留守状态，还是处于流动状态，农民工子女所处的留守或流动状态会极大地影响及改变他们的教育与生活状况，也会对这些孩子的身心带来实际影响，同时也会影响国家相关政策的制定及教育资源的配置；反过来，国家所颁布的农民工子女相关政策也会深刻地影响农民工家庭的教育选择，政策的变迁意味着相关资源的重新配置，因此农民工家庭的教育选择不能不考虑政策因素，农民工家庭的教育选择会极大地受到相关政策因素的影响。虽然农民工子女现象是我国现代化进程中出现的新鲜事情，它会随着我国现代化的完成而结束，但是我们的教育政策不能忽视农民工子女这个特殊群体的受教育状况。这关系到农民工子女的未来发展状况，也是农民工家庭不得不面对的教育选择，需要农民工家庭在现实面前作出实际选择。农民工家庭的教育选择究竟是什么样的现状？农民工家庭的教育选择受到什么因素的影响？农民工家庭的教育选择机制是什么？农民工家庭的教育选择的优缺点是什么？如何进一步优化农民工家庭的教育选择？这些现象与问题不仅是国家及政府层面需要考虑的现实问题，也是学界必须予以关注的研究课题，这对农民工子女本身的成长及教育资源的配置具有重大影响以及重要的现实意义与理论价值。

一、研究过程与方法

本部分主要是呈现本书形成研究成果的整个研究过程，以及在整个研究过程中使用的研究方法。

（一）研究过程

本书是在 2016 年度国家社科基金一般项目"农民工家庭的教育选择与政策支撑研究"（项目编号：16BSH041）的研究成果的基础上反复修改而成的。该课题自 2016 年立项以来，整个研究过程持续了两年多，具体的研究过程分为四个阶段。

第一阶段是课题研究方案的论证过程。课题立项只提供了课题研究的大致框架，具体该做什么？该如何做？怎样做才能达到研究目标？还需要把大致的研究框架转化为具体的研究方案，即罗列出每个时间段需要具体做什么？如何做？使用什么样的研究方法？每个阶段能否达到预期的研究目标？课题组在制定研究方案的基础上，聘请相关专家对研究方案进行论证，对课题研究的可能性、可行性和可操作性提出了具体的对策建议，课题组就相关问题与专家进行了深入探讨。第一阶段是课题研究方案的论证阶段，课题组负责人不仅咨询了相关领域的专家学者，而且召开了课题论证会，听取专家学者对研究方案提出的对策建议，并根据对策建议对研究方案进行了完善，这为后续的课题研究打下了扎实的基础，使后续的研究更有针对性。

第二阶段是课题研究资料的收集与分析过程。资料和数据的收集包括三个方面，一是对农民工家庭教育选择的研究文献资料进行收集与整理，吸收他人的研究成果，并对他人的研究成果进行批判性思考，使课题研究建立在已有研究的基础之上，并进行深入的研究；二是对农民工子女的相关政策资料进行收集与整理，收集与整理的政策资料主要是指有关的户籍政策资料和相关的教育政策资料；三是对农民工及其子女教育选择的相关数据进行采集，这方面是重点。首先，课题组分别开发出农村留守儿童及其监护人、农村流动儿童及其监护人的问卷调查表和访谈提纲，并对这些问卷调查表和访谈提纲进行讨论，在充分讨论的基础上做出修改。其次，对农村留守儿童及其监护人与农村流动儿童及其监护人进行预调研，并在此基础上补充和完善问卷调查表。再次，发放问卷调查表和进行实地访谈，收集农村留守儿童及其监护人与农村流动儿童及其监护人的相关数据和事实材料。我们选择了贵州、江西、重庆、广东、湖南、湖北、安徽、河南这些省份的小学四年级至初中二年级的农村留守儿童及其监护人作为问卷调查对象，共发放问卷调查表 3000 份，收回有效问卷 2842 份，有效问卷的回收率达到 94.73%；同时对这些农村留守儿童的监护人、学校校长和教师进行了实地访谈，了解农民工家庭在教育选择方面的实际情况。我们选择贵阳、南昌、广州、深圳、重庆、杭州、上海、郑州及北京这些城市的小学四年级至初中二年级的农村流动儿童及其监护人作为问卷调查对象，共发放问卷调查表 3000 份，回收有效问卷 2421 份，有效问卷的回收率达到 80.07%；同时对这些农村流动儿童及其监护人、学校教师及校长进行了个别访谈，了解农民工家庭在教育选择方面的实际情况。最后，通过 SPSS 软件，对农民工家庭教育选择的相关数据进行统计与分析。第二阶段花费时间较长，因为在数据和资料的收集方面具有一定的难度，而且空间跨度也比较大，涉及不同省份和不同的城市的农村地区。这里，还要特别说明的是，由于学前及小学低年级农村留守与流动儿童在数据及资料收集方面的难度较大，调查问卷的对象主要是小学四年级至初中二年级的农村留守与流动儿童。初中三年级的农村留守与流动儿童由于升学考试，在调研过程中没有去打扰他们。对于低年级的农村留守与流动儿童，我们主要是通过观察与访谈的方式来收集相关资料，因为如果让这些低年级的孩子来填写问卷调查表，会出现有些孩子看不懂问卷调查表的情况，有可能导致所采集的数据不真实、不完整。

　　第三阶段是中期研究成果的撰写过程。中期研究成果主要是在采集与收集相关数据与材料的基础上，对相关数据与材料进行统计分析所得到的第一手资料。这些资料与数据是研究报告撰写的主要依据，也为研究成果的呈现提供了重要支持。同时，本书在这个研究阶段对教育选择的相关理论做了较为系统的思考与分析，希望能为在调研中所得到的相关数据与资料提供理论解释与分析，从而使研究报告更具有理论底蕴。

　　第四阶段是最终研究成果的撰写阶段。结合文献资料和调研所得到的数据及材料，在理论分析的基础上，以研究报告的形式，比较系统与完整地呈现出最终的研究成果。本书通过一些理论观点，使相关的分析更具有理论依据，同时也使本书具有理论底蕴，使对相关数据与资料的分析更具有理论厚度，使书中的观点更有说服力。

（二）研究方法

在研究的整个过程中，本书主要采用了以下的研究方法。

1. 文献法

已有的文献主要是从教育学、社会学、政策学、经济学等不同学科背景对农民工家庭的教育选择及相关政策进行多层面的研究，从农民工子女监护人的教育选择到农民工子女教育选择的研究，再到农民工家庭教育选择的研究，大量的文献资料为本书的深入研究提供了文献基础，使本书能够在已有的研究文献基础之上进行拓展和深化。文献法既为研究提供了思路与理论框架，也为研究提供了相关的事实依据，从不同的侧面佐证了研究的主要观点。同时，本书的主要观点也丰富了已有研究观点的内涵。文献法展示了农民工子女研究的学术发展史，本书既要承接农民工子女研究的学术发展史，同时也要拓展农民工子女研究的学术范围，丰富农民工子女的相关研究，这是文献法在学术研究中的价值所在。

2. 调查法

本书采用问卷调查法和访谈法来具体了解农民工家庭教育选择的实际情况及农民工子女的受教育状况，为农民工及其子女相关政策的调整提供事实依据。为深入了解农民工家庭教育选择的现状，我们对贵州、江西、重庆、湖南、湖北、安徽、河南、广东这些省份小学四年级至初中二年级的农村留守儿童及其监护人进行了问卷调查和个别访谈，对低年级的农村留守儿童主要采用观察法和访谈法。对贵阳、南昌、广州、深圳、重庆、杭州、上海、郑州及北京这些城市中的小学四年级到初中二年级的农村流动儿童及其监护人进行了问卷调查和个别访谈。问卷调查法是要从整体上呈现农民工家庭教育选择的一般情况；访谈法是要从不同侧面深入挖掘农民工家庭教育选择的实际情况，使他们的实际困难和真实需求得到切实反映。

3. 数量分析法

对于问卷调查法所得到的资料和数据采用 SPSS 软件来加以统计与分析，具体描述农民工家庭的教育选择现状和实际需求。数量分析法能较清晰地描述农民工家庭教育选择的现状，较客观地反映农民工家庭教育选择的不同需求，为农民工及其子女的相关政策改革提供相应的事实依据。本书在对农民工家庭教育选择现状的研究部分，较多地使用了数量分析法，目的是以具体的数据与事实来较清晰地描述出农民工家庭教育选择的实际状况和不同需求，以及农民工子女的受教育状况。这里为什么要描述农民工子女的受教育状况呢？因为农民工子女的受教育状况与农民工家庭的教育选择存在着一定的关联。

4. 逻辑分析法

农民工家庭教育选择的现状与问题究竟是什么？它们之间存在着什么样的内在关系？需要通过逻辑分析法去梳理；农民工家庭教育选择不同需求背后的原因是什么？需要通过逻辑分析法去挖掘；农民工家庭教育选择的不同需求和相关政策的调整之间有何内在联系，也需要通过逻辑分析法去展示，揭示两者之间的内在联系，可使农民工及其子女的政策调整与改革更有说服力；农民工家庭教育选择的各种影响因素之间的关系，也需要通过逻辑分析法去厘清；农民工家庭教育选择的影响因素与决策机制之间的关系，也需要通过逻辑分析法去说明。在整个研究过程中采用逻辑分析法，使本书的分析与判断尽量建立在合理的基础上，同时也使本书的研究更有逻辑性和理论色彩，使得到的研究结论更有说服力，同时也使前后章节中的内容分析更具有内在的一致性。

5. 因素分析法

农民工家庭的教育选择会受到各种因素的影响，那么会受到哪些因素的影响呢？农民工家庭对于孩子留守的教育选择会受到什么因素的影响呢？农民工家庭对于孩子随迁的教育选择又会受到什么因素的影响呢？两方面的影响因素是否会不一样呢？在相关的影响因素中，哪些是主要的影响因素？哪些是次要的影响因素？这些影响因素在农民工家庭教育选择中所起的作用大小又是一种什么样的情况呢？这些相关因素之间又是如何相互影响的呢？这些都是我们在课题研究中要思考的问题，并运用到课题研究中去解释实际情况。

二、研究思路和核心概念

本部分主要是介绍研究的基本思路，研究思路贯穿于整个研究之中，是存在于课题研究中的主线。本部分同时还对研究中所涉及的核心概念进行了解释与界定，使研究在一定的核心概念内展开。

（一）研究思路

本书以农民工家庭的教育需求得不到实际满足为研究假设，以这个研究假设为起点来展开本书研究的基本思路，并以此开展相关研究。通过呈现相关的数据与事实来达到验证假设，在验证假设的基础上对相关现象及问题进行了较为深入的分析，最后提出了相应的对策措施。具体的研究思路可参见下文。

（二）核心概念

本书研究的核心概念是"农民工子女""农民工家庭""教育选择"和"政策体系"。下面分别对研究中的这四个核心概念的内涵进行阐释。

1. 农民工子女

农民工子女是我国在现代化、城镇化和工业化的推进过程中出现的一个特殊群体，这个特殊群体最早出现于20世纪八九十年代。目前我国农民工子女的数量既有稳定的一面，也有扩大的趋势，这与我国当前的"三化"持续推进有着极大的关系。农民工子女是指有子女的农民外出务工而使其子女处于留守或流动的状态。因此，农民工子女既包括农村留守儿童，也包括农村流动儿童（或者称为农民工随迁子女），农民工子女可以说是一个硬币的两面，一面是农村留守儿童，另一面则是农村流动儿童。农民工子女只能处于其中的一种状态，父母外出务工使孩子留守在家而成为农村留守儿童；或者随务工的父母一起外出而成为农村流动儿童。通常，我们把农村留守儿童和农村流动儿童统称为农民工子女，本书中所指的农民工子女包括农村留守儿童与农村流动儿童。有些著作把农民工子女或等同于农民工随迁子女，或等同于农村流动儿童，或等同于进城务工农民随迁子女，这其实都是对农民工子女这个概念的误解，对农民工子女这个概念的理解是不完整的。事实上，农民工子女这个概念不仅包括农村流动儿童，而且还包括农村留守儿童，只要是外出务工农民的子女都统称为农民工子女。

农村留守儿童包括狭义的农村留守儿童和广义的农村留守儿童。狭义的农村留守儿童是指父母双方都外出务工而长期处于留守状态，这个"长期处于留守状态"，一般是指三个月或半年及以上的时间，务工地点也比较远，至少是在县城及以上的区域；广义的农村留守儿童包括四大类：第一类是父母一方外出务工，其子女与父母的另一方留守在家里。一般来说，是母亲与其子女留守在家里，父亲外出务工，这类留守儿童的年龄普遍较小，自我照顾的能力不足。第二类是父母双方都外出务工，其子女由爷爷奶奶或外公外婆照顾，留守儿童的年龄相对大些，这类留守儿童目前在农村较为普遍，是农村留守儿童的主体部分。第三类是父母双方都外出务工，其子女由亲戚朋友照看，这类留守儿童在数量上相对来说较少。第四类是父母双方都外出务工，其子女由自己照顾，一般来说，这些孩子的年龄都比较大，具有一定的照顾自己和弟弟妹妹日常生活的能力，这类留守儿童的数量在农村地区也比较少。本书中的农村留守儿童是指广义上的农村留守儿童。

21世纪以来，农民外出务工有一个新特点，即由原来的"单身外出"变成"全家外出"，农民工子女跟随其父母来到城市而成为农村流动儿童。从流动的时间来看，农村流动儿童大致可分为三大类：第一类是农民长期在城市务工就业，这些儿童本身就出生在城市，并在城市长大，在城市学校里就读，与城里的孩子没有多大区别，只是户籍在农村地区，这类孩子通常被称为新生代农民工子女，他们与中途从农村迁移到城市的农民工子女有较大的差异；第二类是农民在城市务工，在收入和工作等方面都比较稳定后，中途把其子女接到城市一起生活使其成为流动儿童；第三类是孩子开始读小学一年级的时候，就和父母一起来到城市，成为农村流动儿童。从流动的城市来看，农村流动儿童大致可以分为两大类：一类是在固定的城市流动，由于父母长期在一个城市务工，其随迁子女一般来说也就在这个城市学习与生活，相对来说比较固定；另一类是在不同城市流动，由于父母的工作并不固定，其子女也跟着流动，流动的频率较大。从流动的范围来看，农村流动儿童大致可分为两大类：一类是在省内的城市流动，即在户籍所在省份的城市中流动；另一类是在省外的城市流动，即在非户籍省份的城市中流动，特别是西部地区的农民工及其子女往往是在东部发达城市及沿海城市中流动。从流动城市的大小来看，农村流动儿童大致可以分为三大类：第一类是在大城市中流动，例如北京、上海和广州等大城市；第二类是在省会城市及沿海经济发达的城市中流动，如杭州、南京、深圳和宁波等城市；第三类是在省内外的地州市及县城中流动。

2. 农民工家庭

农民工家庭这个概念是在我国特殊的社会环境与语境中出现的，反映的是我国当前"三化"中所特有的一种社会现象，这是由我国当前的经济社会生活所决定的，农民工家庭这个概念及其形态也终将随着我国社会的不断发展而逐步走向消亡。农民工顾名思义，是指其户籍在农村地区，身份是农民，他们来到城市务工就业，所从事的工作并不是农业工作，而是城市里的工商业及服务业等工作，具有工人及服务人员的工作性质。有的学者认为，"农民工"这个称呼具有歧视的含义，本书中所使用的"农民工"这个概念是一个中性词，只是表明当前外出务工农民的一种生存状态，并不存在歧视的含义，这里特别作出说明，以免引起不必要的误解。对于务工农民其实也可以使用"外出务工就业农民""进城务工就业农民"等称呼，使用"农民工"这个称呼，主要是考虑到用词上的简洁方便。农民外出务工对于整个家庭是有影响的，特别是对其子女的学习、生活及身心成长等方面。我们把这样的家庭称为农民工家庭，是因为它们有别于农民家庭、工人家庭、商人家庭等，具有不同于其他家庭类型的特征。农民工家庭具有其特殊性，既有固定性的一面，也有流动性的一面。农民工家庭包括农民工子女及其监护人，这里以家庭的形式出现，并对其开展深入研究，是要突出家庭作为一个整体在教育选择方面的功能与作用。我国目前的农民工家庭大致可以分为两大类，一类是拆分型的家庭，即部分家庭成员留守在农村，另外的部分家庭成员在城市流动，是以一种拆分的形态存在的家庭，把一个家庭分成了两部分，在这样的农民工家庭中既有留守儿童，也有随迁子女；一类是整合型的家庭，这种形态的农民工家庭主要分布在城市，把整个家庭从农村搬迁至城市，全部家庭成员都在一处，在这样的农民工家庭中主要是随迁子女。

3. 教育选择

教育选择是一个极其重要的教育社会学概念，起初源于美国中产阶级家庭教育选择的研究，后经我国社会学学者引进并加以改造，用于解释我国家庭面对不同的教育资源时所作出的选择。学术界对教育选择的概念理解相对来说比较宽泛，到目前为止还没有一个较为明确的概念界定。

随着西方社会人力资本的兴起，在 20 世纪 70 年代，经济学家开始研究最优教育选择，研究学费、奖学金、生活成本、机会成本、学习成绩等变量对个体在选择学习或工作时的影响，这是教育选择最初的研究领域。教育选择的研究范围之后扩大到择校、公私立学校的选择及教育券等方面，主要涉及教育资源的最优配置问题，教育选择权甚至作为一项基本人权受到广泛关注。皮埃尔·布迪厄（Pierre Bourdieu）后来又将"选择"概念从经济学领域引入社会学领域，融入教育社会学的分析框架中，把教育作为一种"选择"和"自我选择"的过程，而且，教育选择是"选择"与"自我选择"互动的结果。"教育选择"从西方国家引入我国之后，国内学者，特别是清华大学的刘精明教授率先对教育选择的方式及其后果进行研究，认为教育选择是社会分层的重要力量，体现出教育场域中各种力量间的争斗过程，通过制度选择来进行教育分流，通过社会选择来进行阶层再造，通过技术选择来促进社会流动。总体来说，教育选择实现了一个社会的精英流动。可以这样说，不同社会阶层的状况事实上是不同时代教育选择的结果，或者说是教育选择的体现。其实，只要存在着教育，就会面临着教育选择；只要存在着社会，就会存在着教育选择。教育选择意味着教育资源的配置与教育资源的分享状况，而教育作为一种社会分层与筛选工具，教育选择具有极其重要的社会功能，因为不同的教育选择就意味着享有不同的教育资源，而不同的教育资源将会影响家庭及其子女的社会流动及社会分层，从而享有不同的社会资源。

在当前的农民工子女研究中，农民工家庭教育选择的研究已成为一个新的切入点，这是对农民工子女及其教育政策的深入研究。事实上，农民工家庭本身就具有教育选择的需求、意愿和能力，呈现与分析农民工家庭的教育选择状况，只是反映出了当今社会的时代诉求。无论是从优化农民工家庭的教育选择而言，还是从相关政策的优化配置资源来说，从教育选择的角度来研究农民工子女的教育状况及其相关政策，对于改善农民工子女的受教育状况都具有重要的现实价值。

4. 政策体系

政策意味着资源的分配与权力的分享，无论是对于政策目标来说，还是对于整个社会生活来说，都有极大的影响。针对某个群体或某个问题所颁布的系列政策并形成了体系，我们可以称之为政策体系。当然，政策体系并不是一个严谨的概念，这里只是用来统称与农民工及其子女相关的系列政策法规，并对这些相关的政策法规进行梳理与研究。

自从我国社会生活中出现农民工子女以来，农民工子女现象引起了社会的广泛关注，我国政府高度关注农民工及其子女的问题，特别是农民工子女的受教育问题，颁布了一系列农民工及其子女的相关政策，我们把这些相关政策称为农民工及其子女政策体系。我国政府在不同时期所颁布的系列农民工及其子女的相关政策，反映了政策的时代诉求、价值取向和关注重点。这些政策体系客观上对农民工家庭的教育选择起着重要的引导作用，既反映出我国政府的政策意愿，也体现出我国政府对于解决农民工子女教育问题的政策目标与实施方案。改革开放以来，我国政府从1996年至今颁布了一系列农民工及其子女的相关政策。在所颁布的相关政策中，既有专门的农民工子女教育政策，也有与农民工子女相关的农民工政策及教育政策法规，还有一些涉及农民工及其子女的户籍制度，只要涉及农民工及其子女（包括农民工随迁子女或流动儿童等）的相关问题及其政策措施，我们都把这些系列相关政策统称为农民工及其子女政策体系，这样方便相关研究工作的开展。

三、相关理论和主要观点

本部分主要是阐述本研究中所使用的相关理论，这些理论将对后续章节中的相关现象及问题进行解释与分析，本部分同时还阐述了本研究中所得出的主要观点。

（一）相关理论

课题的研究要建立在一定的理论基础之上，这样的研究才具有理论深度和较强的说服力。本研究主要建立在选择理论与需求理论这两大理论的基础之上。

1. 选择理论

人们在社会生活中会面临着各种各样的选择，为什么要作出这样的选择，而不作出那样的选择呢？这需要我们思考选择行为背后的实际原因，选择理论为我们实际生活中的各种选择行为提供解释，并深刻地阐释选择行为背后的原因及其依据。

当前有关农民工家庭教育选择的理论形态主要有公共选择理论、理性选择理论、感性选择理论和文化选择理论。这四种理论形态为农民工家庭的教育选择提供理论解释。公共选择理论主要是基于政府的立场，从公共事务的视角来看待与配置资源，它遵循的是一种内在性的原则，为公共事务的改善而提供相关服务；理性选择理论是建立在理性人的理论假设基础之上的，任何一个人都是理性人，而任何一个理性人，都会基于个体的理性算计而作出相应的选择，主要是反映个人决策的影响因素及其决策的整个过程中所蕴含的理性因素；感性选择理论是对理性选择理论的有益补充，人们对于选择的决定并不仅仅是理性的，事实上，情感与意志等非理性因素在决策中也扮演着重要角色，这些非理性因素在人们的选择中有时还往往起着决定性的作用，因此我们不能忽略它们在决策过程中的作用，而是要考虑感性因素在教育选择中的实际作用与功能；文化选择理论是建立在人是文化动物的理论基础之上的，人们在决策中还会受到本身所固有的文化的影响，这种文化影响有时是有形的，有时是无形的，人们所处的文化环境无时无刻不影响着人们对于选择的决定，也就是说，社会所固有的观念、价值、传统及信仰会对人们的选择决定产生重要的影响。如果忽略文化因素的影响，这样的选择就会存在理论上的缺陷，不足以解释人们的实际选择行为。事实上，从大的背景来说，任何的教育选择都离不开文化因素的影响，甚至可以这样说，任何的教育选择都是文化背景及其因素的产物。

对于农民工家庭的教育选择行为，上述任何一个单一的理论都无法对其进行全面及合理的解释，因为农民工家庭的教育选择行为本身是复杂的。要对农民工家庭的教育选择行为进行较为完整的阐释，需要综合运用不同的选择理论形态，从不同的视角及层面来对不同类型和背景的农民工家庭的教育选择行为作出较为合理的解释。

2. 需求理论

在社会生活中，人人都是有需求的，而且每个人的需求都不可能是一样的。人不仅有生理上的需求，也有心理上的需求；人不仅有心理上的需求，还有物质上和精神上的需求。而且不同个体既有需求上的共性，也有需求上的差异性。这种差异性表现在年龄、性别、地域、个性和文化等方面。不同的人的需求是不同的，即便对于同样的东西，不同的人的需求强度也是不一样的，而对于不同的东西，人们可能会产生相同的需求。为什么人们会有需求，不仅是因为人在现实生活中具有超越性，总是不满足于现状，而且还因为人们在身心方面存在匮乏性，在某个方面存在着匮乏性，就有某方面的需求，匮乏的程度不一样，则需求的强度也是不一样的。人们的匮乏性主要是由理想与现实之间的差距所造成的，而需求则是这种现实与理想之间的差距的实际反映。需求理论是对人们需求的类型、根源、表现等方面的解释，为人们在现实生活中为什么会有各种各样的需求提供内在的依据，同时也为人们在社会生活中的各种行为表现提供心理层面上的理论解释。

农民工家庭教育选择的不同类型与形态是建立在农民工家庭不同的教育需求基础之上的，因此在研究中要使用需求理论来解释农民工家庭的教育选择，为农民工家庭之所以有这样或那样的教育选择行为提供有说服力的理论解释，这有助于农民工家庭教育选择研究的深度呈现和逻辑分析。需求理论，特别是马斯洛的需求层次理论框架可以用来解释农民工家庭教育选择的现状及问题，同时对农民工家庭教育选择行为的原因给予进一步的深入分析，从而为本研究提供相应的理论资源。

（二）主要观点

本书在研究过程中形成了五个主要观点，这五个主要观点贯穿于整个研究过程中，并起着指导作用，同时研究中所使用的大量数据与材料也是为了要证明这些观点，对这些观点起着支撑作用，使这些观点更有说服力。

第一，总体来说，农村留守儿童的数量呈现出下降的趋势，而农村流动儿童的规模呈现出增长的趋势。为什么农村留守儿童的数量会呈现下降趋势呢？主要原因有两个方面。一方面，回乡创业的农民数量在不断增加，这使得部分农村留守儿童变成了非留守儿童，从而减少了农村留守儿童的数量；另一方面，相当一部分农民工家庭把孩子随迁到城市，使孩子由留守状态转变为随迁状态，这也在一定程度上减少了农村留守儿童的数量。为什么农村流动儿童会呈现出增长的趋势呢？这与农民工家庭的教育选择有关，正是因为农民工家庭的教育选择导致了农村流动儿童数量的增加。一方面，在现代化、工业化和城市化的大背景下，农民外出务工是一种时代潮流，外出务工农民的数量也随之增加，农民外出务工必然会带来农民工子女现象，而目前"举家外出"已成为农民外出务工就业的新特征，因此，从这个角度来说，农村流动儿童的数量呈现出增长的趋势；另一方面，农民工家庭对于其子女能够接受更好教育的期望，也会导致农村流动儿童数量增加，农民工会直接把孩子随迁到城市学校就读，希望通过教育环境的改变来使他们能够接受更好的教育，这是因为大部分的农民工认为，城市的教育资源要好于农村，城市学校要好于农村学校。正是因为时代背景与家庭的教育选择，使农民工子女的数量呈现出有降有增的特征。农民工子女在数量上的这种有降有增的新特征值得我们去关注，这与以前的农民工子女在数量上所表现出的特征有着极大的差异，以前的农村留守儿童与流动儿童在数量上一直是保持着增长的态势。现在这种数量上的变化是一个节点，重新认识这个节点，教育资源的配置需要作出相应的调整。

第二，农民工家庭的教育选择是教育供给与教育需求之间矛盾的反映及实际行动。当前农民工子女教育的最大矛盾，是优质教育资源的供给不能满足农民工家庭的教育需求。农民工家庭为什么会把孩子带到城市学校来就读，根本原因是农村学校教育的薄弱。农民工家庭为什么要把在城市学校就读的孩子转到其他城市学校就读？是因为这些城市学校的教育质量不能满足孩子的实际需求。既然农村学校教育薄弱，那农民工家庭为什么还会对孩子作出留守在农村老家学校上学的教育选择呢？一方面，是因为教育供给与教育需求之间的矛盾不是特别突出，还处于农民工家庭可以忍受的范围之内；另一方面，是因为农民工家庭的教育选择受到各种现实因素的影响和制约，并不能随心所欲地进行教育选择。我国优质教育资源的问题主要表现在两个方面，一方面是优质教育资源供给的数量问题，优质教育资源供给的数量问题是最大的问题，从整体上来说，我国的优质教育资源是短缺的；另一方面是优质教育资源供给的结构问题，优质教育资源主要集中在城镇地区的学校中，或者集中于那些无形的"重点"学校中，薄弱学校、乡村学校及偏远学校几乎没有优质教育资源，这使得优质教育资源在分布区域上极度不平衡。

第三，农民工家庭的教育选择受到多种因素的影响，在经济、教育、文化、大众心理及孩子本身的诉求等各种影响因素中，经济因素在农民工家庭的教育选择中起着主导性的作用。一般来说，经济收入相对较高的农民工家庭倾向于选择把孩子带到城市学校就读，这些家庭的孩子更容易成为农民工随迁子女，而经济收入相对较低的农民工家庭则倾向于选择把孩子留守在农村老家的学校上学，这些家庭的孩子更容易成为农村留守儿童。当然，这并不是绝对的，农民工家庭的教育选择不仅受到单一因素的影响，还会受到其他各种因素的影响，是各种因素综合影响的结果。同时，我们不能把农民工家庭教育选择的经济影响因素绝对化，这样来看待农民工家庭的教育选择是片面的，容易产生许多实际问题。在影响农民工家庭教育选择的众多因素中，我们不能忽视经济因素的主导地位，但也不能把经济因素绝对化。

第四，农民工家庭的教育选择既存在线性决策机制，也存在非线性决策机制和多元决策机制，但总体来说，农民工家庭的教育选择是一种多元决策机制，这种多元决策机制包容了线性决策机制和非线线决策机制，是一种以线性决策机制为主、非线性决策机制为辅的多元决策机制。在农民工家庭教育选择的多元决策机制中，贯穿农民工家庭教育选择的是一种理性主义路径，即会精细地去计算投入与产出之间的利益关系，是以理性主义来统领各种影响因素，是贯穿于各种影响因素之间的主线，从而对农民工家庭教育选择的决定产生实际影响作用，同时也可说明经济因素（包括家庭经济状况和家庭经济收益）在农民工家庭教育选择中起着压倒性的作用，这种主要作用是其他因素所不能替代的，从各个层面有形或无形地影响着农民工家庭教育选择的实际运行决策机制。

第五，农民工家庭的教育选择与国家政策之间是相互影响的。农民工家庭的教育选择对于国家政策的制定与颁布起着重要的作用。因为国家政策要反映老百姓的民意，要体现农民工家庭的教育诉求，相关的国家政策如果不能切实反映农民工家庭的教育选择，那这样的政策就是高高在上的，无法解决农民工子女的实际问题。同时国家政策对于农民工家庭的教育选择又起着引导作用，相关的国家政策意味着资源的重新配置，而资源的配置就是一根"指挥棒"，指引着农民工家庭的教育选择。农民工家庭的教育选择可能会由于信息的不对称，而存在一定的盲目性，需要政策通过资源的分配来加以引导，使农民工家庭的教育选择逐步走向理性化。比如说，国家可以通过制定与颁布相关的户籍政策及教育政策，引导农民工家庭的教育选择指向中小城市，使农民工子女向中小城市进行教育分流，既减轻大城市的教育压力，又使农民工子女能够享受到公平而有质量的教育资源。也就是说，农民工家庭的教育选择与相关国家政策之间的影响不是单一的，而是相互依存的，相互之间会产生影响。

四、研究现状及述评

教育选择是个外来词，最早对于教育选择的研究来源于选择理论的研究。教育选择后来被引进我国，在社会学中广泛地用来解释我国的教育分层与社会流动等现象与问题，分析我国现实生活中的教育现象与问题。21世纪以来，在现实的时代背景中，教育选择的研究必然会与农民工子女教育研究紧密结合，这两者都是当前学术研究中的热点与难点问题，成为当前教育社会学中的重要议题，并形成了大量的研究文献与资料。梳理这些研究文献与资料，有助于深化本研究。

（一）研究现状

文献资料中关于教育选择及农民工子女教育的研究主要表现在以下几个方面，梳理教育选择及农民工子女教育研究的学术史，就是再现教育选择与农民工子女教育研究的历程。

1. 有关选择理论的研究

教育选择是建立在选择理论的基础之上的，因此选择理论首先是研究的重点，主要包括以下几个方面的内容。（1）公共选择理论的研究。公共选择理论的代表性人物是肯尼思·阿罗（Kenneth Arrow）。肯尼思·阿罗在《社会选择与个人价值》一书中提出了"阿罗不可能性定理"。在这个理论中表明了将个人偏好或利益加总为集体偏好或利益的内在困难，个人偏好或利益加总并不等于集体偏好或利益。也就是说，试图找出一套规则或程序，来从一定的社会状况下的个人选择顺序中推导出符合某些理性条件的社会选择顺序，一般是办不到的。同时，阿罗还证明了，简单加法不足以在个人偏好中排出一个一致的共同次序，这些个人偏好本身也是根据不同的标准而分类的。公共选择理论的代表人物詹姆斯·布坎南（James M. Buchanan，Jr.）也指出，在公共决策或集体决策中，实际上并不存在根据公共利益进行选择的过程，而只存在各种特殊利益之间的"缔约"过程，也就是说，公共选择就是各利益方相互妥协的结果。[①]（2）理性选择理论的研究。理性概念是一个多层次多含义的概念，是一个从核心逐渐向外扩展的概念体系。核心层次的理性是纯粹的形式理性，认为人是其目的的理性最大化者，对实现手段唯一的要求就是它能使目的达到最大化。[②]理性选择范式一直在经济学中占据着重要的位置。理性选择范式是由几个普遍接受的基本假设构成的。这些基本的假设：第一，行为者的目标是效用最大化，而效果则指示行为者的偏好。第二，约束的存在，有超过一位的行为者在竞争有限的资源。约束的存在使得选择变得更为必要。第三，行为者的基本单位是个体，集体行为结果可以用个体效果最大化的行为来解释。弱理性主张者只要求行为者采纳最有效的方法来达到最大化效用，而强理性主张者则认为至少行为者的偏好具有稳定的结构。根据约翰·罗尔斯（John Bordley Rawls）的学说，社会给予弱势群体以帮助不仅是道德上的要求，而且是理性的逻辑要求。[③]理性选择的特点包括四个方面：一是方法论上的个人主义。从个体出发理解个体存在于其中的社会，认为是个体的选择决定了社会关系的内容和形式，这是个人主义方法论的内在规定性。二是理性人的观点。作为具有理性的行为人是有完全意志能力、充分计算能力及完全记忆能力的。三是环境不相关性。行为人过去的选择对将来的选择没有影响，选择只着眼于未来，是根据未来预期的选择，因此个人的选择是与环境不相关的。四是均衡分析和效率价值观。均衡分析是理性选择理论分析决策人之间关系的基本方法。单个的决策者如果能够按

---

　　① 陈振明：《非市场缺陷的政府经济学分析——公共选择与政策分析学者的政府失败论》，《中国社会科学》1998年第6期。

　　② 魏建：《理性选择理论与法经济学的发展》，《中国社会科学》2002年第1期。

　　③ 江绪林：《解释与严密化：作为理性选择模型的罗尔斯契约论证》，《中国社会科学》2009年第5期。

照自我利益最大化的标准选择出最佳的行动方案，仅是实现了个体在目标和手段之间的均衡。如果社会要实现均衡，则必须是社会的每一个成员都实现了利益的最大化。是否存在这样的社会均衡状态以及如何实现是理性选择理论必须回答的问题，但这个问题却是不容易回答的。[①]（3）经济学中的理性选择理论研究。经济学中的理性选择理论实际上是自我利益最大化理性假设的规范表述。其基本思想是：经济行为人具有完全的充分有序的偏好、完备的信息和精密的计算能力和记忆能力，能够比较各种可能行动方案的成本与收益，从中选择那个净收益最大的行动方案。[②]（4）感性选择理论研究。感性选择理论的代表人物是哈耶克（Hayek），他曾明确地指出，人类社会的经济秩序和社会秩序都不是由理性选择行为产生的，而是在介于理性和本能之间的意识的支配下，通过人们的自发行为所形成的，并称这种自发的扩展秩序为感性秩序。对于感性形式的认同，也体现在阿马蒂亚·森（Amartya Sen）关于理性选择行动的四种不同解释方式的论述中。第一种解释方式是声誉与间接效应；第二种解释方式是社会义务和道德命令；第三种解释方式是直接福利效应；第四种解释方式是遵循传统规则。而从选择方式上看，韦伯把社会行动划分为四个理想类型——工具理性行为、价值理性行为、传统行为和情感行为。帕累托则要求人们在逻辑行为，即理性行为之外，关注以介于本能与理性之间的剩余物为基础的非逻辑行为，就是要关注立足于感性的选择行为。布迪厄则提出实践中的"模糊逻辑"理论，认为日常生活中的实践既非受制于本能，也非完全合乎理性的逻辑，而是被前理性的实践感所支配。这种介于本能与理性之间的以关系为基础的实践感，就是感性因素的存在空间。[③]（5）社会学中的理性选择理论研究。古典经济学对"经济人"的理性假设是"以尽可能小的代价换取尽可能大的利益"。而社会学中的理性选择则是最小的代价。事实上，社会学和经济学关于"人"及其行动的假设和研究侧重点各

---

① 魏建：《理性选择理论与法经济学的发展》，《中国社会科学》2002年第1期。
② 魏建：《理性选择理论与法经济学的发展》，《中国社会科学》2002年第1期。
③ 李文祥：《从个人选择到社会选择的理论扩展——评阿马蒂亚·森〈理性与自由〉对理性选择研究的理论贡献》，《社会学研究》2008年第3期。

不相同，经济学认为，人是依据个人稳定利益偏好（preference）在各种行为中做出选择的；而社会学则认为，人的行动是受社会环境和社会结构所制约的。因此，有人形象地说："经济学与社会学最大的差别在于前者强调人们为什么要选择某种行动，而后者则强调人们为何无法选择某种行动。"① 与经济学理性选择不同的是，社会学的理性选择关注的是众多个人的理性选择后果，而不是某一个人的理性或非理性选择结果。社会学的理性选择理论对传统的经济理性假设还做了三方面的修正：一是改变传统的完全理性的假设；二是承认人的行为也有非理性的一面；三是关注制度文化对个人偏好和目的的影响作用。人们一般会经历从生存理性选择到经济理性选择，再到社会理性选择这三个发展阶段。而尽管理性选择理论是由行动者的目的或意图引发的，但它至少要受到两个因素的制约：其一是资源的稀缺程度。行动者有不同的资源以及获取资源的不同途径，而拥有许多资源的人，要达到目的也相对容易些，相反，资源较少或没有资源的人，要达成目的是很困难的，甚至是不可能的。其二是社会制度。制度约束可以提供积极与消极的制裁措施，以鼓励某种行动或削弱其他行动。这是因为任何行动系统在某种程度上都是一种社会交换系统，社会系统和结构是通过人们的交往和交换行动形成的，而反过来，它又对人们的行动具有制约作用。② （6）理性选择的方法论研究。在传统的社会学研究中，一直存在方法论整体主义和方法论个体主义、实证主义和人文主义的分裂与对立。具体到农民外出就业问题的解释上，整体论者一般关注宏观的结构性、制度性因素的制约作用，认为只有整体意义上的社会关系和结构才是解释社会变迁的关键因素。因此，他们往往从城乡关系、工农关系、发达地区与欠发达地区的关系、经济-政治-文化上的中心与边缘的关系等诸多社会关系中来寻找非农化的原因。而个体论者则把变迁的关键归结为行动者主体，认为不是社会整体，而是微观上的个人，凭借对资源的占有情况

---

① 文军：《从生存理性到社会理性选择：当代中国农民外出就业动因的社会学分析》，《社会学研究》2001 年第 6 期。

② 文军：《从生存理性到社会理性选择：当代中国农民外出就业动因的社会学分析》，《社会学研究》2001 年第 6 期。

和对市场信息的了解程度而做出的"理性选择"。[①] 从理性选择的方法论上来说，方法论整体主义与方法论个体主义代表着两个相反的方向，呈现出解释理性选择的不同视角与框架。

2. 教育选择的相关研究

教育选择的相关研究主要包括以下几个方面。（1）教育选择的内涵研究。教育选择的本质是一种不可剥夺的基本人权，实施和维护教育选择，也就是维护基本的人权；教育选择的内容包括对学校类型的选择，对特定教育计划、教育形式或方式的选择，对学校质量的选择。教育选择的目的：一是满足知识经济时代居民日益强烈的多元化和多样化的教育需求；二是通过教育选择，引入竞争机制，用市场的手段实现教育资源的最佳配置，提高教育投资效率；三是通过学生选择，以及相应的师资及其他教育资源的选择，改革管理体制，提高管理水平，激发教师的工作热情，提高教学质量和水平；四是通过教育选择，加速教育私营化进程，建立适应知识经济时代要求的新的教育体制和模式。教育选择的原则是个人利益与公共利益兼顾；自愿与强制兼顾；愿望与能力兼顾。教育选择的类型可分为市场选择和公共选择两大类。所谓市场选择，主要指通过市场机制的运作满足学生及其家长需要的教育选择，其主要实施途径是建立和改进私立学校，推行学券制，实行税收优惠或减免等。公共选择是指学生及其家长在公共学校体系范围内作出的教育选择，政府行为在其中占主导地位。例如，在学区或更大范围内，学生选择自己喜欢的公立学校等。[②]（2）教育选择与社会分层的关系。教育选择是教育与社会分层研究的一个重要议题。教育选择是教育场域中各种力量之间的争斗过程，与教育场域中存在的三种主要力量（国家、社会阶层和个人）相对应，教育选择也存在三种基本的方式，即制度选择、社会选择与技术选择，这三种选择方式会导致

---

① 文军：《从生存理性到社会理性选择：当代中国农民外出就业动因的社会学分析》，《社会学研究》2001 年第 6 期。

② 曲恒昌：《西方教育选择理论与我国的中小学入学政策》，《比较教育研究》2001 年第 12 期。

不同的教育选择结果。目前教育与社会分层研究中关于教育与社会阶层再生产的理论存在偏颇，实际上，优势社会阶层可能不断地为劣势阶层子弟所替代，从而实现一个社会的精英流动，而教育选择在其中起了非常重要的作用。①（3）教育期望与教育选择的关系。在中国，重视教育，通过教育实现向上流动是一种普遍认可的历史悠久的社会文化观念，被整个社会所广泛接受。但相比于城市学生，外来务工子女通常有着较低的教育期望和不乐观的教育选择。一项关于武汉市外来务工子女教育期望的调查显示，仅有约20％的外来务工子女愿意在初中毕业后继续就读高中，这一比例远远低于全国高中阶段84％的毛入学率。解决外来务工子女低教育期望值的问题不应只着眼于学生个人和家庭的教育"自我选择"上，而更应该从制度层面上思考教育的"制度选择"。促进不同程度的学生融合和"去隔离化"，或许会有利于外来务工子女融入主流文化，促使其作出较为乐观的教育选择。②（4）教育选择与社会流动的关系研究。社会流动与教育选择有着密切的双向互动关系。一方面，社会流动的性质、方向、速率、水平方式和趋势影响着教育选择的宗旨、目标、功能、范围、策略、内容和方法；另一方面，教育选择的目标、依据与方式等促进了社会代际流动、竞争流动与结构优化。近年来，我国社会流动与教育选择的互动在不断增强，但仍然存在着诸多因素相互制约。为了促进二者的协调运行和良性互动，社会各方面应努力营造民主稳定的政治环境、持续平衡的经济增长、开放有序的择业制度；教育方面则应开放教育系统、均衡资源配置、强化选择功能、发挥价值导向作用。③（5）土地替代与教育选择的关系。土地替代教育的机制告诉我们，如果土地流转不充分，土地资本较为困难，那么农村居民的教育投资就可能会被扭曲。土地较少的农民不能够出让土地以投资更多的教育，土地较多的农民也不能够购买更多土地以获得农业规模经济，于是所有农民都只好在低教育水平下往返于城乡之间。

①　刘精明：《教育选择方式及其后果》，《中国人民大学学报》2004年第1期。

②　王进、汪宁宁：《教育选择：理性还是文化——基于广州市的实证调查》，《社会学研究》2013年第3期。

③　董泽芳、王彦斌：《社会流动与教育选择》，《教育研究与实验》2007年第1期。

因此，农民的教育投资是在教育资源配置限制下的次优选择，这不仅在教育资源的配置上是低效的，还使农民不能在合适的劳动力市场发挥比较优势，最终产生农村移民的数量与质量的矛盾，在农业部门与非农业部门都产生效率损失。也就是说，放松土地流转等政策能够优化农民自身的教育资源配置，从而更有利于农民作出较优的教育选择。①

3. 农民工家庭教育选择的影响因素研究

农民工家庭教育选择的影响因素研究主要包括以下几个方面。

（1）"初始预期"的影响因素研究

在农村衰败的大背景下，进城并成为城里人是大多数农民的梦想，而教育是较少的可选路径之一。无论农民的受教育程度和家庭状况如何，他们都对教育怀有一种"初始预期"，认为如果子女受教育就会更容易成长，从而较顺利地进入城市。从某种意义上讲，进城是农村教育的目标，也是农民对于子女教育的"初始预期"。当然在漫长的教育生涯中，这种"初始预期"不一定能始终保持。一旦"初始预期"失效，辍学就会随之发生。"过日子"逻辑下农民对于其子女的教育选择的变化有三个基本规律。第一，总体而言，每个父母都具有一个对于教育的"初始预期"，即教育能够改变命运。他们愿意投资教育，认为这样才能把日子过得更好。第二，站在农民的角度来看，子女成长是最优，留在农村结婚生子是次优。只要最优有希望达成，就不会选择次优。第三，如果子女教育前景不佳，父母即使有钱也不愿投入到教育上。"过日子"逻辑下子女间的教育机会重点会倾斜，父母会把更多的教育资源，或者说有限的教育资源给予学习成绩较好的子女。农民"过日子"逻辑的核心议题就是子女的抚养、教育，子女的生活在一定程度上来说是给父母过的，农民会更多地从整个家庭利益来考虑孩子的教育选择问题。但事实上，子女间获得教育的机会并不均等，女孩获得教育的机会较低，多子女家庭往往有人辍学。这仍然是农民从"过日子"逻辑出发做出的教育选择。"过日子"逻辑下经济因素

---

① 陈沁、袁志刚：《土地替代教育——城市化进程中农业家庭的教育选择》，《经济学》（季刊）2012 年第 1 期。

与教育选择之间也存在着一定的关系。经济因素被看作农村孩子辍学现象的最重要原因。其实，家庭贫困并非辍学问题的最主要和最直接原因。如果子女教育教育前景不佳，父母即使有钱也不愿投入到教育上；但如果子女前景很好，父母即使没钱也会想尽各种办法供子女上学。总体来看，农民真正考虑的是子女教育前景好不好，受教育后能不能成才，日子会不会过得更好，并由此作出相应的教育选择。①

（2）农民工子女的"隐性"影响因素研究

受户籍制度影响，农民工家庭面临着孩子初中后的教育选择问题。回到原来的农村学校就读，意味着要重新适应环境、重新调整学习进度；继续留在城市学校里就读，意味着只能进入职校、技校、中专，无法在本地的普通高中上学，也无法在本地考大学。两种选择都需要这些家庭付出沉重的代价。有的学者认为，应沿着家庭策略理论的经典路径，寻找"危机—应对"的模式。同时，引入"隐性抗争"和"隐性合谋"两个概念，探索孩子在互动中的主体性，从理论视角将家庭策略具体化为孩子策略、父母策略以及策略之间的动态对抗性。为了弥补以往研究过于强调父母策略的不足，"隐性抗争"和"隐性合谋"往往注重孩子的主体视角，强调孩子在整个教育选择过程中的主体性。但受到个体认知能力、思维水平、知识积累和生活经验的限制，孩子对于自己未来的把握并不完全出于理性选择的考虑。青春期孩子的思想很容易受家长、同学、老师和传媒等外在因素的影响，因此，孩子能否做出理性选择也的确是一个值得商榷的问题。从这个意义上来考虑，"隐性抗争"和"隐性合谋"过于强调这些初二初三孩子的主体性，尤其是"隐性抗争"的提法有可能会夸大孩子的能动性，而弱化家长的力量。②

（3）不确定影响因素的研究

---

① 王思琦、柴万万：《"过日子"逻辑与农民的教育选择》，《北京社会科学》2015 年第 1 期。

② 韩晓燕、文旻：《"隐性抗争"与"隐性合谋"：城市新移民家庭策略的互动模式——以上海市农民工家庭的初中后教育选择为例》，《云南师范大学学报》（哲学社会科学版）2011 年第 3 期。

教育选择不仅决定着人一生的职业发展，而且个人的教育选择还将直接关系到社会资源的分配状况。但是，个人在教育选择过程中会受到许多不确定因素的制约，使得个人很难作出最适合自己的教育决策。这些不确定因素包括人们对自己的能力认识不足，而不能获得关于学校质量、竞争对手状况等信息而面临的辍学风险和预期工资分布风险，以及不能准确预测未来的经济发展、科技变化和政策导向而面临的市场风险和供求风险。[①]

（4）家长的影响因素研究

在影响农村家庭教育选择的因素中，家庭的收入状况、家长的职业技能和受教育水平等的提高对每个阶段的教育选择都会产生积极的影响，而其他一些因素，如教育支出增加、财政支持的不足则会降低农村家庭选择更高教育水平的意愿。与城市教育相比，当前农村教育面临着整体差距加大、区域发展不平衡、教育机会不均等诸多难题。从微观的角度看，只有发挥影响家庭教育选择的积极因素的作用，降低其消极因素，才能激励农村家庭提高其教育意愿，从而作出更有利于其子女成长的教育选择。[②]

4. 农民工家庭教育选择的分析范式研究

农民工家庭教育选择的分析范式研究主要包括以下几个方面。

（1）最优教育选择分析范式研究

20 世纪 70 年代以来，经济学家开始研究最优教育选择，研究了经济政策如学费、奖学金、生活成本、机会成本和学习成绩等变量对个体在选择学习或工作时的影响，系统阐述了个人动态最优选择学习和工作的过程，还研究了折现率对个人教育选择的重要性，以及用实证方法估算了教育选择的不确定性，但只估计了辍学风险对个人预期回报率的影响。直到近一两年，人们才开始用金融定价模型估计教育选择的不确定性，同时还进一步使用均值—方差理论估计了个人的最优教育选择，他们的结论显示

---

① 杨娟：《不确定条件下的最优教育选择——基于期权模型的实证研究》，《北京师范大学学报》（社会科学版）2008 年第 4 期。

② 张锦华、吴方卫：《梯度二元融资结构下中国农村家庭的教育选择——基于嵌套 LOGIT 模型的实证分析》，《农业技术经济》2007 年第 2 期。

风险和回报率确实呈正相关分布，但个人通过学习文文、文理、理理各种不同学科的组合并不能降低投资风险。由于个人无法分散风险这一结论，违背了均值—方差理论最基本的假设——个人通过资产组合等方法可以降低风险，这就减弱了此方法的说服力。还有些学者用期权理论估计了教育选择风险，他们应用时间序列的随机模型估计了个体最优的教育年限，但此模型的缺陷在于，包含了高阶微分等复杂的公式，从而不利于实证检验。[①]

（2）农民工家庭教育选择的理性分析范式研究

西方关于教育选择影响因素的研究，最主要的分析范式采用的是理性选择视角。持这一派理论的学者认为，学生当前的教育选择是一种理性计算的结果，是学生基于自身当前所处的环境和条件做出的利益最大化的选择。因此，根据理性选择理论，学生的家庭背景及所处的社会阶层在很大程度上影响着学生的教育选择，即来自较高社会经济地位家庭的孩子可能有着更为乐观的教育选择。理性选择路径是建立在学生及其家庭的现实条件之上的，主要包括学生的个人能力及其父母和家庭能为其提供的资源。因此，学生的教育选择是基于现有条件之上对于未来的预测和利益最大化的理性行动。理性选择中对于现实条件的阐释分为家庭资源和个人能力，而家庭资源中既包含经济资源，也包含非经济资源，家庭中非经济变量的影响作用更为显著。[②]

（3）农民工家庭教育选择的文化分析范式研究

理性选择理论无法解释一些处于下层社会经济地位的弱势群体仍然有着较高的教育期望和积极的教育选择的现象。基于这种困境，文化分析范式逐渐被学界所重视。但文化又是如何影响行动者的教育选择的？为此，认知社会学的维度为我们提供了另一个分析框架——文化图示理论。文化图示是指个体身处熟悉的文化环境中所表现出的熟悉的、事先获得的知

①　杨娟：《不确定条件下的最优教育选择——基于期权模型的实证研究》，《北京师范大学学报》（社会科学版）2008年第4期。

②　王进、汪宁宁：《教育选择：理性还是文化——基于广州市的实证调查》，《社会学研究》2013年第3期。

识。社会互动中的文化图示是一些来源于文化环境并内化于个人的认知结构，或者说是一种路径或规则。而文化图示路径从认知社会学的角度出发，认为个体对未来的预测不仅是个体能动性的体现，也是行动者对于自身行为的认知或者说是一种"身份"，即个体文化图示。而这种认知来源于建立在共同文化价值观念上的道德准则，即群体文化图示。[①]

（4）农民工家庭教育选择的人力资本投资分析范式

自人力资本理论创立以来，其收益研究得到了学者们的普遍关注，但人力资本投资风险问题却在大部分时候被忽略了。个人在做教育投资时，教育投资所能带来的未来收益是需要考虑的一个重要因素，而投资可能产生的风险对教育选择也同样重要。人力资本投资风险问题与个人教育决策密切相关。教育选择的不确定性即人力资本投资风险可以分为以下三种。第一，个人不能完成学业，很少有学生在入学之前就对所要学习的课程有非常全面的了解，因而他们不能保证自己的能力能够达到这些课程的要求；第二，完成某种类型的教育后，毕业生仍然不能成为成功的从业者，原因可能是他们并不了解自己在该领域工作的真实能力；第三，个人对所选择职业的未来市场价值是不确定的，即存在着一定的收入风险。经济周期、产业结构调整等因素可能使高薪行业变成低工资行业，还有可能出现某个行业被新兴行业完全替代的现象。[②]

5. 农民工家庭教育选择过程与趋势研究

农民工家庭教育选择过程与趋势研究主要包括以下几个方面。

（1）农民工家庭教育选择的内部框架研究

农民为子女进行教育选择的内部框架，即农民为子女进行教育选择的问题，其根本动因在于农民对子女接受教育所带来的效益最大化的追求。这种追求受到四方面因素的影响：一是农民在相应资源中所具有的利益及其对资源与信息的掌握情况，即"资源价值"，农民需要有足够的资源信

---

① 王进、汪宁宁：《教育选择：理性还是文化——基于广州市的实证调查》，《社会学研究》2013 年第 3 期。

② 廖娟：《人力资本投资风险与教育选择——基于个体风险态度的研究》，《北京大学教育评论》2010 年第 3 期。

息，才能做出目的性选择；二是农民（包括其子女）的个人实力状况，它存在于农民所控制的资源价值和信息之中；三是每个行动者所控制的资源与信息及其分布状况，即"控制分布"，农民在对其子女进行教育选择以前，其控制分布受制于个人实力及其所掌握的资源与信息，而行动发生之后，资源信息与个人实力状况又决定了其后续行动中的控制分布状况；四是行动的后果，这包括农民及其子女对选择后果的价值所做出的判断。①

（2）农民工家庭教育选择的二重性研究

不仅流动农民在城市的职业特点限制了他们的教育选择，而且家庭经济收入也通过城乡学习生活成本比较、学校的学费差异及入学手续的不同制约了他们的教育选择。也就是说，流动农民对其适龄子女的教育选择不仅是个体经济利益最大化的理性选择，也并非简单的教育限入政策的阻碍结果，而是主体与结构的二重性过程，即流动农民与社会结构之间的互动，这种互动就是农民工家庭教育选择的结果②。

（3）农民工家庭教育选择的社会化价值研究

对农村流动儿童与留守儿童的社会化过程进行比较、分析发现，在智育社会化与生活社会化方面，流动儿童与留守儿童不存在显著差异；在身心健康、知识广度方面，流动儿童优于留守儿童；而在人际关系方面，留守儿童则要优于流动儿童。在总体的社会化结果上，流动儿童要优于留守儿童，这意味着农民工子女选择流动更能够促进其健康发展。③

（4）新生代农民工家庭教育选择的趋势研究

与第一代农民工对子女的教育选择相比，新生代农民工对子女的教育选择有三种状况，即让子女随迁入城接受教育、让子女留守农村接受教育和让子女流动往返于城乡之间接受教育。从发展趋势来看，新生代农民工

① 张力跃：《对农民职业教育选择行为的理性视角分析》，《清华大学教育研究》2011年第5期。
② 李芬、慈勤英：《流动农民对其适龄子女的教育选择分析——结构二重性的视角》，《青年研究》2003年第12期。
③ 王水珍、刘成斌：《流动与留守——从社会化看农民工子女的教育选择》，《青年研究》2007年第1期。

更倾向于选择让其子女随迁入城接受教育。这一选择倾向主要受到四大因素的影响，即新生代农民工外出务工经历及其市民化诉求的影响、新生代农民工与父辈在家庭中的代际分工和家庭收入构成的影响、农村学校布局调整后教育空间压缩的影响和生育政策实施以及新生代农民工生育观念转变所导致的生源减少的客观影响。这些影响促使农民更倾向于选择把其子女带到城市学校来就读，以期能够接受更好的教育。但新生代农民工在其子女的教育选择上也面临着困境，这些新生代农民工对子女的教育选择困境与城乡社会发展阶段密切相关，因此，应从城乡社会发展一体化的高度统筹安排。①

（二）研究述评

从农民工家庭的教育选择学术演变史可以看出，我国学界对于农民工家庭的教育选择开展了大量扎实的研究工作，为后续的研究提供了学术基础，但在研究的广度与深度上还需加强，以满足农民工家庭教育选择的实际需要，为农民工家庭的教育选择提供咨询服务；同时也可满足政策制定的现实需求，为相关政策的制定提供政策参考。农民工家庭教育选择的相关研究存在的不足点主要表现在以下几个方面。

第一，已有的研究主要是从经济学视角来看待农民工家庭的教育选择，这为研究农民工家庭的教育选择提供了一种深入分析的范式，但也容易造成深刻的偏见，使后续的农民工家庭的教育选择研究固化在经济学的研究范式上，因此还需要更多地从社会学的视角来看待农民工家庭的教育选择，拓宽农民工家庭教育选择研究的范式。可以这样说，农民工家庭的教育选择本质上是一种社会现象与社会问题。从社会学的视角来看待农民工家庭的教育选择，能够提供一种更全面的学术视野，对农民工家庭的教育选择是一种更为深刻的呈现，能够更好地弥补经济学等其他学科分析范式的缺陷与不足，本书更侧重于用社会学的分析范式来解释农民工家庭的教育选择行为，把农民工家庭的教育选择放在一个更为广泛的社会背景下

---

① 王晓慧、刘燕舞：《新生代农民工对子女的教育选择及应对策略研究》，《华中农业大学学报》（社会科学版）2015 年第 1 期。

来探讨。

　　第二，目前关于农民工家庭的教育选择研究更多的是停留在事实层面的研究，侧重于农民工家庭教育选择行为的描述，这有助于呈现出农民工家庭教育选择行为的真相，但没有上升到政策层面的研究。事实上，农民工家庭的教育选择与相关政策是息息相关的，农民工家庭的教育选择影响相关政策的出台，相关政策的颁布反过来也会影响农民工家庭的教育选择，两者之间究竟存在一种什么样的关系？需要对其进行深入的研究。因此，对于农民工家庭教育选择的研究是离不开相关的政策研究的。在后续的相关研究中，农民工家庭教育选择与政策的关系研究还需要进一步加强。

　　第三，目前农民工家庭教育选择的主流分析范式是理性选择的分析范式及理论基础。但理性选择只是农民工家庭教育选择分析范式中的一种，这种分析范式并不能用来解释所有的农民工家庭教育选择的现象与问题，它还存在着一定的局限性。因此，在我们的相关研究中，不能忽视感性选择范式与文化选择范式在农民工家庭教育选择研究中的重要作用，它们也是分析农民工家庭教育选择的不可忽视的内容，对于农民工家庭教育选择行为可以提供不同视角的解释。在今后的相关研究中，我们要合理运用理性选择、感性选择和文化选择的相关理论及范式，借鉴各种分析范式的有益成分，综合运用各种选择理论，从而尽量全面及合理地解释农民工家庭的教育选择行为。

　　第四，农民工家庭教育选择的机制研究是当前相关研究的薄弱点。已有的研究主要是关注农民工家庭教育选择的影响因素，但这些影响因素之间的内在逻辑是什么？农民工家庭在教育选择中又是如何处理这些影响因素的？它们的逻辑顺序及逻辑关系是什么？最终又是如何作出教育选择的？这些是今后农民工家庭教育选择研究的重点。只有揭示出农民工家庭教育选择的决策过程，才能较准确地分析出农民工子女的流动区域和流动方向，才能准确地为相关政策的制定提供事实依据。

五、研究趋势

20世纪七八十年代以来，我国开展了历史上规模最大的现代化、工业化和城镇化运动，大量农村剩余劳动力进城务工就业，在此背景下产生了农村留守儿童和随迁子女。留守儿童与随迁子女都属于农民工子女，由于父母外出务工而处于留守或随迁状态，是农民工子女的两种表现形态。农民工子女在不同时期具有不同的特征，研究者的学术责任是反映农民工子女在不同时期的真实状况。综观农民工子女的相关研究，其成果呈现出学术演变的发展脉络。要在已有研究基础上推进农民工子女研究及农民工家庭教育选择的研究，需突破已有的研究传统，进而寻找农民工子女研究及农民工家庭教育选择研究的新生长点，因此，我们有必要预测农民工家庭教育选择的研究趋势，从而进一步体现农民工家庭教育选择研究的学术价值。

（一）农民工子女研究的演变历程

要洞悉农民工家庭教育选择的研究趋势，首先要回顾农民工子女研究的演变历程，对其学术发展史进行梳理。农民工子女是我国在工业化、现代化与城镇化进程中出现的特殊群体，一经出现，就引起了学界的广泛关注。事实上，学界已从教育学、心理学、社会学、人类学和管理学等学科对其进行了深入研究，从不同学科视野反映出农民工子女处于留守或随迁状态下的实际情况。梳理农民工子女研究成果，可以清晰地看出农民工子女研究的演变历程，即从关注留守儿童到关注随迁子女，再到关注留守儿童与随迁子女的比较研究。

无论是否有子女，农民最初都是单身外出务工就业，由此带来农村留守儿童的现象与问题。随着留守儿童群体规模的不断扩大，不仅引起政府及社会各界的关注，也成为学界的关注点。城镇化进程中大量农村劳动力输出，城乡二元管理体制、社会保障体制不完善，流入地学费昂贵，农民工工作流动性强，这些都是留守儿童产生的根源与现实依据。而作为新生事物出现的留守儿童主要包括单亲留守、隔代留守、寄养留守和独自留守这四种类型。其中，隔代留守的比例最高，达到 56.17%，爷爷奶奶或外公外婆是留守儿童的主要监护人，这是留守儿童的基本情况。对于留守儿童而言，或因缺乏有效监管而导致安全问题，或因缺乏亲人关照而导致生活问题，或因缺乏父母辅导而导致学习问题，或因缺乏家庭教育而带来品格问题，或因缺乏亲情抚慰而带来心理问题，或上述问题兼而有之。这些都是农村儿童处于留守状态下所表现出来的问题，且不同程度地存在于留守儿童的身上。从宏观上来说，逐步消除城乡差距；加大社会力量的帮扶力度；建立农村社区的监护体系；加强农村寄宿制学校的建设；在农村学校教育中增设心理课程，这些是解决留守儿童问题的具体对策措施。①

随着工业化和城市化的深入推进，收入较稳定、工作较固定、流入地也较固定的农民工，开始由单身外出务工变成举家外出务工，这种外出务工方式的转变造成了大量农民工随迁子女。随迁子女数量的不断扩大，已成为社会不得不关注的热点问题。适龄随迁子女群体在城市的学习与生活状况开始成为学界的关注点，从侧重于留守儿童研究到侧重于随迁子女研究，表现出对农民工子女研究重点的转移，这种转移是时代发展需要在学术研究中的反映。适龄随迁子女在流入地的入学与升学问题最先进入研究者的视野，它关系到政府、社会、学校及农民工家庭等多方利益，关系到适龄随迁子女受教育权的保障，关系到教育平等和社会公平问题。随着随迁子女在城镇学校的就学与升学问题的逐步解决，随迁子女面临的最大问题是适应问题。随迁子女的适应问题如果解决得不好，将会造成整个社会的隔阂，带来一定程度的社会问题。在对随迁子女适应问题的研究中，特别是对随迁子女的兴奋与好奇、震惊与抗拒、探索与顺应、整合与融合这四个适应阶段的探寻，揭示出随迁子女的城市适应规律。但户籍制度、入

①　课题组：《农村留守儿童问题调研报告》，《教育研究》2004 年第 10 期；段成荣、周福林：《我国留守儿童状况研究》，《人口研究》2005 年第 1 期；段成荣、杨舸、王莹：《关于农村留守儿童的调查研究》，《学海》2005 年第 6 期；范先佐：《农村"留守儿童"教育面临的问题及对策》，《国家教育行政学院学报》2005 年第 7 期；贾娅玲：《西部地区农村留守儿童的教育问题——以青海省海东地区为例》，《民族教育研究》2007 年第 6 期；范先佐：《关于农村"留守儿童"教育公平问题的调查分析》，《湖南师范大学教育科学学报》2008 年第 6 期。

学制度、升学制度、群体偏见和社会歧视成为随迁子女社会融合的主要障碍；性别、家庭经济地位、来城市时间、教育安置方式影响着随迁子女的社会认同；父母的教育期望、父母的教育投入、本人的学习投入、就学学校类型对随迁子女的学业表现有显著影响，这些都是随迁子女研究的重点，既反映出随迁子女所面临的问题，也为解决问题指明了方向。①

　　有子女的农民外出务工，或是把孩子留在农村老家而成为留守儿童，或是让孩子一起外出而成为随迁子女，这是外出务工农民面对现实而不得不作出的教育选择。那接下来就会面临这样的困境，是让孩子留守在老家好呢，还是让孩子随迁好呢？哪一种情况对于农民工子女的身心发展更有益处呢？这只有在比较中才能反映出来，留守儿童与随迁子女的比较研究便成为农民工子女研究的新重心，这也是一个必须予以回答的时代问题，这个问题的回答能够为农民工家庭的教育选择提供咨询参考。留守儿童与随迁子女的生长发育状况的比较、网络成瘾程度的比较、学校适应状况的比较、心理状况的比较、教育机会的比较、学业成绩的比较、品格发展状况的比较等，都是研究者试图回答的问题。由此来对比农村孩子处于留守或随迁状态下的身心发展状况，为农民工子女的留守或随迁提供事实依据。② 从这个角度来说，留守儿童与随迁子女实际状况的比较研究，具有极强的现实价值。

----

　　① 刘杨、方晓义等：《流动儿童城市适应状况及过程——一项质性研究的结果》，《北京师范大学学报》（社会科学版）2008 年第 3 期；白文飞、徐玲：《流动儿童社会融合的身份认同问题研究——以北京市为例》，《中国社会科学院研究院学报》2009 年第 2 期；曾守锤：《流动儿童的自尊及其稳定性和保护作用的研究》，《华东师范大学学报》（教育科学版）2009 年第 2 期；蔺秀云、王硕、张曼云、周冀：《流动儿童学业表现的影响因素——从教育期望、教育投入和学习投入的角度分析》，《北京师范大学学报》（社会科学版）2009 年第 5 期；巩在暖、刘永功：《农村流动儿童社会融合影响因素研究》，《国家行政学院学报》2010 年第 3 期；袁晓娇、方晓义等：《流动儿童社会认同的特点、影响因素及其作用》，《教育研究》2010 年第 3 期；刘霞、申继亮：《流动儿童的歧视知觉及与自尊的关系》，《心理科学》2010 年第 3 期。

　　② 王水珍、刘成斌：《流动与留守——从社会化看农民工子女的教育选择》，《青年研究》2007 年第 1 期；汪明：《"流动儿童"与"留守儿童"教育问题的新思考》，《人民教育》2007 年第 9 期；杨菊华、段成荣：《农村地区流动儿童、留守儿童和其他儿童教育机会比较研究》，《人口研究》2008 年第 1 期；范兴华、方晓义、刘勤学、刘杨：《流动儿童、留守儿童与一般儿童社会适应比较》，《北京师范大学学报》（社会科学版）2009 年第 5 期；申继亮：《流动和留守儿童的发展与环境作用》，《心理科学》2010 年第 2 期。

从农民工子女研究的演变历程中可以看出，从对留守儿童的研究到对随迁子女的研究，再到对留守儿童与随迁子女的比较研究，这是农民工子女研究的学术发展脉络史，这种学术发展脉络史是与社会各界关注的热点问题相对应的，是对热点问题的学术回应，体现出研究者的现实关怀。农民工子女研究的学术发展史呈现出农村孩子作为农民工子女的身心变化状况，是对农民工子女现实状况的学术反映，为我们深入认识农民工子女实际状况提供了学术视野。但已有的研究更多的是关注事实描述，而要使农民工子女研究进入更高层次，达到新境界，需在已有研究基础上有所突破，有必要从事实研究转到机理研究，从而寻找农民工子女研究的新生长点。

（二）教育选择是农民工子女研究的新生长点

已有研究从不同学科对农民工子女状况做了深入描述，这是对农村孩子作为农民工子女的事实呈现。但同样是农民工子女，为什么有些孩子成为留守儿童，有些孩子则成为随迁子女？是什么原因促使农民工家庭让孩子处于留守状态或随迁状态？农民工家庭把孩子作为留守儿童或随迁子女的决策机理是什么？农民工家庭的教育决策受哪些因素影响？农民工家庭的教育决策对教育政策会产生什么影响？教育政策又是如何影响农民工家庭的教育决策的？所有这些都涉及一个核心概念——教育选择。以教育选择为切入点，把农民工子女的教育从事实研究转向机理研究，是对农民工子女已有研究领域的突破，必将成为农民工子女研究的新生长点。

随着西方社会人力资本的兴起，在20世纪70年代，经济学家开始研究最优教育选择，研究学费、奖学金、生活成本、机会成本、学习成绩等变量对个体在选择学习或工作时的影响，实际上重点关注的是教育投入与教育产出之间的关系，即教育投入应该放在哪些方面，才能带来最大的教育收益。之后，教育选择的研究范围扩大到择校、公私立学校的选择及教育券等方面，关注的重点是教育选择行为的方向，甚至把教育选择权作为人们的一项基本人权而予以关注。特别要提出来的是，布迪厄后来又将"选择"概念从经济学领域引入社会学领域，融入教育社会学的分析框架中，把教育作为一种"选择"和"自我选择"的过程，这是教育选择研究范式的一种根本性转变，极大地拓展了教育选择的研究范畴。其实，农民工家庭也面临着教育选择问题，之所以把教育选择的研究与农民工子女研究相结合，是在把农民工子女的"实然"研究引向"应然"研究，是在挖掘农民工家庭把孩子作为"留守儿童"或"随迁子女"背后的原因，是对行为背后原因的深刻解释，是把对农民工子女的"前台"研究转到"后台"研究，可以说是农民工子女研究范式的根本转变。因此，教育选择是农民工子女研究的新生长点，是对农民工子女研究的进一步拓展与深化，这对推进农民工子女研究具有极强的学术意义。

农民工家庭对于孩子的留守或随迁是如何作出选择的？教育选择的整个过程是什么？作出教育选择的机理是什么？影响农民工家庭作出孩子留守或随迁的因素有哪些？这些因素是如何排序的？它们之间有什么关系，又是如何相互影响的？农民工家庭对于孩子留守或随迁的决策程序是什么，具有什么样的逻辑顺序？搞清了农民工家庭对于孩子留守或随迁的教育选择决策机理，我们就可以发现农民工家庭的教育决策中，哪些是合理的，哪些是不合理的、是盲目的。留守或随迁对孩子具有重要影响，因此通过研究教育选择来呈现农民工家庭的教育决策机理，能清晰反映出农民工家庭教育决策的整个过程，指出农民工家庭教育决策的优劣，是农民工子女研究进入更高层次研究的新生长点，对于整体推进农民工子女研究具有极强的现实价值。

农民工家庭对孩子留守或随迁的决定会产生什么样的影响，并对教育政策产生什么样的影响，教育政策反过来又会对农民工家庭的教育决策产生什么样的影响，这些也是当前农民工子女研究的重点与难点。农民工家庭对孩子留守的决定，将直接影响留守儿童的数量、结构、规模、范围，同时影响学校的布局调整、教育资源的配置等方面。农民工家庭对子女随迁的决定，将直接影响随迁子女的数量、分布、流向以及流动规模、流动范围和流动结构等方面，影响城市学校的布局调整，影响农民工随迁子女的入学与升学状况等。农民工家庭的教育选择将影响教育资源的有效配置与公平配置，并对教育政策及相关政策的制定产生影响。同时，教育政策也会影响农民工子女的规模、结构、去留、流向、就学等方面。因此，教育选择是农民工子女研究的新生长点，它是农民工家庭与教育政策之间的联结点。对于教育选择的深入研究，既可以对农民工家庭教育选择所带来的后果作出预判，也可以对制定农民工子女教育政策提供依据，对于农民工子女相关政策的制定具有较强的政策价值。

（三）农民工家庭教育选择的研究框架

既然教育选择是农民工子女研究的新生长点，那么我们该从哪些方面来进行农民工子女研究？农民工家庭教育选择的研究框架主要包括哪些内容？表现在哪些方面？这是需要予以思考的。

首先，教育选择的研究要探讨农民工子女形成的理论解释。以往的研究注重留守儿童与随迁子女既成事实的描述性研究，是对其事实状态的一种"实然"研究。但对为什么会成为留守儿童或随迁子女，农民工子女又是如何成为留守儿童或随迁子女的，这些方面的研究却很少涉及。教育选择的研究就是要为农民工子女的产生提供理论解释，是一种"知其所以然"的研究。对于农民工子女产生根源的理论探讨有三种路向。一是以"推拉理论"来解释农民工子女产生的根源。农民工子女的产生是农村社会和城市社会各自推拉合力的结果，留守或随迁则是作为父母的农民工经过利弊权衡后理性选择的结果。无论是留守还是随迁，都是农民工代际再生产的特有模式。[①] 二是用"拆分型家庭理论"来解释留守儿童产生的根源。我国当代农民工本应完整的劳动力再生产过程被拆解为两部分：一部分在城市（劳动者个人的再生产），另一部分在乡土社会（抚养子嗣老弱）。农民工作为低技术的劳动力只能获得低廉的报酬，农民工本身的流动性其实是限制在一定范围之内的，正是因为低工资、低福利的低成本制度造成了拆分型家庭。因此，农民工家庭更多的是选择把孩子留守在农村老家，从而使孩子成为农村留守儿童。[②] 三是用"结构—行动"理论来解

①　谭深：《中国农村留守儿童研究述评》，《中国社会科学》2011年第1期。
②　谭深：《中国农村留守儿童研究述评》，《中国社会科学》2011年第1期。

释随迁子女产生的根源，由于二元的户籍管理制度，更多的农民工家庭让孩子留守在家。而事实上，农民工内部是分化的，部分农民工懂技术，有固定工作，收入较稳定，流入地也较固定，且经过多年打拼，具有一定的经济基础，农民工作为行为主体，他们能够在已有制度结构框架下，采取自主行动，或是为了一家人在一起，或是为了让孩子在城市接受更好的教育，或是兼而有之，从而让孩子成为随迁子女。因此"结构—行动"理论可较好地解释农民工随迁子女产生的原因，同时也可解释农民工随迁子女规模不断增长的原因。

其次，教育选择的研究是要探究农民工子女产生的影响因素。农民工子女或者成为留守儿童，或者成为随迁子女。不管是成为留守儿童还是成为随迁子女，都是受多种因素影响的结果。也就是说，农民工家庭的教育选择是多种因素影响的结果。农民工子女个人因素（性别、年龄等）、农民工个人特征（受教育程度、职业、行业等）、农民工家庭状况（居住条件、家庭收入、家庭结构、子女个数、社会网络、教育环境等）和迁移状态（迁移距离、迁移时间、迁入区域等）是影响农民工家庭教育选择的因素。同时，留守或随迁还受儿童的年龄、农村社会支持、迁移距离和父（母）在城市的生存状态等因素的影响，孩子流动与否不仅是农民工理性选择的结果，还与国家、地方、生产等各种制度有关。孩子处于留守或随迁状态，不能忽视儿童自身的主体性，他们往往会通过"隐性抗争"与"隐性合谋"等途径来反映自我在教育选择中的主动性和能动性，反映自己的教育诉求。

再次，教育选择的研究还要深入探寻农民工子女产生的决策机理。农民工子女或者成为留守儿童，或者成为随迁子女，这与农民工家庭的教育决策紧密相关。农民工家庭的教育决策是个复杂的过程，而对农民工家庭教育选择机理的探寻，是要研究农民工家庭在各种因素影响下的教育决策过程。农民工家庭是如何作出教育选择的？它的最优选择是什么？决定因素是什么？感性因素、理性因素和文化因素分别在教育决策过程中扮演了什么角色？这些影响因素又是如何达到平衡的？最终作出教育选择的实际过程是什么？农民工及其子女本身的意愿在教育选择中起何作用？这需要挖掘农民工家庭教育选择背后的决策过程与运作机制。农民工家庭的教育选择是感性、理性、文化相互综合的产物；农民工家庭的教育选择并不是自我决策，表面上是自我在做教育决策，而事实上，主要是受政策制度的影响。从某种程度上来说，经济社会政策直接或间接地支配着农民工家庭的教育选择；"有形"或"无形"地决定着农民工家庭的教育选择，农民工家庭的教育选择是结构—行动双重作用的产物。

最后，教育选择的研究还要探索农民工子女产生的政策背景。教育政策意味着教育资源的分配，教育政策的变迁是教育资源的重新配置，它涉及相关方的各种利益。农民工子女或者成为留守儿童，或者成为随迁子女，以及他们的规模、结构、流向及范围等都与当时的教育政策有关。或者从根本上来说，教育政策决定了农民工子女的规模、结构、流向及范围。教育政策如何通过教育资源的分配来制约、分流与引导农民工子女的数量与分布，这是一个很值得探讨的话题。同时，农民工家庭的教育选择也会影响教育政策的变迁，因为教育政策要考虑农民工子女的规模、结构、流向及需求等方面的变化，根据实际情况提供相应的教育资源，并对教育资源的配置进行调整，从而来解决农民工子女出现的问题，这就涉及教育公平和社会正义的问题，值得我们进一步地深入思考。教育选择的研究是要把农民工子女研究放在广阔的政策背景下来探索，从而拓展农民工子女研究的视野，深入推进农民工子女的研究。

第一章 教育选择的演进历程

按照一般的写作框架，在绪论之后便要开始呈现出农民工家庭教育选择的现状，但本书在两章之间用了一章的篇幅来分析教育选择的演进历程，为什么要这样做呢？主要是因为，农民工家庭的教育选择与人类社会中教育选择息息相关，只有把人类社会的教育选择搞清楚了，然后再过渡到对农民工家庭教育选择的研究，这样才顺理成章。而且，教育选择作为人类社会的一种现象，不仅广泛存在于整个人类社会的发展进程中，广泛存在于人类社会发展的不同阶段；而且广泛地存在于社会、国家、家庭及个体等不同的层面，在整个社会发展阶段中呈现出其不同的演进特征，它体现出对人类社会资源的配置状况，深刻地影响着人们的生存状况和发展状态。

第一节 教育选择的形态变迁

只要有人类社会，就会有教育，教育是与人类社会产生及发展相伴的；而只要有教育现象，便存在着教育选择，教育选择是人类社会中一种不可或缺的基本行为，它作为一种教育现象始终存在于人类社会中，不同的人群及个体表现出不同的教育选择行为。在不同的社会形态中，由于社会资源分配的制度及机制不一样，就会呈现出相应的教育选择，教育选择本质上是一种社会资源（包括教育资源在内）的分配机制，反映出一个社会的意识形态。不同时代的教育选择往往是与当时社会经济发展相对应的，它是时代要求的表现形式。教育选择形态是教育选择的最直接表达，是一个社会主流阶层的意志行为的表现，它会随着时代的变化而变迁。

在人类社会初期，教育与人类初期社会的存在形态一样，是作为一种整体的形态而存在，是人之为人的一种教育形态，它并没有分化开来。在与大自然的抗争中，它成为人类力量复制与传递的工具，而使人类得以在大自然中不断生存与发展下去。"从很早的时期起，人类就已经有意识地运用语言天分，在个人与个人之间、集体与集体之间、上一代与下一代之间交流丰富的实践经验——如解释自然现象的法则、规则、习惯和禁忌等——从而使个人记忆社会化成种族生存的必要手段。"① 为什么人类要选择教育，并以整体的形态存在呢？因为它可以复制与传递人类在长期的社会生活与生产中所积累的经验，这些经验不仅是人类生存与发展所不可或缺的，而且有助于人类的后代在大自然的恶劣环境中生存下来，并得以不断发展。同时，在人类社会初期，人类也是作为一个整体存在的，也需要教育来整合内部的力量。它需要通过教育来宣传并传承人类社会的规则、仪式、规范、道德、习惯及伦理，以此来形成一个有序的社会，规范不同个体的行为，从而达到人类内部的和谐与稳定。因此，以整体形态存在的教育选择，与人类社会初期的存在形态是相一致的，它是人类社会整体存在的表现形态，也是人类社会整体存在的传承力量。

随着社会的发展，人类内部本身出现了分化，形成了不同的群体。由于不同群体所处的生存环境不一样，教育作为群体性生存与发展的表现形态也是不一样的，教育选择的形态也在发生着变化，教育选择由整体性存在转变为群体性存在，这与人类本身的存在样态是一致的。教育选择的群体性形态，是从群体本身的生存与发展来说，对于教育价值、教育目标、教育内容、教育方法的选择，以满足群体生存与发展的需要，服务于群体本身的生存与发展。因此，一个群体的教育选择往往有别于其他群体的教育选择，这是人类群体的内部差异性造成的。群体性的教育选择形态，一方面要通过教育来增强群体本身的实力和竞争力，教育成为提升群体力量的工具，以免被其他群体代替；另一方面是通过教育来传承群体内部的习

---

① 联合国教科文组织：《学会生存——教育世界的今天与明天》，教育科学出版社1996年版，第25页。

俗、规范、价值、文化、文明、道德及伦理，从而保持群体本身的特性，并以此加强群体内部的稳定性和一致性，这也可以从侧面凝聚群体的力量。

随着社会经济的发展，群体内部的资源得到了积累，但总体来说，社会资源要平均满足每个人的要求，是不可能办到的，那么社会资源在人群中的分配必然是不均衡的。如何在社会中较合理地分配资源而又不引起社会内部的混乱呢？如何在有限的社会资源分配中，既满足人们的最低需求，又能激发人们在社会生产与生活中的动力呢？这就要求公正但又不是平均地分配社会资源，通过教育选择的形式来分配有限的社会资源，这是人类在长期的探索中所寻找到的一个有效途径。对具有一定学历（受教育）层次的人配置相应的社会资源，受教育层次越高，所享有的社会资源就越多，这样就在整个社会中形成了一种教育竞争：要想得到更多的社会资源，就要接受更高层次的教育；要接受更高层次的教育，就要拥有教育资源，把社会资源的竞争演变成教育资源的竞争。而教育资源作为一种稀缺性的资源，并不是每个人想拥有就能拥有的，它受到了教育资源有限性的制约，于是就通过教育选择的机制来进行操纵，即通过一种机制来选定哪些人能够接受普通教育，哪些人能够接受更高层次的教育。而又如何来选定受教育的人群呢？家庭作为人类社会基本的生产与生活单位，便参与到教育选择的竞争中来，因为只有靠家庭的力量，才有助于个体获得更多的教育资源，继而为家庭及个体获得相应的社会资源。于是群体性的教育选择转变为家庭性的教育选择，并成为一种主要的教育选择形态，一直延续到当今社会之中。

教育选择形态的历史变迁，是人类社会经济发展的不同样态所决定的，它服务于人类社会本身的发展需要，既是与大自然抗争的外在要求的表现，也是人类社会内部稳定的内在要求的表现。教育选择无论是以整体性存在、群体性存在，还是以家庭性存在，都是人类社会对于教育选择的内在要求的外在表现形态，都是为了满足人类社会发展的需要，都是人类社会在不同发展阶段对于教育需求的最充分表达，并通过社会资源的配置来引导人们的教育选择，通过教育资源的竞争来获得相应的社会资源。也就是说，教育选择一直存在于人类社会中，只是在不同的社会阶段以不同的形态表现出来而已。

第二节 教育选择的主体转换

教育选择作为人们社会生活中的一种选择行为，必然是与主体联系在一起的。因为只有主体才会有教育选择，而缺乏主体的教育选择是根本不存在的。教育选择确实是不能脱离主体的，作为主体的人总是或隐或现地存在于一切教育选择行为之中。在人类社会的不同发展阶段，教育选择的主体是不同的，存在着教育选择主体的转换现象。其实，教育选择主体的转换体现出教育选择本身在整个人类社会中的演进历程，要研究人类的教育选择现象，就不能不考虑教育选择主体在人类社会不同阶段的演变，从中也可以看出教育选择本身在演变过程中的进步。

在人类社会的一切教育现象中，国家始终是一切教育选择行为的主体，扮演着主要的角色。在人类社会的早期，自从国家这种政权组织形态出现以来，国家就成为教育选择的主体，体现出国家在教育选择方面的意志。国家在所有的主体中占有绝对的地位，特别是在前工业社会中，国家在教育选择中代替了其他主体的角色，甚至成为唯一的教育选择主体。在前工业社会中，社会资源基本上控制在国家手中，教育选择是国家分配社会资源的一种机制。国家主体地位是不可挑战的，其甚至通过权势来全面压制教育选择中的社会主体、家庭主体及个体主体。因此，在工业社会的教育选择中往往看不见作为主体的个人，他们已经被国家所代替了。而国家作为一种政权，又被权势阶层、利益阶层及特殊阶层把控着，是统治阶级的代言人，或者是为了阶层利益，通过考试制度、学校制度、课程制度、选拔制度等方面进行教育选择，以此来配置教育资源，并进一步分配社会资源。古代中国围绕着科举制建立了一套包括入学、课程、考试及选拔的教育选择机制与社会资源分配制度，就体现出作为主体的国家在教育选择中的意志。或是为了国家的整体利益，从教育目标、学校布局、教育结构、课程设置等方面来干预教育选择，通过教育资源的配置来使整个教育体系服务于国家生存与发展的需要，提高国家的整体竞争力。以当今世界各国普遍实施的义务教育而言，就是作为主体的国家的教育选择行为，以教育未成年人来提升国民的整体素养，从而达到促进经济社会发展的需要，以及促进整个社会的可持续性发展，这正如《学会生存——教育世界的今天与明天》一书中指出的"教育的前景看来不仅符合当前世界的基本需要和革命的主要方向，而且也适合于各种社会经济结构和各个经济发展水平不同的国家所出现的许多现象"。[①]

随着人类社会的不断向前，国家作为教育选择主体的绝对地位有所下降，特别是随着市民社会的兴起，国家已经不能完全把控所有的社会资源及教育资源。社会资源及教育资源的分布呈现出分散化的特征，特别是在市民社会中积累了大量的社会资源和教育资源，因此，社会在整个教育体系中的主体地位有所加强，也开始在教育选择中表现出其主体地位。特别是在基础教育领域中，社会资源为人们的教育选择提供了多样化的路径。在国家制度的整体框架下，社会作为主体能够发挥其应有的教育选择功能，特别是在教育理念、入学机会、教学过程、教育投入及学校类型的选择等方面，体现出越来越强的教育选择的主体性，这正如《教育——财富蕴藏其中》一书中所说的"教育选择就是社会选择。教育系统不可能无止境地满足迅速增加的需求。它们要为所有人提供同等的受教育机会。要尊重兴趣和文化的多样性，又要满足各种各样的需求。考虑到财政上的困难，不得不以最佳方式来分配。资金的分配尤要明确体现与每个社会为其经济、社会和文化发展而作出的决断相符的集体选择"。[②] 随着社会资源的积累和社会力量的壮大，社会甚至与国家一样，成为教育选择的主体力量，是一种不可忽视的主体力量。但社会在教育选择中的主体地位，还在

---

① 联合国教科文组织：《学会生存——教育世界的今天与明天》，教育科学出版社 1996 年版，第 203 页。

② 联合国教科文组织：《教育——财富蕴藏其中》，教育科学出版社 1996 年版，第 150 页。

许多方面被国家的力量所制约着，还只能表现出有限的主体功能，其在教育选择中的主体力量不能被无限度地放大。

家庭作为社会的一个基本单元，一直充当着教育选择的主体。只是其在教育选择中的主体地位长期被国家及社会所掩盖，只是或明或暗地表现在教育选择中。在近现代社会中，随着家庭力量的不断充实与扩大，家庭作为教育选择的主体地位越发凸显出来，已经成为教育选择中不可忽视的主体力量，这是因为家庭可以充分利用自身的政治资本、经济资本、文化资本和社会资本来获取相应的教育资源，并影响教育选择，从而使教育选择满足家庭及其成员的利益诉求，或者维护家庭在阶层中的实际利益及保持固有的社会地位，或者实现阶层的向上流动，并获得更高的社会地位。但作为主体的家庭在教育选择中的功能是有差别的，在千千万万个不同的家庭中，存在政治、经济、文化与社会资本方面较强势的家庭，在教育选择中能够运用家庭自身的各种资本来获得更多的教育资源及社会资源，从而实现其家庭及阶层的利益。但弱势群体的家庭由于缺少相应的各种资本，无法通过自身的家庭资本来获取相应的教育资源及社会资源，在教育选择中的主体地位往往会被边缘化，因此无法通过教育选择来实现向上流动的机会。也就是说，由于不同家庭所掌握的经济资本、政治资本、文化资本和社会资本是不一样的，家庭在教育选择中的主体地位的发挥程度也是不一样的。资本强势的家庭在教育选择中能够充分发挥其主体性作用，能够最大化地获取教育资源；而资本弱势的家庭在教育选择中却主体性缺位，在教育资源的获取过程中处于被动地位和被挤压状态。

教育选择主体由国家向家庭转换，形成国家、社会及家庭并存的教育选择主体，说明在当今社会中教育选择主体的多元化，也体现出教育选择本身的进步。但这并不代表国家作为主体在教育选择中的主体功能被弱化了，这只是表明国家的主体角色由幕前退到了幕后，它还是所有教育选择主体中的主导者。只不过它更多的是通过政策制度来配置资源，其实是在以"看不见的手"从幕后把控着人们的教育选择。家庭作为教育选择的主体，在当今社会中是一种最为活跃的主体因素，它在教育选择方面拥有了更大的选择空间及话语权。从本质上来说，家庭作为主体也只能在国家政策的既定框架内进行教育选择，不能"为所欲为"地进行教育选择。

第三节　教育选择的价值取向

任何选择行为都会有价值取向，教育选择作为人们的一种选择行为，肯定也会在其中表现出一定的价值取向。价值取向涉及为谁服务的问题，需要解答如下问题：为什么要进行教育选择？它能够满足主体的哪些需要？它应该是一种什么样的教育选择？只要人们有教育选择行为，在这些教育选择行为中就存在价值取向。价值取向存在于人们的一切教育活动及教育现象中，但价值取向并不直接表现于外在的教育活动之中，而是需要进行深入的挖掘。对于教育选择中的价值取向，这正如《学会生存——教育世界的今天与明天》中所说的："直到现在，通过持续了若干年代的各种社会形式，我们获得了教育，这种教育一直是我们有效地用以维持现有价值和保持力量平衡的一种精选的工具，而且这个辩证过程对于国家命运和历史进程既有其积极的作用，也有其消极的意义。"①

国家利益是教育选择的主要价值取向之一。自从人类社会产生国家这种政权形式以来，国家利益就一直成为教育选择的主导价值取向。国家为什么要办教育？要办什么样的教育？要把有限的教育资源投放在哪些方面？国家必须对教育体系有个总体设计，在哪些方面有所"取"，在哪些方面有所"舍"，在对教育体系的总体设计中就渗透着国家利益的价值取向。国家利益的价值取向强调教育选择的外在功能，即教育是为国家利益服务的工具，教育目标、教育系统、教育结构、教育制度、教育机制、考试评价、课程设置都会按照国家利益的要求来进行整合，把国家利益的价值取向贯彻其中，并体现在整个教育过程和各个教学环节中，这有利于加强教育选择为国家利益服务的能力，但在这种价值取向的主导下，也很容

---

① 联合国教科文组织：《学会生存——教育世界的今天与明天》，教育科学出版社 1996 年版，第 83 页。

易忽视教育本身的内在价值，即人们在教育选择中促进个体的身心发展的功能。当前，世界各国都加强了教育选择中国家利益的价值取向，把国家利益作为首要的价值取向。因为国与国之间的竞争，就是综合国力的竞争，本质上是科技的竞争，而科技竞争的背后也就是教育的竞争，只有教育才能培养科技竞争所需要的各类人才。因此，各个国家都加强了教育选择的前瞻性、基础性及总体性设计，通过教育资源配置来实施国家的战略目标及引导人们的教育选择。人们通过教育选择来进入国家设计好的教育体系之中，从而实现国家利益的价值取向。

社会稳定也是教育选择的价值取向之一，教育是保持社会总体稳定的有力工具，而且也只有教育能够在这方面发挥强大的功能。这在我国历史上各个朝代对于教育选择的重视中可以得到印证。教育本身就具有重要的社会功能，满足社会需求是教育选择的重要价值取向。可以这样说，最大的社会需求就是形成一个有序的社会，保持社会的和谐与稳定。基于这种价值取向，整个社会在教育目的、培养目标、教育内容、课程设置、师生关系、考试评价上进行教育选择，把保持社会总体稳定的价值取向渗透到各种教育活动和各个教育环节中，使价值取向得以在各种教育实践中实现。从我国古代历史中可以看出，四书、五经及儒家的思想一直是学校教育中的教学内容，就是因为这些内容及思想中包含了稳定及和谐的因素，这些教学内容的学习有助于形成一个有序的社会，这是渗透到我国古代各级各类教育中的价值取向。在现当代社会中，社会稳定的价值取向无时无刻不存在于教育选择中，有形或无形地影响着各种教育活动。

家庭利益也是教育选择的价值取向之一。教育选择的真正落脚点在家庭及其成员上，没有家庭的教育选择其实就不存在实质性的教育选择，国家及社会层面的教育选择都要通过家庭及其成员来实施，家庭是进行教育选择的基本实施单位，因此，在任何的教育选择行为中都会体现出家庭利益的价值取向。从价值取向上来说，家庭的教育选择主要是维护家庭本身所固有的经济利益与社会地位，这是家庭在教育选择中的基本价值取向。如果有可能的话，家庭会努力通过教育的渠道，上升到更高的阶层，从而享有更高阶层所具有的经济利益与社会地位，这是家庭在教育选择中所要获得的更高层面的价值取向。因此，从总体上看，家庭都乐于投资教育，总是尽最大可能来把握教育选择的机会，总是尽最大可能来把握好获得的各种教育资源，总是尽最大可能来使子女接受更高层次的教育。接受更多、更高层次的教育，会带来更高的薪酬待遇与经济收入，从而改善家庭及其成员的社会地位。但家庭利益的价值取向往往只考虑家庭的整体利益，即更多地考虑家庭的经济利益，反而会忽视受教育者个体的发展。在教育选择上会漠视受教育者个体本身的兴趣爱好，把有些非个人所愿的教育选择强加于受教育者本人。现在许多家庭更多地考虑薪酬待遇较高的热门专业，以家庭的教育选择来压制受教育者个体的教育选择，导致教育选择行为的片面化。

教育选择的价值取向并不是单一的，不能以一种价值取向来排斥其他价值取向，造成价值取向的畸形化，而是要对各种价值取向进行融合，这样才能使教育选择行为具有更大的包容性，从而满足国家、社会、家庭等各方的需求，也使教育选择服务于各个主体的现实要求，从而使教育选择更趋向于合理性。同时，我们也有必要对教育选择的价值取向本身进行深刻的反思，不能完全以国家利益的价值取向来压制其他的价值取向，而是要使价值取向走向多元化，不能以外在的价值及工具的价值来压制内在的价值及本体的价值，而是要使两种价值取向达到内在的统一与平衡，特别是要以受教育者个体的发展为价值取向来重构教育选择的整个价值体系。因为教育的一切活动都是指向于人的，都是指向于受教育者个体的全面发展，这样的教育选择价值取向才更体现出其合理性，才更符合教育的本质，才更经得起理论与实践的考验，更符合包括教育选择在内的一切教育活动的最终目的。

第四节　教育选择的赋予功能

教育究竟能够提供给人们什么有价值的东西呢？教育为什么值得人们

去不懈追求？教育选择在人们的教育活动中扮演了什么样的角色，在人们的教育追求中充当了什么样的机制？这就有必要去探究教育选择的赋予功能。事实上，只要有教育活动，就存在着教育选择，因为教育资源本身是有限的，需要通过教育选择来分配有限的教育资源，如何来分配教育资源？要把教育资源分配给哪些人？这与教育选择的赋予功能有着极大的关联，即哪些人可以享有教育资源？哪些人可以享有更高层次的教育资源？受教育层次与相应的社会资源间应建立一种什么样的关系？所建立的这种关系又是如何来有效地激发人们的教育选择，来激发人们对于教育资源追求的热情？这就有必要深入挖掘教育选择本身所具有的赋予功能，通过呈现并建立这样的一种教育选择的赋予功能，引导人们的教育选择行为。

教育选择首先具有赋予身份的功能，即接受了什么程度的教育，就赋予相应的身份，所接受教育的层次越高，所赋予的身份就可能会越高，而一定的身份总是与相应的资源待遇及社会地位相匹配的。美国学者兰德尔·柯林斯（Randall Collins）提出"一般来说，存在着一套固定的地位，人们要取得这些地位必须满足其不同的条件。不同类型的地位对于技术的固定要求，在任何时候都是人们能否取得那些地位的基本决定因素"。[①]正是因为教育选择具有赋予身份的功能，在所受的教育与所获的资源之间建立了一种较为固定的关系，人们都把教育看作是拥有某种身份与地位的"敲门砖"，从而努力去追求更高层次的教育及其资源。从某个角度来说，也是人们接受更高层次教育的动力。但由于教育资源本身的限制，并不是所有人都能接受自己所需层次的教育。教育的层次往往呈现出金字塔形，越往上，教育层次就越高，受教育的人数就越少，要接受更高层次教育的难度就越大。如何来选拔不同受教育层次的人呢？同时，如何激发人们努力追求更高层次的教育呢？这就是教育选择的赋予功能，它要建立一种选拔机制来对受教育者进行筛选，选拔部分符合标准的人接受更高层次的教育，并赋予不同层次的受教育者以不同的身份，不同的身份享有不同的资源及社会地位，接受更高层次教育的人享有更多资源及更高的社会地位。

---

① 张人杰主编：《国外教育社会学基本文选》，华东师范大学出版社 1995 年版，第 50 页。

教育选择的身份赋予功能，会极大地激发人们对于教育选择的热情，使人们热衷于通过教育获得某种身份，从而改变家庭及自身的命运。我国古代历史上长期实施的科举制，就是以教育选择的形式来赋予读书人不同的身份，接受不同阶段的教育就会获得不同的身份地位，教育使读书人看到了"朝为田舍郎，暮登天子堂"的希望，使读书人努力去追求并实现"学而优则仕"的人生目标。

教育选择还具有资格赋予的功能，即接受了什么类型的教育，就赋予受教育群体相应的资格，使其有资格进入相关的行业，并从事相应的职业及获得相应的报酬。人类进入近现代社会之后，工业化的发展形成了各种行业与各种职业，而要进入某种行业，并从事相应的职业，则必须受到专业化的教育及培训，并获得相应的职业资格，这就给予了教育选择的资格赋予功能。教育选择的这种资格赋予功能，也会极大地激发人们的教育选择，并引导着人们的教育选择行为。随着现代社会中工业生产的专门化，专门化的生产要求相关人员具有专业知识与能力，行业准入标准及职业资格则是从事专门化工作的必要条件。教育选择就是要对进入各种行业及从事各种职业的人群进行选拔，并对其进行专门化的教育及训练，从而使其获得相应的职业资格。职业与薪酬是挂钩的，两者建立了相对应的关系，不同类型的行业与职业的薪酬待遇是不同的，薪酬待遇越高的行业与职业，其门槛就越高，而要求进入的人群也就越多，那么教育选择的标准就越高，人们在这方面的教育竞争就越大。因此，在现代社会中产生了学历教育、学位教育及专业教育，合格者获得相应的证书及资格，具有这些证书及资格，就可以进入相应的行业并从事相关的职业，这就是教育选择在现代社会中的资格赋予功能。日本学者天野郁夫指出，"学历与其他社会资源的分配具有很高的相关性，这意味着，学历本身是一种稀少的资源，同时，获得学历是获得其他社会资源的手段。获得高学历便可以从事威望高的职业，并由此获得较高的收入和较大的权力"。① 教育选择的资格赋予功能其实是通过教育选择来对人群进行教育分流，引导人们的教育选

---

① 张人杰主编：《国外教育社会学基本文选》，华东师范大学出版社1995年版，第152页。

择，使不同的人群进入不同的行业，继而从事不同的职业，从更长远来看，也是为了保证不同行业及职业具有专业人员来从事相应的工作，使整个社会能够有序运转并得到持续发展。

教育选择的赋予功能还表现在薪酬方面。在现当代社会中，如何才能激发人们对于教育选择的多元化，以及如何引导人们的教育选择行为，这需要发挥教育选择在薪酬待遇方面所具有的赋予功能。从事不同职业的人群能够得到不同的薪酬待遇，而要取得更高的薪酬待遇，就要接受更多的教育，获得更高层次的教育，以及接受更专业化的教育。这样就把教育选择与薪酬待遇捆绑在一起了，使人们能够看到教育选择所带来的实际经济利益，并以此激发人们的教育选择行为。这也就解释了为什么大多数家庭更倾向于投资高等教育，使其子女尽可能进入大学来接受高等教育，特别是尽可能地进入社会上广泛认可的重点大学就读。对人力资源的高投入会带来较高的薪酬待遇，特别是投资经济社会中较热门的专业，可预见的经济回报率是较高的，这促使人们在这方面作出相应的教育选择。虽然家庭投资高等教育及热门专业存在一定的风险，即存在着未来就业及薪酬方面的不确定性，但总体来说，接受过更高层次的教育（特别是接受过高等教育）的人群，其薪酬待遇普遍要高于未接受过高等教育的人群，这就是教育选择在薪酬待遇方面的赋予功能引导人们的教育选择，并对整个教育结构及类型进行相应的教育分流。这正如《学会生存——教育世界的今天与明天》中所说的，"按照传统教育体系的逻辑来讲，典型的情况应是：一定的教育水平应有其相应的和有保证的专业水平和酬劳，因为能够进入这个教育体系的人有限，而且还因为人们认为教育是一项艰苦的，甚至是厌烦的工作，它之所以使人感兴趣不在于它本身能得到什么结果，而在于他毕业以后一定可以得到相应的收入"。①

在整个社会中，人们为什么热衷于争夺教育资源，并以教育选择的形式来把控优质教育资源及更高层次的教育资源，这是因为教育选择本身具

① 联合国教科文组织：《学会生存——教育世界的今天与明天》，教育科学出版社1996年版，第11页。

有赋予受教育者身份、资格及薪酬等方面的功能。也就是说，接受一定程度的教育能够获得相应的身份、资格及薪酬，或者获得三者中的一个或两个，或者三者兼而得之，从而维持或改变人们及其家庭的现状，教育成为社会分层及社会流动的通道，这种观念同时在社会上得到了人们广泛的认同，这也是每个家庭都重视教育选择的根本原因，去争取更优质的教育资源及更高层次的教育资源，从而实现家庭利益的最大化。

在本章的上述四节内容中，呈现出教育选择作为人类活动的一项选择行为的演变历程及其一般规律，从整体上呈现出教育选择内涵的各方面内容。但是任何教育选择只有与时代相结合，体现出时代的特征，才具有现实价值。同时，任何有意义的教育选择都是时代特征与现实价值的忠实反映。从教育选择的走向来看，从精英教育选择到大众教育选择、从优势群体的教育选择到弱势群体的教育选择，是教育选择在当今时代的演变趋势，也是当今社会的时代特征。这就要求把教育选择与农民工家庭相结合，关注农民工家庭的教育选择已成为当今时代的诉求，关心农民工子女的受教育状况是当前我国教育领域中亟须关注的民生问题。可以这样说，如果缺少农民工家庭教育选择的研究，这会是我们这个时代教育研究中的遗憾。正是基于上述原因，本书着力研究农民工家庭的教育选择，这既是对教育选择作为一种人类行为在当代社会的延续反映，也体现出时代特征与现实要求。

第二章 农民工家庭教育选择的现状

本章分为两大部分，一部分是通过梳理已有文献来呈现近几年农民工家庭教育选择的总体情况，使我们对农民工家庭的教育选择及农民工子女的分布情况有一个大致的认识；另一部分主要是通过问卷调查与访谈得到的数据及资料来呈现农民工家庭教育选择的实际状况及农民工子女的受教育情况，主要包括农村留守儿童受教育状况、农村留守儿童监护人的教育选择状况、农民工随迁子女的受教育状况、农民工随迁子女监护人的教育选择状况，继而从总体上反映农民工家庭教育选择的实际情况。

第一节 农民工子女的分布状况及其家庭教育选择

农民工子女的分布状况与农民工家庭的教育选择有关，本部分主要是通过 2012—2016 年的全国统计数据来呈现农村留守儿童与农民工随迁子女的整体分布状况，从而对目前全国农村留守儿童及农民工随迁子女的分布状况有一个比较全面的认识。

一、农村留守儿童的数量呈下降趋势

2012 年，小学在校生中，全国农村留守儿童为 1517.9 万人，比 2011 年增加 81.1 万人，增长了 5.6％。小学在校生中，中部地区农村留守儿童最多，达到 738.9 万人，比 2011 年增加了 2.7％，占农村在校生的比例为 28.7％，接近三成。初中在校生中，全国农村留守儿童有 753.2 万人，比 2011 年减少 10.3 万人，减少了 1.4％。初中在校生中，中部地区农村留守儿童最多，2011 年为 338.7 万人，比 2010 年减少 3.8％，占农

村在校生的比例达到 29.3%，占三成左右。[①]

2013 年，小学在校生 9360.55 万人，比 2012 年减少 335.35 万人；初中在校生 4440.12 万人，比 2012 年减少 322.94 万人；全国义务教育阶段在校生中农村留守儿童共 2126.75 万人。其中，在小学就读的人数为 1440.47 万人，在初中就读的人数为 686.28 万人。[②] 与 2012 年相比，2013 年农村留守儿童的数量略有下降，无论是小学阶段的农村留守儿童数量，还是初中阶段的农村留守儿童数量，都有所下降。与 2012 年相比，2013 年小学阶段的全国农村留守儿童减少了 77.43 万人；与 2012 年相比，2013 年初中阶段的全国农村留守儿童减少了 66.92 万人。

2014 年，小学在校生 9451.07 万人，比 2013 年增加 90.52 万人；初中在校生 4384.63 万人，比 2013 年减少 55.50 万人，全国义务教育阶段在校生中农村留守儿童共 2075.42 万人。其中，在小学就读的 1409.53 万人，在初中就读的 665.89 万人。[③] 与 2013 年相比，2014 年农村留守儿童的数量也略有下降，无论是小学阶段的农村留守儿童数量，还是初中阶段的农村留守儿童数量，都有所下降。与 2013 年相比，2014 年小学阶段的全国农村留守儿童减少了 30.94 万人；与 2013 年相比，2014 年初中阶段的全国农村留守儿童减少了 20.39 万人。

2015 年，小学在校生 9692.18 万人，比 2014 年增加 241.12 万人；初中在校生 4311.95 万人，比 2014 年减少 72.68 万人，全国义务教育阶段在校生中农村留守儿童共 2019.24 万人。其中，在小学就读的 1383.66 万人，在初中就读的 635.57 万人。[④] 与 2014 年相比，2015 年农村留守儿童的数量也略有下降，无论是小学阶段的农村留守儿童数量，还是初中阶

[①]　数据来源于 2011 年、2012 年和 2013 年的全国教育统计年鉴，高等教育出版社 2011 年版、2012 年版、2013 年版。

[②]　数据来源于中华人民共和国教育部：《2013 年全国教育发展统计公报》，见 http://www.moe.edu.cn/jyb-sjzl/。

[③]　数据来源于中华人民共和国教育部：《2014 年全国教育事业发展统计公报》，见 http://www.moe.edu.cn/jyb-sjzl/。

[④]　数据来源于中华人民共和国教育部：《2015 年全国教育事业发展统计公报》，见 http://www.moe.edu.cn/jyb-sjzl/。

段的农村留守儿童数量，都有所下降。与 2014 年相比，2015 年小学阶段的全国农村留守儿童减少了 15.87 万人；与 2014 年相比，2015 年初中阶段的全国农村留守儿童减少了 30.32 万人。

从近 4 年的统计数据可以看出，农村留守儿童的规模总体上相对比较稳定，但在数量上也呈现出逐年下降的趋势。2012 年，全国农村留守儿童的数量是 2271.1 万；2013 年，全国农村留守儿童的数量是 2126.75 万；2014 年，全国农村留守儿童的数量是 2075.42 万；2015 年，全国农村留守儿童的数量是 2019.24 万，从 2012 年至 2015 年，农村留守儿童的数量是逐年下降的，虽然下降的幅度并不是很大。①

二、农民工随迁子女的规模继续增长

下面的"进城务工人员随迁子女"指的是农民工随迁子女，即农村流动儿童。教育部对于"进城务工人员随迁子女"的含义做了特别的说明。进城务工人员随迁子女，是指户籍登记在外省（区、市）、本省外县（区）的乡村，随务工父母到输入地的城区、镇区（同住）并接受义务教育的适龄儿童和少年。具体可以参见教育部的网页上对此作出的相应解释。②

2012 年，全国义务教育阶段进城务工人员随迁子女达 1393.9 万人，比 2011 年增长 132.9 万人，增长了 10.5%，分区域看，在东部地区学校就读的进城务工随迁子女达到 820.9 万人，比 2011 年增长 10.3%，占全国的 58.9%，比 2011 年微降 0.1 个百分点，在中部和西部地区学校就读的随迁子女占到全国的 17.7% 和 23.4%，与 2011 年相比，中部地区微升 0.2 个百分点，西部地区微降 0.1 个百分点。③

2013 年，小学在校生 9360.55 万人，比 2012 年减少 335.35 万人；

---

① 由于中华人民共和国教育部的网页上没有 2016 年农村留守儿童的相关数据，2016 年的相关数据就暂时空缺，这里只分析了 2012 年至 2015 年这 4 年有关农村留守儿童的整体情况。在此特别说明。

② 资料来源于中华人民共和国教育部：《2016 年全国教育事业发展统计公报》，见 http://www.moe.edu.cn/jyb－sjzl/。

③ 数据来源于《2013 年全国教育统计年鉴》，高等教育出版社 2013 年版。

初中在校生 4440.12 万人，比 2012 年减少 322.94 万人；全国义务教育阶段在校生中进城务工人员随迁子女共 1277.17 万人。其中，在小学就读的 930.85 万人，在初中就读的 346.31 万人。[①] 与 2012 年相比，2013 年的进城务工人员随迁子女的数量有所下降。

2014 年，小学在校生 9451.07 万人，比 2013 年增加 90.52 万人；初中在校生 4384.63 万人，比 2013 年减少 55.50 万人，全国义务教育阶段在校生中进城务工人员随迁子女共 1294.73 万人。其中，在小学就读的 955.59 万人，在初中就读的 339.14 万人。[②] 与 2013 年相比，2014 年的进城务工人员随迁子女的总体数量有所增加，小学阶段的进城务工人员随迁子女的数量增加较多，共计增加了 24.74 万人，但初中阶段的进城务工人员随迁子女的数量却略有下降，共计下降了 7.17 万人。

2015 年，小学在校生 9692.18 万人，比 2014 年增加 241.12 万人；初中在校生 4311.95 万人，比 2014 年减少 72.68 万人，全国义务教育阶段在校生中进城务工人员随迁子女共 1367.10 万人。其中，在小学就读的 1013.56 万人，在初中就读的 353.54 万人。[③] 与 2014 年相比，2015 年的进城务工人员随迁子女的数量增加幅度较大，无论是小学阶段的进城务工人员随迁子女，还是初中阶段的进城务工人员随迁子女，两者的数量都有所增加。与 2014 年相比，2015 年小学阶段的进城务工人员随迁子女增加了 57.97 万人；与 2014 年相比，2015 年初中阶段的进城务工人员随迁子女增加了 14.4 万人。

2016 年，全国共有小学 17.76 万所，比 2015 年减少 1.29 万所；招生 1752.47 万人，比 2015 年增加 23.42 万人；在校生 9913.01 万人；初中在校生 4329.37 万人，比 2015 年增加 17.42 万人，全国义务教育阶段

---

① 数据来源于中华人民共和国教育部：《2013 年全国教育事业发展统计公报》，见 http：//www. moe. edu. cn/jyb－sjzl/。

② 数据来源于中华人民共和国教育部：《2014 年全国教育事业发展统计公报》，见 http：//www. moe. edu. cn/jyb－sjzl/。

③ 数据来源于中华人民共和国教育部：《2015 年全国教育事业发展统计公报》，见 http：//www. moe. edu. cn/jyb－sjzl/。

在校生中进城务工人员随迁子女共 1394.77 万人。其中，在小学就读的 1036.71 万人，在初中就读的 358.06 万人。[①] 与 2015 年相比，2016 年的进城务工人员随迁子女的数量有所增加，无论是小学阶段的进城务工人员随迁子女，还是初中阶段的进城务工人员随迁子女，两者的数量都有所增加。与 2015 年相比，2016 年小学阶段的进城务工人员随迁子女增加了 23.15 万人；与 2015 年相比，2016 年初中阶段的进城务工人员随迁子女增加了 4.52 万人。

通过近 5 年的统计数据的比较，我们可以看出，农民工随迁子女的规模呈现逐年增长的趋势。2012 年，全国义务教育阶段进城务工人员随迁子女达 1393.9 万人；2013 年，全国义务教育阶段在校生中进城务工人员随迁子女共 1277.17 万人；2014 年，全国义务教育阶段在校生中进城务工人员随迁子女共 1294.73 万人；2015 年，全国义务教育阶段在校生中进城务工人员随迁子女共 1367.10 万人；2016 年，全国义务教育阶段在校生中进城务工人员随迁子女共 1394.77 万人。除了 2013 年农民工随迁子女的规模略有下降外，农民工随迁子女的规模在这 5 年中都有所增加，其规模呈现出逐年增长的趋势。

三、东部地区农民工随迁子女的比例高于中西部

2011 年，全国义务教育阶段进城务工人员随迁子女占在校生总人数的比例为 8.4%，比 2010 年提高 0.7 个百分点。其中，小学阶段随迁子女占在校生总人数的比例为 9.4%，东部地区仍然最高，为 16.3%，比 2010 年提高 1.2 个百分点，中部地区最低，为 4.3%，比 2010 年提高 0.3 个百分点。初中阶段随迁子女占在校生总人数的比例为 6.5%，东部地区最高，达 9.9%，比 2010 年提高 1.4 个百分点，中部地区最低，为 4.2%，比 2010 年提高 0.5 个百分点。[②]

---

① 数据来源于中华人民共和国教育部：《2016 年全国教育事业发展统计公报》，见 http://www.moe.edu.cn/jyb－sjzl/。

② 数据来源于《2012 年全国教育统计年鉴》，高等教育出版社 2012 年版。

2012 年，全国义务教育阶段进城务工人员随迁子女占在校生总人数的比例为 9.6%，比 2011 年提高 1.2 个百分点。其中，小学阶段随迁子女占在校生总人数的比例为 10.7%，比 2011 年提高 1.3 个百分点，东部地区仍然最高，为 17.8%，比 2011 年提高 1.6 个百分点，中部地区最低，为 5.2%，比 2011 年提高 0.9 个百分点。初中阶段随迁子女占在校生总人数的比例为 7.5%，比 2011 年提高 1.0 个百分点，东部地区最高，达 11.5%，比 2011 年提高 1.6 个百分点，中部地区最低，为 4.7%，比 2011 年提高 0.5 个百分点。①

从 2011 年与 2012 年的数据中可以看出，农民工随迁子女在东部地区的城市学校所占的比例要高于在中西部地区的城市学校，但近几年的相关数据一时还无法找到。从我们在东中西部的农民工随迁子女就读学校调研的实际情况来看，目前东部地区城市学校中农民工随迁子女的比例要高于中西部地区。也就是说，从分布区域来看，农民工随迁子女在东部城市所占的比例要高于中西部城市的比例。

四、农民工随迁子女以省内流动为主

随着西部大开发的持续推进和中部地区经济的崛起，中西部地区的农民工随迁子女在省内流动的比例明显高于在省外流动的比例，这是他们在分布区域上的变化。根据全国教育统计年鉴上的数据显示，2010 年、2011 年和 2012 年全国进城务工就业农民工随迁子女在省内流动的比例分别是 54%、54.2% 和 54.6%，他们在省内流动的比例已超过了在省外流动的比例。②

从义务教育阶段进城务工人员随迁子女的来源来看，省内流动的比例高于外省迁入。2011 年，在全国义务教育阶段就读的进城务工人员随迁子女中，外省迁入的占 45.8%，省内其他县迁入的占 54.2%。东部地区

---

① 数据来源于《2013 年全国教育统计年鉴》，高等教育出版社 2013 年版。
② 以上数据是根据 2011 年、2012 年和 2013 年全国教育统计年鉴上的数据整理而成的，具体可以参见 2011 年、2012 年和 2013 年的全国教育统计年鉴。

外省迁入的比例占 60.8%，比 2010 年减少 1.3 个百分点；中部地区省内流动的比例为 83.6%，比 2010 年降低 0.4 个百分点；西部地区省内流动的比例为 70.0%，比 2010 年降低了 0.7 个百分点。[①]

2012 年进城务工人员随迁子女省内流动的比例高于外省迁入，东部地区仍以外省流入为主，但比例有所下降，中西部地区仍以省内流动为主，且比例上升。

从义务教育阶段进城务工人员随迁子女的来源来看，省内流动的比例高于外省迁入。2012 年，在全国义务教育阶段就读的进城务工人员随迁子女中，外省迁入的占 45.4%，省内其他县迁入的占 54.6%。东部地区外省迁入的比例占 60.7%，比 2011 年减少 0.1 个百分点，中部地区省内流动的比例为 84.3%，西部地区省内流动的比例为 70.6%，均比 2011 年提高了 0.7 个百分点。[②] 由于近几年进城务工人员随迁子女在省内外流动的数据无法找到，无法用相关数据来说明情况，但根据我们在全国各个城市的观察及访谈所得出的结论是，这几年进城务工人员随迁子女主要是以省内流动为主，不仅分布在省会城市，而且其重心逐渐在向地州市及县城下移，占有一定的比例。

五、农民工随迁子女呈现出低龄化特征

从年龄结构上来看，初期的农民工随迁子女以小学高年级和初中阶段的学生为主，呈现出年龄偏大的特点。相比低龄的农民工随迁子女来说，年龄较大的农民工随迁子女具有较强的生活自理能力和城市适应能力，从年龄这个角度来说，年龄较大的农村孩子更有可能随外出务工就业的父母到城市学习与生活。由于农民全家外出务工就业的现象越来越多，上面这种情况已发生了变化，农民工随迁子女在年龄上呈现出低龄化的新特征。

这种低龄化的新特征主要表现在两个方面。一方面，学龄前农民工随迁子女的数量庞大。2010 年，学龄前流动儿童（0～5 周岁）有 981 万人，

---

① 数据来源于《2012 年全国教育统计年鉴》，高等教育出版社 2012 年版。
② 数据来源于《2013 年全国教育统计年鉴》，高等教育出版社 2013 年版。

占流动儿童总数的 27.40％，与 2005 年相比，增幅达 38.59％。[1] 学龄前农民工随迁子女不仅数量大，而且增长速度较快。近几年来，虽然没有精确的数据，但学龄前农民工随迁子女的规模在不断扩大。这些学龄前的农民工随迁子女由于缺乏相应的生活照顾及智力开发，会影响他们后续的学习和身心发展，这已成为农民工随迁子女群体中不可忽视的问题，这个群体的教育问题更应该引起我们的高度重视。另一方面，小学阶段的农民工随迁子女的比重较大。2011 年和 2012 年，小学阶段的农民工随迁子女分别是 932.7 万人和 1035.5 万人，分别占整个义务教育阶段农民工随迁子女的 74％和 74.3％。[2] 小学阶段的农民工随迁子女在义务教育阶段的比重越来越大，其比例已接近四分之三，说明农民工随迁子女呈现出低龄化的特征。近几年的数据同样表现出进城务工人员随迁子女呈现出低龄化的特征，2013 年，全国小学教育阶段在校生中进城务工人员随迁子女为 930.85 万人，占全国义务教育阶段在校生中进城务工人员随迁子女的比例为 72.8％；2014 年，全国小学教育阶段在校生中进城务工人员随迁子女为 955.59 万人，占全国义务教育阶段在校生中进城务工人员随迁子女的比例为 73.5％；2015 年，全国小学教育阶段在校生中进城务工人员随迁子女为 1013.56 万人，占全国义务教育阶段在校生中进城务工人员随迁子女的比例为 74.1％；2016 年，全国小学教育阶段在校生中进城务工人员随迁子女为 1036.71 万人，占全国义务教育阶段在校生中进城务工人员随迁子女的比例为 74.7％。从以上数据可以看出，农民工随迁子女呈现出由以较高年龄段群体为主到以低年龄段群体为主的变化，这种年龄结构上的变化，对城市的学前教育体系、城市小学阶段的教育资源和城市学校的合理布局提出了现实挑战。[3]

---

[1] 全国妇女联合会课题组：《我国农村留守儿童、城乡流动儿童状况研究报告》，人民网 2013 年 5 月 10 日。

[2] 以上数据是根据 2011 年和 2012 年全国教育统计年鉴上的数据整理而成的，具体可以参见 2011 年和 2012 年的全国教育统计年鉴。

[3] 肖庆华：《农民工子女关爱服务体系建设的探索》，中国社会科学出版社 2016 年版，第 123 页。

六、农民工随迁子女呈现出向中小城市流动的趋势

20世纪90年代以来，北京、上海、广州等大城市和东部沿海地区经济发达城市一直是农民工随迁子女的主要流入地。但近几年来，农民工随迁子女在流动趋势上有明显的变化，农民工随迁子女在向大城市及东部沿海经济发达城市流动的同时，也开始向中西部经济发达的中小城市流动，其数量和比重在逐年增加，并已成为一种流动趋势。

根据中国教育科学研究院调查的12个城市的数据显示，义务教育阶段农民工随迁子女数量增长速度最快的6个城市依次为：郑州（39.83%）、义乌（22.86%）、杭州（18.08%）、成都（13.70%）、沈阳（13.16%）、石家庄（12.58%）。[①] 从以上数据可以看出，农民工随迁子女有向经济发达的中西部城市流动的趋势，这种向经济较发达的中西部城市流动的趋势在近几年更加明显，对这些城市的教育资源配置和"两为主"就学政策的实施提出了新的挑战。

我们在调研中也发现，随着全国各地城镇化的不断深入，农民在县城等小城市务工和就业的人数越来越多，农民工随迁子女在这些中小城市的规模也在不断壮大。目前还存在着一种特殊的现象，由于农村学校教育资源薄弱，外出务工就业的农民让留守老人和留守儿童在县城租住房子，或借住在县城的亲戚家里，然后让留守儿童在县城的中小学校就读，成为"留守中的流动儿童"，这将进一步加剧农村地区教育资源的闲置，对如何合理调配县域内教育资源提出了现实难题。[②]

第二节 农村留守儿童受教育状况

对于农村留守儿童受教育状况的问卷调查表共发放1500份，回收1439

---

① 中国教育科学研究院：《农民工随迁子女教育趋势及对策》，见 http://www.npopss-cn.gov.cn/。

② 肖庆华：《农民工子女关爱服务体系建设的探索》，中国社会科学出版社2016年版，第125页。

份，排除选择缺失 18 份，有效问卷份数是 1421 份，有效问卷回收率为 94.73%。这部分主要是通过数据来呈现农村留守儿童的受教育状况。

一、基本情况

农村留守儿童的基本情况包括性别、年级、年龄、留守人员等方面，通过这些方面的呈现，从总体上反映目前农村留守儿童分布的大致情况。

（一）性别状况

表 2-1　性别状况

	性别	频率	百分比	有效百分比	累计百分比
有效	男生	699	49.2	49.2	49.2
	女生	722	50.8	50.8	100.0
	合计	1421	100.0	100.0	

从表 2-1 可以看出，目前农村留守儿童的性别比例基本上是持平的，女生的比例略高于男生，这说明农民工家庭对于其子女的留守方面，并不存在性别歧视。从总体上看，农民工家庭不会刻意把女孩留守在家作为留守儿童，但要在男孩与女孩之间作出选择的话，部分农民工家庭会选择把女孩留守在家，并在农村老家的学校上学。

（二）年级分布

表 2-2　年级分布

	年级	频率	百分比	有效百分比	累计百分比
有效	小学四年级	513	36.1	36.1	36.1
	小学五年级	297	20.9	20.9	57.0
	小学六年级	357	25.1	25.1	82.1
	初中一年级	143	10.1	10.1	92.2
	初中二年级	111	7.8	7.8	100.0
	合计	1421	100.0	100.0	

从表2-2可以看出，农村留守儿童所在的年级主要是小学四年级、五年级、六年级，所占比例分别是36.1%、20.9%、25.1%，而初中一年级和初中二年级分别只占了10.1%和7.8%。表2-2同时也可以说明，小学四年级的孩子最容易成为农村留守儿童，所占的比例超过了三分之一，主要是因为小学四年级的孩子已经具有了一定的生活自理能力，而且既不面临着小学升初中的考试，也不面临着中考的压力，相比其他年级的孩子来说，成为留守儿童的可能性最大。另外，农村留守儿童主要分布在小学阶段，小学阶段农村留守儿童的规模要高于初中阶段农村留守儿童的规模，这与本章第一节中关于全国农村留守儿童的统计数据大致吻合。

（三）年龄状况

表2-3　年龄状况

	年龄	频率	百分比	有效百分比	累计百分比
有效	9岁	20	1.4	1.4	1.4
	10岁	351	24.7	24.7	26.1
	11岁	364	25.6	25.6	51.7
	12岁	344	24.2	24.2	75.9
	13岁	166	11.7	11.7	87.6
	14岁	105	7.4	7.4	95.0
	15岁	71	5.0	5.0	100.0
	合计	1421	100.0	100.0	

从表2-3可以看出，农村留守儿童的年龄主要集中在10岁、11岁、12岁这三个年龄段，所占的比例分别为24.7%、25.6%、24.2%；其次是13岁的年龄段，所占的比例是11.7%；而9岁年龄段的占比最少，只有1.4%；此外，14岁和15岁年龄段的占比分别是7.4%和5%。总体来说，农村留守儿童的年龄状况相对比较集中，主要分布在小学中高年级这个年龄阶段。由于对小学低年级的孩子没有发放问卷，这里没有相关的统计数据来表明其所占的比例，但据我们的实际观察与调查，小学低年级的农村留守儿童的比例也相对比较高。在义务教育阶段，各个年龄段的农村留守儿童都有，但并不是均衡分布的。

（四）留守成员

表 2-4　留守成员

	留守成员	频率	百分比	有效百分比	累计百分比
有效	你的哥哥	160	11.3	11.2	11.3
	你的弟弟	118	8.3	8.3	19.6
	你的姐姐	160	11.3	11.3	30.8
	你的妹妹	58	4.1	4.1	34.9
	你的其他兄弟姐妹	127	8.9	8.9	43.8
	没有其他的兄弟姐妹	798	56.2	56.2	100.0
	合计	1421	100.0	100.0	

从表 2-4 可以看出，农村留守儿童一般是与比自己年龄大的哥哥姐姐留守在家，有接近三分之一的农民工家庭是把全部的孩子留守在农村老家。另外，超过一半的农村留守儿童反映，"没有其他的兄弟姐妹"与自己留守在家，而是自己与监护人一起留守在家。从中可以看出，留守儿童的成员是多样化的，各种情况都存在。

二、监护情况

农村留守儿童的监护情况主要包括在家监护人及父母不在家的影响情况等方面。

（一）在家监护人

表 2-5　在家监护人

		频率	百分比	有效百分比	累计百分比
有效	父亲	62	4.4	4.4	4.4
	母亲	343	24.1	24.1	28.5
	爷爷和奶奶	704	49.5	49.5	78.0
	外公与外婆	196	13.8	13.8	91.8
	其他兄弟姐妹	73	5.1	5.1	97.0
	自己	43	3.0	3.1	100.0
	合计	1421	100.0	100.0	

从表2-5可以看出，在家监护人方面，有3%的农村留守儿童反映，自己是单独一个人在家，对于年龄不大的孩子来说，会面临着很大的生活压力，父母及其他家庭成员必须关注这部分孩子的学习与生活状况。除此之外，在家监护的父亲占比最小，仅为4.4%，这说明父亲是外出务工就业的主力；而母亲的占比相对较高，达到24.1%。母亲对孩子的照顾要好于父亲，这也是母亲的占比高于父亲的原因。爷爷奶奶、外公外婆的占比总和达到了63.3%，所占的比例最高，是监护农村留守儿童的主要群体。因此，从表2-5的数据中可以看出，目前农村留守儿童的主要监护人是爷爷奶奶及外公外婆等老年人群体。老年群体作为监护人，由于是隔代抚养，在监护方面存在着许多不足，后面章节对其不足的方面会进行较为详细的分析。

（二）父母不在家的影响程度

表 2-6　父母不在家的影响程度

		频率	百分比	有效百分比	累计百分比
有效	很大	147	10.3	10.3	10.3
	较大	410	28.9	28.9	39.2
	一般	614	43.2	43.2	82.4
	没有	250	17.6	17.6	100.0
	合计	1421	100.0	100.0	

从表2-6可以看出，有43.2%的农村留守儿童认为父母不在家对他们的影响一般，有10.3%的孩子认为影响很大，有28.9%的孩子认为影响较大，还有17.6%的孩子认为没有影响。总体来看，父母不在家会对农村留守儿童的学习生活产生一定的影响，当然，影响的程度存在一定的区别，这种影响程度要从农村留守儿童的年龄阶段做具体分析，不同年龄阶段的农村留守儿童所受到的影响可能会不一样。特别是对于低年级的孩子来说，他们可能感受不到什么影响，或者他们还不能够较清楚地表达出影响情况。

三、学习情况

农村留守儿童的学习情况主要是从学习学校、学习成绩、留乡学习原因、留乡学习的认可度、对于家乡学校的喜欢程度、对家乡学校最不满意的地方等方面来予以呈现。

(一) 学习学校

表 2-7　学习学校

		频率	百分比	有效百分比	累计百分比
有效	一直在老家学习	931	65.5	65.5	65.5
	曾经随父母在城市读书，后回到老家学校学习	326	22.9	22.9	88.4
	先在家乡学校学习，后随父母到城市学校学习，再回到家乡学校学习	164	11.6	11.6	100.0
	合计	1421	100.0	100.0	

从表 2-7 可以看出，农村留守儿童一直在老家学校学习的比例为 65.5％，达到三分之二，要远远多于其他两种情况。先跟随父母到城市学校读书，后来又回到老家学校学习的孩子的比例是 22.9％，这个比例也较高。从老家学校转到父母务工城市的学校，再由务工城市的学校转回老家学校学习的比例为 11.5％，比例相对最小。不容忽视的是，这种学习地点的不断变化，使得孩子的学习一直处于不稳定状态，会对孩子的学习表现和成绩产生不利影响。当前的农村留守儿童在结构上并不是单纯的，其构成也比较复杂，有些农村留守儿童具有在不同学校学习的经历，经过从农村学校到城市学校，再从城市学校到农村学校的变化。因此，对于农村留守儿童这个群体有必要做具体分析，从中挖掘出其背后的农民工家庭教育选择的原因。

（二）学习成绩

表 2—8 学习成绩

		频率	百分比	有效百分比	累计百分比
有效	好	114	8.0	8.0	8.0
	较好	351	24.7	24.7	32.7
	一般	835	58.8	58.8	91.5
	较差	121	8.5	8.5	100.0
	合计	1421	100.0	100.0	

从表 2—8 可以看出，农村留守儿童认为，自身学习成绩"较好"的比例为 24.7%；而"好"的比例最低，只有 8%；超过一半的农村留守儿童认为，自己的学习成绩"一般"，所占的比例为 58.8%；另外，还有 8.5% 的农村留守儿童认为，自己的学习成绩"较差"。总体而言，多数农村留守儿童认为自己的学习成绩并不理想，这是农村留守儿童对于自己学习状况的判断，这种判断并不一定是准确的，但可以反映出农村留守儿童自我学习的自信心不足，对于自己的学习状况抱有消极的评价。

（三）留乡学习的原因

表 2—9 留乡学习的原因

		频率	百分比	有效百分比	累计百分比
有效	我是女孩	30	2.1	2.1	2.1
	家里没钱	151	10.6	10.6	12.7
	父母要出去挣钱	1021	71.9	71.9	84.6
	在城市里不容易进学校	158	11.1	11.1	95.7
	年龄太小	61	4.3	4.3	100.0
	合计	1421	100.0	100.0	

从表 2—9 可以看出，农村留守儿童认为自己留乡学习的主要原因在于父母要出去挣钱（所占的比例为 71.9%），同时，10.6% 的农村留守儿

童认为是家里没有钱。由此看来，孩子们普遍认为，经济原因是造成自己留守在农村老家的关键原因。还有 11.1％ 的孩子认为在城市里不容易进学校就读，也就无法随父母进城，并在城里的学校学习，只能选择把自己留在农村老家的学校学习。另外，选择"是女孩"和"年龄太小"的比例很低，说明这两个因素对于农村留守儿童留乡学习的影响不是很大。

（四）留乡学习的认可度

表 2-10　留乡学习的认可度

		频率	百分比	有效百分比	累计百分比
有效	很不同意	97	6.8	6.8	6.8
	不太同意	173	12.2	12.2	19.0
	略不同意	107	7.5	7.5	26.5
	略微同意	212	14.9	14.9	41.4
	比较同意	408	28.7	28.7	70.1
	非常同意	424	29.9	29.9	100.0
	合计	1421	100.0	100.0	

从表 2-10 可以看出，农村留守儿童对于在农村老家的学校学习认可度比较高，比较同意和非常同意的比例分别达到了 28.7％ 和 29.9％，两者相加的比例超过了一半。但从数据上也反映出一种不可忽视的情况，虽有一半多的留守儿童对在农村老家学校学习的认可度是趋于满意的，但依然不能忽视这些不认可因素的存在。选择"很不同意""不太同意""略不同意"的比例分别为 6.8％、12.2％、7.5％，虽然上述各个选项的比例不是很高，但三者相加的比例却接近三分之一，需要引起我们足够的重视。要提高留守儿童对于农村老家学校学习的认可度，关键点是提高农村学校的教育质量，采取相应的措施来改善农村学校的办学条件，从各个方面来努力增强留守儿童对于农村老家学校学习的认可度。

（五）对家乡学校的喜欢程度

表 2-11　对家乡学校的喜欢程度

		频率	百分比	有效百分比	累计百分比
有效	很喜欢	377	26.5	26.5	26.5
	喜欢	638	44.9	44.9	71.4
	一般	350	24.6	24.6	96.0
	不喜欢	56	4.0	4.0	100.0
	合计	1421	100.0	100.0	

从表 2-11 可以看出，与对在家乡学习的认可度较高的情况相对应，农村留守儿童比较喜欢家乡的学校。"很喜欢"所占比例是 26.5%，"喜欢"的比例更是达到了 44.9%，而"不喜欢"的比例只有 4.0%。总体来说，超过三分之二的农村留守儿童是喜欢家乡的学校的。分析原因，可能是因为农村留守儿童一直在家乡的学校学习，没有或较少到城市的学校学习，所以没有比较，只能喜欢自己家乡的学校了。

（六）对学校最不满意的方面

表 2-12　对学校最不满意的方面

		频率	百分比	有效百分比	累计百分比
有效	学习环境	112	7.9	7.9	7.9
	教学质量	52	3.7	3.7	11.5
	教师上课	68	4.8	4.8	16.3
	同学关系	225	15.8	15.8	32.2
	其他	964	67.8	67.8	100.0
	合计	1421	100.0	100.0	

从表 2-12 可以看出，农村留守儿童对学校最不满意的方面，选择"其他"的比例最高，达到了 67.8%，这在一定程度上与农村留守儿童对学校学习的喜欢程度相匹配。当然，也不排除这样一种情况，农村留守儿

童确实有对学校不满意的地方，但又说不清楚是什么，因此，会选择"其他"。选择"同学关系"（所占比例为 15.8）、"学习环境"（所占比例为 7.9％）、"教师上课"（所占比例为 4.8％）、"教学质量"（所占比例为 3.7％）等方面的相对比例虽然较低，但这些方面也应该引起学校及教师的重视，如果这些不满意之处没有得到妥善处理，会对孩子的学习造成较大的负面影响，从而不利于农村留守儿童的身心发展。

（七）对父母要求留乡学习决定的满意度

表 2－13　对父母要求留乡学习决定的满意度

		频率	百分比	有效百分比	累计百分比
有效	很满意	218	15.3	15.3	15.3
	比较满意	426	30.0	30.0	45.3
	无所谓	603	42.4	42.4	87.8
	不满意	174	12.2	12.2	100.0
	合计	1421	100.0	100.0	

从表 2－13 可以看出，对于父母要求自己留乡学习的决定，留守儿童选择"比较满意"的比例为 30％，接近三分之一，再加上选择"很满意"的比例为 15.3％，也就是说满意的比例还不到一半。留守儿童选择"不满意"的比例为 12.2％，选择"无所谓"的比例为 42.4％，两者加起来超过了一半。从中可以看出，孩子们倾向于认可父母对于自己留守的安排和决定，自己可选择的余地不是很大。另外，接近一半的农村留守儿童选择"无所谓"，既反映出孩子认可父母对于自己留守的决定，也反映出孩子们无奈的心理，同时也可以看出，孩子对于教育选择没有多大的决断力，或者说，家长在做教育选择时并没有去征求孩子们的意见。如果孩子们的意见没有得到应有的尊重，"无所谓"可能就是他们最想说的话，最想表达的意见，但家长不应该漠视留守儿童的"无所谓"，这可能是留守儿童的一种无声的反抗。

（八）随迁到城市读书的愿望

表 2-14　随迁到城市读书的愿望

		频率	百分比	有效百分比	累计百分比
有效	很强烈	120	8.4	8.4	8.4
	比较强烈	288	20.3	20.3	28.7
	一般强烈	554	39.0	39.0	67.7
	不强烈	459	32.3	32.3	100.0
	合计	1421	100.0	100.0	

从表 2-14 可以看出，与对在老家学校学习认可度较强的情况相对应，农村留守儿童对随父母到城市读书的愿望"很强烈"的比例占 8.4%，"比较强烈"的比例占 20.3%，"一般强烈"的比例占 39%。从中可以看出，农村留守儿童虽然比较认可农村老家的学校，但还是希望有机会能够随迁到城市里的学校去读书，这个比例已经超过了三分之二，而不愿意随迁到城里的学校去读书的比例还不到三分之一。

四、父母外出务工的影响

父母外出务工对于农村留守儿童的影响主要包括影响程度、学习、生活、品格、心理、亲情以及个人愿望等。

（一）父母外出务工对留守儿童的影响程度

表 2-15　父母外出务工对留守儿童的影响程度

		频率	百分比	有效百分比	累计百分比
有效	很不同意	177	12.5	12.5	12.5
	不太同意	328	23.1	23.1	35.6
	略不同意	172	12.1	12.1	47.7
	略微同意	261	18.4	18.4	66.1
	比较同意	301	21.2	21.2	87.3

	频率	百分比	有效百分比	累计百分比
非常同意	182	12.7	12.7	100.0
合计	1421	100.0	100.0	

从表2—15可以看出，父母外出务工对农村留守儿童的影响程度，留守儿童选择"不太同意"的比例最高，为23.1%，"略不同意"的比例最小，为12.1%。整体而言，留守儿童选择"很不同意""不太同意""略不同意"的比例总和为47.7%；留守儿童选择"略微同意""比较同意""非常同意"的比例总和为52.3%。总体来说，农村留守儿童倾向于认同父母外出务工会对他们的学习及生活带来实际影响。我们在实地调研中也发现，农村留守儿童只是感觉父母外出务工会对自己的各方面产生影响，但会产生什么样的实际影响，他们自己也说不清楚。特别是对于年龄较小的农村留守儿童来说，他们表达不出来。这就需要我们研究者进行深入的研究，通过各种途径把这些实际影响呈现出来。

（二）父母不在家对个人的影响

表2—16　父母不在家对个人的影响

		频率	百分比	有效百分比	累计百分比
有效	学习	152	10.7	10.7	10.7
	生活	240	16.9	16.9	27.6
	品格	64	4.5	4.5	32.1
	心理	356	25.1	25.1	57.1
	亲情	609	42.9	42.9	100.0
	合计	1421	100.0	100.0	

从表2—16可以看出，父母外出务工会对孩子产生多大的影响，"亲情"的疏远和"心理"问题所占比例最高，分别达到42.9%和25.1%，其中所带来的最大影响是对农村留守儿童"亲情"方面的冲击，会产生一

种父母与子女之间的亲情疏远感，孩子在农村老家留守的时间越长，孩子与父母间的亲情疏远感可能就会越大。而对"生活"（所占的比例为16.9％）和"学习"（所占的比例为10.7％）方面的影响相对较小，但不能忽视父母外出务工对孩子的生活及学习方面所造成的影响。所有选项中比例最低的是"品格"（所占的比例为4.5％）。由此来看，我们特别需要对农村留守儿童的感情以及心理问题予以重点关注，这个问题如果解决不好，就会长期影响留守儿童的身心发展。总之，学习、生活、品格、心理、亲情等方面都会在不同程度上影响孩子的成长和个人发展，我们不能忽视对这些问题的关注和解决。

（三）个人愿望

表 2－17　个人愿望

		频率	百分比	有效百分比	累计百分比
有效	继续上学	286	20.1	20.1	20.1
	以后随父母到城里去读书	98	6.9	6.9	27.0
	毕业后去务工	37	2.6	2.6	29.6
	以后要考上大学	1000	70.4	70.4	100.0
	合计	1421	100.0	100.0	

从表 2－17 可以看出，对于留守儿童自己未来的个人愿望，70.4％的农村留守儿童选择了"以后要考上大学"，20.1％的农村留守儿童选择了"继续上学"，而"以后随父母到城里去读书"和"毕业后去务工"所占比例较低，分别为 6.9％和 2.6％。由此来看，获得继续学习的机会以及考上大学是农村留守儿童个人的最大愿望，说明留守儿童从整体上来说是追求上进的，不想因为去务工而放弃学习的机会。表 2－17 的数据还可以反映出，农村留守儿童并不是特别在意在哪里学习，只要有学校读书就行，为此，无论是农村学校还是城市学校都需要通过各种方式为孩子们的学习成长提供充分的条件保障。

五、本节小结

为什么这部分要呈现出农村留守儿童的受教育状况呢？主要是因为农村留守儿童的受教育状况与农民工家庭的教育选择有关，可以这样说，有什么样的农民工家庭教育选择，就会有什么样的受教育状况，并以此来反映农民工家庭的教育选择及其对农村留守儿童带来的实际影响。

首先，从农村留守儿童自身的角度来看，他们认为，家庭经济困难是造成自己留守在农村老家学校就读的关键原因。从调研的数据可以反映出，处于不同年龄段的农村留守儿童都有，但农村留守儿童的年龄主要是在10～12岁。农村留守儿童的监护人主要是爷爷奶奶及外公外婆，大多数的农村留守儿童是和爷爷奶奶、外公外婆生活在一起，隔代抚养的现象在农村地区比较普遍。农村留守儿童对于父母要求其留乡生活及学习的决定，大多数是接受的，并没有出现抵触的情绪，这有助于他们在老家学校比较顺利地生活和学习，但这也与农村留守儿童年龄小，缺乏决断力有关。农村留守儿童也认为父母不在家会对自己的学习及生活产生影响，特别是在亲情、心理、学习等方面的影响较为突出。根据农村留守儿童反映，父母外出务工对于他们的亲情疏远感的影响特别大，如何克服由此带来的负面影响，就需要引起各方的重视，特别是外出务工父母的重视。

其次，从农村留守儿童自己反映的情况来看，多数农村留守儿童认为自己的学习成绩并不理想。主要原因是作为监护人的爷爷奶奶和外公外婆无法给他们提供有效的学习指导，这些监护人主要是关照他们的生活方面。与此同时，部分农村留守儿童的学习经历比较复杂，有的是先跟随父母到城市学校读书，后来又回到老家学校学习；有的是从老家学校转到父母务工城市的学校，然后再由务工城市学校转回老家学校学习，这种较为复杂的学习地点的变化，使得孩子们的学习一直处于不稳定的状态，会对学习表现和学习成绩产生负面影响。部分农村留守儿童不断变换学校，这涉及农村留守儿童监护人的教育选择问题，这种教育选择上的犹豫不决会对孩子们的学习状况造成不利影响。同时也可以看出，农村留守儿童在父母的教育选择中并没有多少自己的话语权。因此，接近一半的农村留守儿童对于父母的教育选择表现出"无所谓"的态度，这其实是对父母的教育选择的一种"无声"反抗，这种态度的出现需要引起父母的重视。

最后，从农村留守儿童反映的情况来看，他们对自己就读的农村学校的认可度还是比较高的，为什么会出现这样的情况呢？一方面，农村留守儿童确实比较认可自己就读的学校，对于学校的老师和同学有一定的感情；但也可能存在另一种原因，大部分农村留守儿童没有到城里学校就读，他们没有办法在城市学校与农村学校之间进行比较，所以认为自己就读的农村学校较好。从调研得出的数据还可以看出，农村留守儿童对于到城市学校上学的意愿还是比较强烈的。一方面，是认为到城里学校上学，可以与自己的父母在一起；另一方面，可能是对城里学校有种向往和新鲜感，希望到外面的世界去看看。同时我们还要看到，农村学校确实还存在着许多薄弱点，还需要在同学关系、硬件设施、教学质量等方面进行改善，为农村留守儿童提供一个较好的学习环境。另外，从农村留守儿童反映的情况来看，获得继续学习的机会以及考上大学是农村留守儿童个人对于未来的最大愿望。其实，农村留守儿童的教育愿望与其他儿童的愿望是一致的，并没有不同之处，只是由于某些因素可能会阻碍农村留守儿童教育愿望的实现，我们要做的是尽可能地帮助他们实现其教育愿望。

第三节 农村留守儿童监护人教育选择状况

我们共发放了 1500 份农村留守儿童监护人的调查问卷，回收 1433 份，排除选择缺失 12 份，有效问卷份数为 1421 份，有效问卷回收率为 94.73%。通过对这些调查问卷所得到的数据进行统计与分析，并以此来反映农村留守儿童监护人的教育选择状况。

一、基本情况

(一) 监护人类型

表 2—18　监护人类型

	与留守儿童的关系	频率	百分比	有效百分比	累计百分比
有效	母亲	369	26.0	26.0	26.0
	父亲	131	9.2	9.2	35.2
	爷爷和奶奶	622	43.8	43.8	79.0
	外公外婆	166	11.7	11.7	90.6
	亲戚	133	9.4	9.4	100.0
	合计	1421	100.0	100.0	

从表 2—18 可以看出，在被调查的监护人中，与农村留守儿童一起生活的主要是爷爷奶奶，所占的比例达到了 43.8%，占比最高。与此同时，再加上外公外婆和其他亲戚分别所占的比例为 11.7% 和 9.4%，非父母监护人的比例达到了 64.9%，其比例接近三分之二。也就是说，农村留守儿童的监护主体是非父母监护人。需要注意的是，父亲所占的比例最小，仅为 9.2%，母亲所占比例比父亲高些，达到了 26%。父亲与母亲之间存在的比例差距意味着父亲是外出务工的主力军，同时也说明，并非所有的家庭都是夫妻双方外出务工，母亲留在家里，能够较好地照顾到孩子的生活与学习。从监护人比例情况可以看出，大部分孩子在家和爷爷奶奶、外公外婆以及其他亲戚一起生活，导致农村留守儿童与父母之间，尤其是与父亲之间的情感交流较少。父母无法近距离照顾孩子的生活和学习，陪伴他们成长，这是外出务工农民与其留守在家的孩子间的最大困境。

（二）监护的数量

表 2－19　监护的数量

	留守在家的儿童数量	频率	百分比	有效百分比	累计百分比
有效	1 个	619	43.6	43.6	43.6
	2 个	554	39.0	39.0	82.6
	3 个	177	12.5	12.5	95.1
	4 个	48	3.4	3.4	98.5
	5 个	23	1.5	1.5	100.0
	合计	1421	100.0	100.0	

从表 2－19 可以看出，关于户均农村留守儿童的数量，大部分是 3 个以下，其中，1 个和 2 个的比例最大，所占的比例分别是 43.6% 和 39%，而 4 个和 5 个的比例分别是 3.4% 和 1.5%。较少的农村留守儿童数量能够减轻监护人的监护压力，也能给予孩子更好的照顾。超过一半以上的监护人要关照 2 个及以上的农村留守儿童，可以说监护人压力还是比较大的。监护人把更多的时间与精力放在照顾孩子的生活方面，忽视孩子们的学习及心理等方面，给留守儿童的成长造成负面影响。

（三）监护的倾向

表 2－20　监护的倾向

	倾向于把女孩留守在家	频率	百分比	有效百分比	累计百分比
有效	很同意	131	9.2	9.2	9.2
	比较同意	179	12.6	12.6	21.8
	略微同意	169	11.9	11.9	33.7
	不同意	308	21.7	21.7	55.4
	很不同意	116	8.2	8.2	63.5
	无所谓男孩女孩	518	36.5	36.5	100.0
	合计	1421	100.0	100.0	

从表2-20可以看出，根据农村留守儿童的监护人对于是否把女孩留守在家的意愿，选择"无所谓男孩女孩"的比例达到了最高，所占的比例是36.5%，超过三分之一。当然，选择"不同意"和"很不同意"的比例一共占了29.9%，但选择"很同意""比较同意""略微同意"的比例一共占了33.7%，其比例也超过了三分之一。由此可以看出，虽然大部分监护人对于农村留守儿童的性别没有特别的关注，但也有较大比例的监护人更倾向于把女孩留守在家，这与女孩更听话有关。

（四）留守孩子的原因

表2-21   留守孩子的原因

		频率	百分比	有效百分比	累计百分比
有效	家庭经济困难	498	35.0	35.0	35.0
	在城市上学更难	93	6.5	6.5	41.6
	在家更容易照顾	435	30.6	30.6	72.2
	在家方便上学	322	22.7	22.7	94.9
	孩子太小	73	5.1	5.1	100.0
	合计	1421	100.0	100.0	

根据对农村留守儿童监护人的调研，从表2-21的数据可以看出，"家庭经济困难"是孩子留守在家的最主要原因，所占比例达到35%，超过了三分之一。同时，"在家更容易照顾"和"在家方便上学"也是两个非常重要的原因，所占比例分别为30.6%和22.7%；而"在城市上学更难"以及"孩子太小"两个原因所占的比例相对较小。由此可以看出，经济因素对孩子留守农村学校上学有很大的影响。家庭的经济状况也不足以支撑孩子一同前往务工地生活和学习，务工父母很难给孩子较好的照顾，相比起来，把孩子留守在家是相对较好的选择。与在城市学校上学相比，在农村的学校上学更方便。这是监护人反映的把孩子留守在农村老家的学校学习的原因。这些原因虽然会对农民工家庭的教育选择起到重要作用，但并不是决定性的作用。

二、监护人文化程度与留守儿童就读状况

(一) 监护人的文化程度

表 2—22 监护人的文化程度

		频率	百分比	有效百分比	累计百分比
有效	小学毕业	762	53.6	53.6	53.6
	初中毕业	552	38.8	38.8	92.4
	高中 (中专) 毕业	83	5.8	5.8	98.2
	大专及以上毕业	24	1.8	1.8	100.0
	合计	1421	100.0	100.0	

从表 2—22 可以看出，监护人的数量呈现出随着学历等级的提升而递减的趋势，小学毕业的监护人所占比例最大，为 53.6%。其次是初中毕业的监护人，所占的比例为 38.8%。高中 (中专) 毕业的监护人所占的比例是 5.8%。专科及以上毕业的监护人的比例最少，只有 1.8%。由此可以看出，监护人整体的文化水平并不高，主要是小学及初中毕业，随着农村留守儿童进入更高年级学习，他们对孩子的学习指导能力会显得力不从心，甚至是无力指导孩子们各门学科的学习。

(二) 更倾向于留守谁在家

表 2—23 更倾向于把哪个年级的孩子留守在家

	年级	频率	百分比	有效百分比	累计百分比
有效	上小学低年级	396	27.9	27.9	27.9
	上小学中年级	304	21.4	21.4	49.3
	上小学高年级	278	19.6	19.6	68.8
	上初中	443	31.2	31.2	100.0
	合计	1421	100.0	100.0	

从表 2—23 可以看出，从留守儿童的监护人所反映的情况来看，他们

更倾向于把"上初中"的孩子留守在家，这一比例达到了 31.2%，接近三分之一；与此同时，也倾向于把"上小学低年级"的孩子留守在家，比例达到 27.9%，而"上小学中年级"和"上小学高年级"的比例相对较低，分别是 21.4% 和 19.6%。为什么更愿意把上初中的孩子留守在家呢？主要是因为上初中的孩子具有一定的生活能力，在某些方面能够自己照顾自己。从对农村留守儿童的问卷调查所得出的统计数据却表明，农村留守儿童中所占比例最高的是小学中高年级的孩子，为什么监护人的意愿与农村留守儿童的实际情况存在差距呢？主要是因为上初中的农村留守儿童面临着中考压力，而且在非户籍所在地的城市上普通高中存在诸多的限制条件。为什么监护人更倾向于把"上小学低年级"的孩子留守在家呢？这些监护人可能是母亲，因为孩子还小，在生活上还不能自理，把这些年龄较小的孩子留守在家，可以在生活等方面给予更多的关照。

（三）小学文化水平的监护人与孩子留守

表 2—24　小学文化水平的监护人与孩子留守

	年级	频率	百分比	有效百分比	累计百分比
有效	上小学低年级	181	27.5	27.5	27.5
	上小学中年级	137	20.8	20.8	48.3
	上小学高年级	106	16.1	16.1	64.4
	上初中	234	35.6	35.6	100.0
	合计	658	100.0	100.0	

我们对占比最多的小学文化水平的监护人进行分析，依据表 2—24 可以发现结果和总体情况非常相似。即有小学文化水平的监护人愿意监护的孩子比例最多的是上初中的孩子（所占的比例为 35.6%），其次是上小学低年级（所占的比例为 27.5%）和中年级（所占的比例为 20.8%），不同年级段都有一定的比例分布。由此来看，虽然监护人的整体文化水平较低，对于孩子的学习成绩指导能力有限，但是他们在考虑更愿意把哪个年级的孩子留守在家的时候，呈现出较为分散化的选择，并不是将指导不了

孩子学习当成不愿或者不想将孩子留守在家的原因，同时也说明，影响监护人选择的还有其他更多或者更重要的因素，监护人文化程度只是影响孩子留守在家的原因之一。

三、收入情况与儿童留守

（一）监护人个体月收入情况

表 2-25 监护人个体月收入情况

	监护人月收入	频率	百分比	有效百分比	累计百分比
有效	1000 元以下	571	40.2	40.2	40.2
	1000~2000 元	367	25.8	25.8	66.0
	2000~3000 元	227	16.0	16.0	82.0
	3000~4000 元	130	9.1	9.1	91.1
	4000 元以上	126	8.9	8.9	100.0
	合计	1421	100.0	100.0	

从表 2-25 可以看出，监护人个体的月收入总体上处于较低的水平，月收入在 2000 元以下的占 66%，接近三分之二，其中 1000 元以下的比例更是达到 40.2%。收入在 2000~3000 元的监护人比例为 16%，收入在 3000~4000 元的监护人的比例为 9.1%，收入在 4000 元以上的监护人的比例为 8.9%，收入相对较高的监护人可能是留守在家的父亲或母亲，他们具有一定的生产劳动能力，因此个体的月收入较高。从表 2-25 的数据还可以看出，留守儿童的监护人主要是农村的老年人，他们的经济收入较低。由此可以看出，监护人个体的月收入与农民工家庭教育选择之间存在着较大的关联性。

（二）监护人家庭月收入情况

表2—26　监护人家庭月收入情况

	家庭月收入	频率	百分比	有效百分比	累计百分比
有效	2000元以下	434	30.5	30.5	30.5
	2000～3000元	305	21.5	21.5	52.0
	3000～4000元	235	16.5	16.5	68.5
	4000～5000元	173	12.2	12.2	80.7
	5000元以上	274	19.3	19.3	100.0
	合计	1421	100.0	100.0	

从表2—26可以看出，监护人家庭月收入主要分布在2000元以下和2000～3000元这两个范围之内，分别是30.5%和21.5%，家庭月收入与个人月收入的情况基本上保持一致。不过不同的是，个人月收入在4000元以上的只占了8.9%，而家庭月收入位于最高档的5000元以上的比例达到了19.3%，这是一个比较高的收入水平。表2—26中的数据还可以说明两个现象，一是农村孩子处于留守状态与家庭的月收入相关，家庭月收入较低，孩子留守的可能性就越大；二是外出务工的父母或父（母）的月收入可能并不是很高，也就是说，整个家庭的经济状况并不是很好，这也是孩子留守在家的原因之一。同时，还有一个情况值得注意，外出务工农民的家庭月收入要高于在家务农的农民家庭的月收入。因此，外出务工农民的经济收入有助于改善其家庭的经济生活状况。从某种程度上来说，也有助于改善留守儿童的学习及生活状况，也就是说，我们不能只看到农民外出务工对其子女所带来的负面影响，其实也存在着积极影响。

（三）监护人月收入分析

表 2—27　监护人月收入分析

	（个人月收入 1000 元以上） 家庭月收入	频率	百分比	有效百分比	累计百分比
有效	2000 元以下	308	53.9	53.9	53.9
	2000～3000 元	120	21.0	21.0	74.9
	3000～4000 元	59	10.3	10.3	85.2
	4000～5000 元	33	5.8	5.8	91.0
	5000 元以上	51	9.0	9.0	100.0
	合计	571	100.0	100.0	

从表 2—27 可以看出，进一步观察个人月收入中占比最多的 1000 元以上个人所在家庭的月收入情况，比重最大的是 2000 元以下，达到了 53.9%，这个比例已经大大超过了整体样本中的比例。这在一定程度上说明，大部分月收入在 1000 元以上的个人，其所在家庭的月收入位于 2000 元以下的较低水平，个人月收入对家庭月收入的影响是非常大的。

（四）把孩子留守在家的意愿

表 2—28　是否愿意让孩子继续留守在家

	愿意让孩子继续留守在家	频率	百分比	有效百分比	累计百分比
有效	很不同意	229	16.1	16.1	16.1
	不太同意	338	23.8	23.8	39.9
	略不同意	152	10.7	10.7	50.6
	略微同意	228	16.0	16.0	66.6
	比较同意	272	19.1	19.1	85.8
	非常同意	202	14.2	14.2	100.0
	合计	1421	100.0	100.0	

从表 2—28 可以看出，根据监护人的反映，对于让孩子留守在家的意愿程度，选择比较分散，不同意愿程度之间的比例差最大未超过 8%。所

占比例最大的是"不太同意"（所占比例为23.8%），而比例最小的则是"略不同意"（所占比例为10.7%）。另外，从整体倾向来看，"很不同意""不太同意""略不同意"这三项的比例之和达到了50.4%，几乎与"略微同意""比较同意""非常同意"这三项的比例之和持平。所以，从总体上看，监护人对孩子继续留守的意愿差异并不明显，但相对更倾向于不同意。同时，作为监护人，如果条件允许的话，他们会尽可能让孩子随迁到城里学校去就读。对于孩子是否继续留守在家的不同选择，也反映出监护人的复杂心态。

（五）留守意愿分析

1.（个人月收入1000元以下）愿意让孩子继续留守在家

表2-29是分析个人月收入在1000元以下的监护人对监护留守儿童的意愿分析。

表2-29 留守意愿分析

（个人月收入1000元以下）愿意让孩子继续留守在家		频率	百分比	有效百分比	累计百分比
有效	很不同意	108	18.9	18.9	18.9
	不太同意	131	22.9	22.9	41.9
	略不同意	52	9.1	9.1	51.0
	略微同意	81	14.2	14.2	65.1
	比较同意	105	18.4	18.4	83.5
	非常同意	94	16.5	16.5	100.0
	合计	571	100.0	100.0	

从表2-29可以看出，监护人个人月收入在1000元以下"同意"让孩子继续留守在家里的比例要高于"不同意"的比例，这说明经济收入较低的农村留守儿童监护人相对愿意让其子女继续留守在农村老家的学校学习。这也说明，农民工家庭的经济状况实际上对农民工家庭的教育选择起着较大的作用。从某种程度上来说，甚至起着决定性的作用。但同时也要

注意，"不同意"让孩子继续留守在家里的比例也较高，这说明，经济因素并不是影响农民工家庭教育选择的唯一因素。

2．（家庭月收入 2000 元以下）愿意让孩子继续留守在家

表 2—30 是分析家庭月收入在 2000 元以下的监护人对监护留守儿童的意愿分析。

表 2—30　愿意让孩子继续留守在家

（家庭月收入 2000 元以下）愿意让孩子继续留守在家		频率	百分比	有效百分比	累计百分比
有效	很不同意	78	18.0	18.0	18.0
	不太同意	101	23.3	23.3	41.3
	略不同意	42	9.7	9.7	51.0
	略微同意	66	15.2	15.2	66.2
	比较同意	78	18.0	18.0	84.2
	非常同意	69	15.8	15.8	100.0
	合计	434	100.0	100.0	

从表 2—30 可以看出，经济困难是将孩子留守在家的最大原因。以监护人家庭月收入在 2000 元以下作为样本分析让孩子继续留守在家的意愿，可以发现，超过一半的被调查者倾向于"同意"让孩子继续留守在家中。不过，倾向于"同意"和倾向于"不同意"之间的比例差别并不是很大，这说明监护人对这个问题存在一定的矛盾心理。一方面自身收入水平低，照顾孩子需要有一定的支出，必然会给他们的生活带来压力，而且孩子长期不和父母在一起还会产生很多问题；另一方面，孩子的父母外出务工就是因为在农村收入较低，孩子如果到他们所在的城市，生活、学习都需要更多的支出，会给父母带来更大的压力，所以父母很难把孩子留在身边。正是基于这样的矛盾心理，使得监护人在对待是否愿意让孩子继续留守问题上并没有表现出特别明显的差别，或者说，处于两难的决定中。

四、本节小结

从调查问卷及统计数据所反映的情况来看，首先，农村留守儿童主要是和非父母的监护人生活在一起，所占的比例达到三分之二；而监护人需要照顾 1～4 个（3 个以下居多）孩子，一般来说是 2 个左右。同时，相关的数据也反映出，留守儿童监护人的个人月收入和家庭月收入情况均处于较低水平，致使监护人具有一定的经济压力。从总体上看，农村留守儿童监护人的经济收入在整个农民工群体中相对较低，正是由于其家庭经济状况所以作出把孩子留守在农村学校上学的教育选择。当然，我们并不是说把孩子留守在农村学校上学的教育选择是不对的，而只是想表明农民工家庭经济状况与农民工家庭教育选择之间存在内在联系。

其次，农村留守儿童的监护人的文化水平较低，主要以小学毕业为主，监护人的文化水平与孩子的留守是否存在相关性，这里并没有确切的数据可以证明。但有一点可以说明的是，大部分农村留守儿童的监护人的文化水平并不高，这对孩子的学习及品格教育会产生一定的负面影响，特别是对孩子的学习指导能力有限，随着孩子就读年级的升高，指导起来会越来越困难。在实际的访谈过程中，有些农村留守儿童的监护人就直言不讳地说，自己既没有时间，也没有能力来指导孩子的功课，不懂的地方就算了，或者让孩子到学校去请教老师。这会打击孩子的学习热情，如果长期存在这样的情况，甚至会导致孩子放弃学习，事实上，这不利于为孩子提供一个相对较好的学习环境。

最后，从农村留守儿童监护人的角度来看，他们为什么要把孩子留在农村老家的学校上学？影响家庭教育选择的最重要的因素是"家庭经济困难"。我们把经济因素放在农民工家庭教育选择的首位。同时，也可以看出，"在家更容易照顾""在家方便上学"也是影响农民工家庭教育选择的重要因素。从留守儿童监护人的角度来看，监护人更倾向于把"上初中"和"上小学低年级"的孩子留守在家，其中的原因或是因为较大的孩子具有生活自理能力，或是生活自理能力不足需要得到适当的照顾。总体来看，监护人更倾向于不让孩子继续留守在家。根据数据显示，从留守儿童的性别上来说，监护人更倾向于将女孩留守在家。当然，农民工家庭在考虑把孩子留守在家的问题时，呈现出较为分散化的选择，这种分散化的选择反映出监护人在孩子的留守问题或不留守问题上的矛盾心态，反映出他们的实际意愿与现实情况的冲突，从中也可以看出，农民工家庭的教育选择受到多方因素的制约。

第四节　农民工随迁子女受教育情况

我们对农民工随迁子女共发放问卷调查表 1500 份，回收 1387 份，排除选择缺失的 121 份，有效问卷的份数是 1266 份，有效问卷回收率为 84.4%。在对回收上来的问卷调查表进行统计与分析后，呈现出农民工随迁子女受教育的实际情况。

一、基本情况

（一）性别状况

表 2—31　性别状况

	性别	频率	百分比	有效百分比	累计百分比
有效	男生	668	52.8	52.8	52.8
	女生	598	47.2	47.2	100.0
	合计	1266	100.0	100.0	

从表 2—31 可以看出，问卷调查对象中的数据表明，农民工随迁子女的男女生比例相差不多，男生略多一点，所占的比例为 52.8%，女生所占的比例为 47.2%，两者所占的比例不相上下。从表 2—31 中也可以反映出，农民工随迁子女的性别比例相对比较平衡，当然也不排除部分农民

工家庭在进行教育选择时，受传统文化的影响，无意识地优先考虑了男孩随父母到务工的城市上学。这个统计数据其实也可以纠正人们对农民工家庭的教育选择产生的误解。大部分人认为长期以来农民工家庭在做教育选择时，在性别上会优先选择男孩子随迁，而把女孩子留守在农村老家的学校上学。这种看法是不准确的，也没有相应的数据支撑。事实上，农民工家庭在做教育选择时，孩子的性别因素所占的比重极低，甚至可以忽略不计。

（二）年级状况

表 2-32   年级状况

		频率	百分比	有效百分比	累计百分比
有效	小学四年级	283	22.4	22.4	22.4
	小学五年级	434	34.3	34.3	56.7
	小学六年级	373	29.5	29.5	86.2
	初中一年级	90	7.1	7.1	93.3
	初中二年级	86	6.7	6.7	100.0
	合计	1266	100.0	100.0	

从表 2-32 可以看出，随迁孩子的就读年级主要集中在小学阶段，其中五年级所占比例最高，达到了 34.3%，而四年级和六年级的随迁子女所占的比例也分别达到了 22.4% 和 29.5%，初中阶段所占的比例比较小，总和为 13.8%。为什么随迁子女主要集中在小学阶段？而初中阶段的随迁子女所占的比例却相对较小呢？这是农民工家庭在综合考虑各种因素的情况下所作出的教育选择，同时也与我们目前的中考制度有关，在后面的章节中我们要对这方面的情况进行具体的讨论。

（三）年龄状况

表 2－33　年龄状况

	年龄	频率	百分比	有效百分比	累计百分比
有效	9 岁	14	1.1	1.1	1.1
	10 岁	188	14.8	14.8	15.9
	11 岁	332	26.2	26.2	42.1
	12 岁	358	28.3	28.3	70.4
	13 岁	206	16.3	16.3	86.7
	14 岁	89	7.0	7.0	93.7
	15 岁	79	6.3	6.3	100.0
	合计	1266	100.0	100.0	

从表 2－33 可以看出，随迁孩子的年龄分布在 9～15 岁，其中 11 岁、12 岁孩子所占的比例最大，分别是 26.2%、28.3%，9 岁孩子所占的比例最小，仅为 1.1%。从总体上看，随迁孩子的年龄主要集中在 10～13 岁，总比例达到了 85.6%。我们对数据做进一步分析，可以发现，随迁子女的年龄状况呈现出中间比例大而两头比例小的特征，这与表 2－32 中随迁子女的年级分布状况是相一致的。

（四）学习成绩

表 2－34　学习成绩

	学习成绩	频率	百分比	有效百分比	累计百分比
有效	好	85	6.7	6.7	6.7
	较好	300	23.7	23.7	30.4
	一般	736	58.1	58.1	88.5
	较差	145	11.5	11.5	100.0
	合计	1266	100.0	100.0	

从表 2－34 可以看出，从农民工随迁子女对自己学习成绩的反映情况

来看，有 58.1% 的随迁子女认为自己的学习成绩"一般"，其比例超过一半；而"较好"和"好"的比例加起来占 30.4%，还不到三分之一；认为自己学习成绩"较差"的比例为 11.5%，超过了十分之一。由此来看，农民工随迁子女认为，他们的学习成绩总体状况并不好。从表 2-34 还可以发现，农民工随迁子女对自己学习成绩的总体感觉并不好，可能是与城市的学生相比，觉得自己存在着较大的差距，有自卑感。在实际的访谈中，我们也发现，农民工随迁子女的学习自信心不足，心理比较压抑。如果这种压抑的心理在农民工随迁子女中持续存在，不仅会影响随迁子女的学习成绩，还会给随迁子女的身心发展带来不良影响。如何化解压抑在农民工随迁子女心中的自卑感呢？这需要家长、学校及社会各界通力合作，采取有效措施来激发孩子们的学习热情与学习积极性，这样才有助于提升农民工随迁子女的学习成绩。

二、就学状况

(一) 随迁时间

关于"随迁时间"的调研，问卷中的问题为"从几年级开始跟父母亲来城市上学"。

表 2-35　随迁时间

		频率	百分比	有效百分比	累计百分比
有效	小学一年级	844	66.7	66.7	66.7
	小学二年级	149	11.8	11.8	78.5
	小学三年级	104	8.2	8.2	86.7
	小学四年级	73	5.8	5.8	92.5
	小学五年级	35	2.8	2.8	95.3
	小学六年级	20	1.6	1.6	96.9
	初中一年级	36	2.7	2.7	99.6
	初中二年级	5	0.4	0.4	100.0
	合计	1266	100.0	100.0	

从表2-35可以看出，目前，66.7％的农民工随迁子女从小学一年级开始就随父母到城市上学，所占的比例超过了三分之二。还有就是，随着就读年级的上升，随迁子女的人数比例逐渐减少，也就是说，越是到了高年级，随迁子女的数量就越少。从表2-35的数据也可以反映出，从某种程度来说，低年级的孩子相对更有可能跟着父母来到城市，更多的农民工家庭选择从孩子一开始上学，就让他们来到城市学校就读，由农村学校转学到城市学校的中途插班生随着年级的上升在逐步减少。这与中途插班，农村孩子较难适应城市学校的学习有关。从孩子随迁的时间上来看，农民工家庭的教育选择是比较理性的，从小学一年级开始就把孩子随迁到城市学校就读，尽可能减少孩子们在城市学校的学习适应性方面的不利因素。同时也可以看出，中途转学插班的随迁子女的比重也不小，这需要考虑这些孩子在城市学校的学习适应问题。

（二）随迁对象

关于"随迁对象"的调研，问卷的问题是"和谁一起到城市来上学"。

表2-36　和谁一起到城市来上学

		频率	百分比	有效百分比	累计百分比
有效	爸爸	60	4.7	4.7	4.7
	妈妈	99	7.8	7.8	12.5
	爸爸和妈妈	1107	87.5	87.5	100.0
	合计	1266	100.0	100.0	

从表2-36可以看出，农民工随迁子女基本上是同爸爸和妈妈两个人一同来到城市的，所占比例达到87.5％，远远超过三分之二，而单独跟爸爸或者妈妈来到城市上学的情况比较少，两者加起来的比例是12.5％。从表2-36也可以反映出，当前农民工家庭务工的特点是尽量保持家庭的完整性，如果要把孩子随迁到城市来就读，一般是与父母一起来，父母在城市务工就业，孩子则在城市学校上学，反映出农民工家庭在做教育选择时，会尽量兼顾自己的务工与孩子的学习。

（三）随迁成员

关于"随迁成员"的调研，问卷的问题是"一起来城市上学的兄弟姐妹"。

表 2－37　一起来城市上学的兄弟姐妹

		频率	百分比	有效百分比	累计百分比
有效	0 个	353	27.9	27.9	27.9
	1 个	411	32.5	32.5	60.3
	2 个	307	24.2	24.2	84.6
	3 个	133	10.5	10.5	95.1
	4 个	62	4.9	4.9	100.0
	合计	1266	100.0	100.0	

从表 2－37 可以看出，27.9％的农民工随迁子女反映，只有自己随爸爸妈妈来到城市的学校上学；32.5％的农民工随迁子女反映，还有 1 个兄弟姐妹也是一起随迁来到城市学校就读的，其比例接近三分之一；24.2％的农民工随迁子女反映，还有 2 个兄弟姐妹也是一起随迁来到城市学校就读的；15.4％的农民工随迁子女反映，还有 3 个及以上的兄弟姐妹也是一起随迁来到城市学校就读的。从表 2－37 中的数据也可以反映出，部分父母是带着多个孩子来到城市的，甚至是全家都来到城市，父母在城市务工就业，孩子在城市学校就学。

（四）留守成员

关于对"留守成员"的调研，问卷问题为"有几个兄弟姐妹留在家乡学校读书"。

表 2－38　留守成员

		频率	百分比	有效百分比	累计百分比
有效	0 个	993	78.4	78.4	78.4
	1 个	153	12.1	12.1	90.5

	频率	百分比	有效百分比	累计百分比
2 个	62	4.9	4.9	95.4
3 个	34	2.7	2.7	98.1
4 个	24	1.9	1.9	100.0
合计	1266	100.0	100.0	

从表 2—38 可以看出，78.4％的农民工随迁子女反映，没有其他的兄弟姐妹留在家乡的学校读书，这说明大部分的农民工家庭是全家搬迁到城市的；12.1％的农民工随迁子女反映，还有 1 个兄弟姐妹留在家乡的学校读书；9.5％的农民工随迁子女反映，还有 2 个及以上的兄弟姐妹留在家乡的学校读书，这个比例相对来说比较低。虽然这个比例较低，但为什么农民工家庭在做教育选择时会把这些孩子留在家乡学校上学？是什么因素促使农民工家庭做出这方面的教育选择呢？这个现象也值得我们去思考。从表 2—38 的数据也可以反映出，农民工家庭更倾向于把全部的孩子都随迁到城市学校来上学。把农民工子女的随迁成员与留守成员对比，我们可以发现，两者在数据上所反映的情况是一致的，农民工家庭在做教育选择时，要么把全部孩子都留守在农村老家的学校上学，要么把孩子都随迁到城市的学校上学。只要他们有这方面的经济实力，就不会把部分孩子留守在老家的学校就读。

三、对城市学校的感受

（一）对城市学校的喜欢程度

关于对"城市学校的喜欢程度"的调研，问卷中的问题为"相比原来老家的学校你更喜欢现在的学校"。

表 2－39　对城市学校的喜欢程度

	更喜欢城市学校	频率	百分比	有效百分比	累计百分比
有效	很不同意	55	4.4	4.4	4.4
	不太同意	55	4.4	4.4	8.8
	略不同意	46	3.6	3.6	12.4
	略微同意	170	13.4	13.4	25.8
	比较同意	471	37.2	37.2	63.0
	非常同意	469	37.0	37.0	100.0
	合计	1266	100.0	100.0	

从表 2－39 可以看出，根据随迁子女反映的情况来看，与原来老家的学校相比，孩子们更喜欢在城市里的学校就读，随迁子女选择"比较同意""非常同意"的比例分别达到了 37.2%、37%，是前两位。随迁子女选择"很不同意"（所占的比例为 4.4%）、"不太同意"（所占的比例为 4.4%）、"略不同意"（所占的比例为 3.6%）的占比总和只有 12.4%。有些被调查的学生是中途从农村学校插班转学到城市学校的，是在比较农村学校和城市学校的基础上填写问卷，反映的情况相对比较真实。从总体上看，农民工随迁子女是比较认可他们现在就读的城市学校的，城市学校的教学条件与教学水平确实好于农村学校，这是随迁子女在两种学校的相互比较中得出的结论。

（二）满意的方面

关于对学校"满意方面"的调研，问卷问题为"你最满意现在就读学校的一项"。

表 2－40　满意的方面

		频率	百分比	有效百分比	累计百分比
有效	学校环境	151	11.9	11.9	11.9
	教学质量	328	25.9	25.9	37.8
	教师上课状况	364	28.8	28.8	66.6
	同学关系	423	33.4	33.4	100.0
	合计	1266	100.0	100.0	

从表 2—40 可以看出，孩子们对学校最满意之处在于获得了良好的同学关系，所占比例是 33.4％，超过了三分之一。这与我们的部分问卷调查表是在农民工子弟学校发放存在一定的关系，因为农民工子弟学校的同学关系相对较好。由于他们具有相同的境遇，同学之间容易相互走近与交往，能够建立较好的同学关系。教师的上课状况和教学质量是农民工随迁子女对现在就读学校比较满意的选项，所占的比例分别为 28.8％ 和 25.9％。学校环境也是农民工随迁子女对现在就读学校比较满意的一个选项，所占的比例是 11.9％。总体来看，农民工随迁子女对现在就读学校的同学关系、教师上课状况、教学质量、学校环境这些方面都有不同程度的认可。

（三）不满意之处

关于"不满意之处"的调研，问卷中的问题为"你最不满意现在就读学校的一项"。

表 2—41　不满意之处

		频率	百分比	有效百分比	累计百分比
有效	同学歧视	397	31.4	31.4	31.4
	老师看不起	118	9.3	9.3	40.7
	教师上课状况	107	8.5	8.5	49.1
	上学距离远	644	50.9	50.9	100.0
	合计	1266	100.0	100.0	

从表 2—41 可以看出，孩子们对于城市学校最不满意的地方是"上学距离远"，所占比例达到 50.9％，"上学距离远"使得农民工随迁子女每天在上下学方面要花费较多的时间。就近上学问题，是农民工家庭非常关注的问题，应引起教育行政部门的高度重视。其次，孩子们对于城市学校不满意的地方是"同学歧视"，所占比例为 31.4％，接近三分之一。我们在实际访谈中也了解到，这种"同学歧视"现象较多地存在于城市公办学校中，主要是城市当地学生对农民工随迁子女的歧视，甚至有些城市当地

学生的家长也会对随迁子女表现出歧视，这需要学校及教师关注这方面的情况。事实上，在城市公办学校中，还存在"老师看不起"农民工随迁子女的现象，这种歧视现象所占的比例是9.3%，接近十分之一，这种现象不能不引起我们的重视。还有8.5%的农民工随迁子女最不满意之处是教师的上课状况，这与这部分随迁子女不能跟上教学进度有很大的关系。

（四）就学最大困难

关于"就学最大困难"的调研，问卷中的问题为"你在城市学校里遇到的最大困难"。

表 2—42　就学最大困难

		频率	百分比	有效百分比	累计百分比
有效	学习跟不上	405	32.0	32.0	32.0
	学习成绩较差	271	21.4	21.4	53.4
	不适应学校环境	354	28.0	28.0	81.4
	同学关系不好	236	18.6	18.6	100.0
	合计	1266	100.0	100.0	

从表2—42可以看出，根据随迁子女的反映，孩子们在城市学校上学遇到的困难较多，在所遇到的最大困难中，所占比例最高的是"学习跟不上"，比例为32%，这与农民工随迁子女不适应城市学校的教学方法有较大关系；其次是"不适应学校环境"，其比例为28%；还有，"学习成绩差"（所占的比例为21.4%）、"同学关系不好"（所占的比例为18.6%）也是农民工随迁子女在城市学校所遇到的最大困难。从表2—42中的数据也可以反映出，农民工随迁子女在城市学校所遇到的最大困难主要是学习方面的，如何有效帮助农民工随迁子女进入良好的学习状态，并获得好成绩是学校和教师所要探索的重要任务之一，也是城市学校教师所负有的重要责任。学校教师对于农民工随迁子女所面临的学习困难不能视而不见，要通过各种途径从各个方面来帮助随迁子女解决他们所遇到的学习困难。

（五）是否愿意继续留在城市学校

关于"是否愿意继续留在城市学校"的调研，问卷中的问题为"你更愿意继续留在城市学校上学"。

表 2—43 是否愿意继续留在城市学校

		频率	百分比	有效百分比	累计百分比
有效	很不同意	45	3.6	3.6	3.6
	不太同意	59	4.7	4.7	8.2
	略不同意	44	3.5	3.5	11.7
	略微同意	142	11.2	11.2	22.9
	比较同意	392	31.0	31.0	53.9
	非常同意	584	46.1	46.1	100.0
	合计	1266	100.0	100.0	

从表 2—43 可以看出，经过在城市学校一段时间的学习之后，多数农民工随迁子女已经对城市学校产生了较高的认可度，依然愿意继续留在城市学校中学习。其中，"略微同意"（所占比例为 11.2%）、"比较同意"（所占比例为 31.0%）、"非常同意"（所占比例为 46.1%）这三者相加的比例之和为 88.3%，要远远多于不愿意继续留在城市学校就读的比例（所占比例为 46.1%）。随迁子女选择继续留在城市学校上学的比例较高，说明城市学校的教育资源与教育水平确实高于农村学校，农民工随迁子女的这种判断是有依据的。但是，我们也要看到，有超过十分之一的农民工随迁子女不愿意继续留在城市学校学习，为什么他们不愿意继续留在城市学校学习呢？是他们自身的原因，还是家庭方面的原因，还是城市学校及教师的原因？无论是哪方面的原因，或者是各方面原因综合的结果，但这个现象必须引起我们的足够重视，并对此作出较为深入的进一步分析。

（六）未来的愿望

表 2-44　未来的愿望

		频率	百分比	有效百分比	累计百分比
有效	继续在城里学校升学	134	10.6	10.6	10.6
	留在城里生活	91	7.2	7.2	17.8
	毕业后去务工	36	2.8	2.8	20.6
	努力学习考上大学	1005	79.4	79.4	100.0
	合计	1266	100.0	100.0	

从表 2-44 可以看出，对于这些已经进入城市学校上学的农民工随迁子女来说，他们未来最大的愿望就是努力学习考上大学，所占比例为 79.4%，这个比例已经占到农民工随迁子女的八成，可以说是农民工子女及其家庭选择到城市学校学习的重要原因，是他们最重要的教育期待。当然，从表 2-44 中的数据也可以看出，部分就读年级还相对较低的孩子也明确表示，想在城市学校继续升学，所占的比例为 10.6%。尽可能在城市学校里继续上学，说明随迁子女对于城市学校充满了教育期待，同时也说明，随迁子女在城市学校的上学渠道并不是很畅通，还存在着障碍。另外，选择留在城里生活的农民工随迁子女的比例为 7.2%，选择毕业后去务工的比例为 2.8%，相对来说比例较小。总体来说，在城市学校上学给了孩子们接触更多知识的机会，激发了他们对学习的热情和对教育的期待。

四、对父母教育选择的看法

（一）父母带到城市上学的原因

关于"对父母教育选择的看法"的调研，问卷中的问题为"父母带你到城市上学的主要原因"。

表 2—45　对父母教育选择的看法

		频率	百分比	有效百分比	累计百分比
有效	城市学校的教育质量好	818	64.6	64.6	64.6
	一家人能在一起	356	28.1	28.1	92.7
	我是男孩子	37	2.9	2.9	95.6
	家里经济较宽裕	55	4.4	4.4	100.0
	合计	1266	100.0	100.0	

从表 2—45 可以看出，大部分农民工随迁子女认为父母带自己到城市学校上学的主要原因，是"城市学校的教育质量好"，这个比例达到64.6%，接近三分之二，这也是解释农民工家庭教育选择的重要原因。同时，这也是一种动力，激发了农民工家庭把孩子带到城市学校就学的教育选择。还有 28.1% 的农民工随迁子女认为，父母带自己到城市上学的原因是由于"一家人能在一起"；4.4% 的农民工随迁子女认为，"家里经济较宽裕"是父母带自己到城市学校上学的重要原因之一。从表 2—45 的数据也可以看出，根据随迁子女自己反映的情况，教育预期及其相关因素在农民工家庭进行教育选择时会起到关键性的影响，这决定了父母是否会带他们的子女随迁到城市学校来上学。

（二）对到城市学校上学的看法

关于"对到城市学校上学的看法"的调研，问卷中的问题为"你对被父母亲带到城市学校上学的看法"。

表 2—46　对到城市学校上学的看法

		频率	百分比	有效百分比	累计百分比
有效	很满意	572	45.2	45.2	45.2
	比较满意	385	30.4	30.4	75.6
	无所谓	276	21.8	21.8	97.4
	不满意	33	2.6	2.6	100.0
	合计	1266	100.0	100.0	

从表2－46可以看出，农民工随迁子女对自己被父母带到城市上学总体是认可和接受的，选择"很满意"与"比较满意"的随迁子女的比例分别是45.2％和30.4％，所占比重最大，两者加起来超过了三分之二。选择"不满意"的随迁子女的比例只有2.6％。农民工随迁子女的这种较高的满意度，既有孩子自身的直觉性反应，也有孩子在来到城市学校上学后的自身感受。城市学校的学习环境对孩子的评价会产生积极的影响，从而给予城市学校以正面的评价。同时，我们要注意的是，有21.8％的农民工随迁子女选择了"无所谓"，这说明超过了五分之一的农民工随迁子女对被父母带到城市学校上学的做法采取的是冷漠的态度，这可能表明到城市学校来上学并不是农民工随迁子女自己的想法，而是父母一厢情愿的教育选择，或者父母在做教育选择时并没有征求孩子们的意见。对于农民工随迁子女这种"无所谓"的现象与问题，需要引起我们的足够重视。

（三）父母辅导学习的情况

表2－47　父母辅导学习的情况

	父母辅导学习时间	频率	百分比	有效百分比	累计百分比
有效	经常	250	19.7	19.7	19.7
	有时间	320	25.3	25.3	45.0
	偶尔	496	39.2	39.2	84.2
	从不	200	15.8	15.8	100.0
	合计	1266	100.0	100.0	

从表2－47可以看出，父母辅导孩子学习的时间是比较少的，"偶尔"辅导所占的比例最高，达到39.2％，超过了三分之一；其次，"有时间"辅导所占的比例较大，其所占的比例为25.3％。虽然也有部分父母（所占比例为19.7％）能够"经常"辅导孩子的学习，但同时也有部分父母（所占比例为15.8％）"从不"辅导孩子的学习。因此，从表2－47所反映的数据来看，父母对其孩子的学习辅导时间不够。这既有父母工作忙、没时间的原因，也有父母本身文化水平有限、不具备辅导能力的原因。总

体来看，父母辅导随迁子女学习的状况较差，关键的原因还是农民工本身的教育观念问题。大多数农民工认为，孩子的学习主要是学校及老师的事情，自己只要把孩子送到学校读书就行了，或者只要自己把孩子送到较好的学校，孩子的学习成绩自然就会好起来。农民工这种教育观念的最大不足，是没有认识到家长在孩子成长中所起到的重要作用，忽视家庭教育本该有的功能，家庭对于孩子的投入不仅仅是经济上的投入，更要在时间上进行投入，要花时间去陪伴孩子们成长。从这一点上来看，这是随迁子女监护人与城市当地学生监护人的最大区别。弥补差别的唯一途径是农民工家庭要挤出时间来关心孩子的学习及其他方面。

（四）父母最关心的方面

表 2—48　父母最关心的方面

		频率	百分比	有效百分比	累计百分比
有效	学习成绩	771	60.9	60.9	60.9
	生活方面	183	14.5	14.5	75.4
	品格方面	215	17.0	17.0	92.4
	心理方面	97	7.6	7.6	100.0
	合计	1266	100.0	100.0	

从表 2—48 可以看出，农民工随迁子女认为父母最关心的是自己的"学习成绩"，所占比例达到 60.9%，接近三分之二；其次是关心自己的"品格方面"（所占比例为 17%）和"生活方面"（所占比例为 14.5%），但对于自己"心理方面"的关心却是最少的，只有 7.6%。总体来说，农民工最为关心的是随迁子女的学习状况。确实，孩子的学习状况是重要的，是需要关心的。但对处于随迁阶段的孩子来说，由于环境的变化会对其心理产生实际影响，也不能忽视孩子的心理状况，特别是要关注环境变化对孩子的心理所产生的负面影响，而不是对孩子的心理状况不闻不问，或者认为，随着时间的推移，孩子的心理状况会逐渐变好的，这是一种误解。部分农民工随迁子女的家长认为，只要孩子的学习成绩好，就什么都

好，这种观点是很危险的。如果随迁子女的心理问题长期得不到有效的心理疏通，必然会影响孩子们的身心健康。当然，这与家长在心理方面的知识欠缺有关，但学校及教师要重视这方面的问题，积极寻找填补这方面空白与不足的途径。

五、本节小结

通过对农民工随迁子女调研数据的统计与分析，农民工随迁子女在城市学校的受教育情况，大致可以反映在以下几个方面。

首先，农民工随迁子女跟着父母来到城市学校上学，他们就读的年级主要集中在小学阶段，但从农民工随迁子女自己反馈的情况来看，这些孩子的学习成绩处于一般和较差水平的较多，整体的学习成绩并不理想，这既与农民工随迁子女可能不适应城市学校的教学方式有关，也与农民工随迁子女的父母缺乏足够的时间来辅导有关。但这还与农民工随迁子女的学习自信心不足有着极大的关系。因此，农民工随迁子女自身、学校、教师以及随迁子女的家长在孩子的学习方面都负有一定的责任，需要各方努力形成合力，才能有助于农民工随迁子女学习成绩的进步与提高。

其次，从调研所反映的情况来看，农民工随迁子女对城市学校的认可度较高，认为城市学校在很多方面要好于农村学校，这是因为城市学校的整体教育资源与教学水平要好于农村学校。但是农民工随迁子女在城市学校也面临着一些问题，例如学习跟不上、不适应学校环境、学习成绩较差、同学关系不好以及上学距离较远、同学歧视等问题，这些都会不同程度地影响他们的学习与生活。这些现实中的问题与困境，冲击着农民工家庭及其子女对城市学校的教育期望，如果能积极化解，就会成为农民工随迁子女努力学习的动力，使其在各方面都能取得进步。如果不能积极化解，就会成为阻碍农民工随迁子女在城市学校积极向上的制约因素。为此，老师、学校以及教育行政部门需要充分重视这些问题，积极采取措施来改善教育教学条件，努力为孩子们提供较好的学习与生活环境，使更多的随迁子女适应并认可城市学校。

最后，从农民工随迁子女反映的情况来看，农民工的家庭教育还存在着诸多不足。虽然父母非常关心其随迁子女的学习成绩，但是由于忙于工作，很少能挤出足够的时间辅导孩子学习。由于自身文化水平有限，使得他们很难对孩子进行有效、充分的学习辅导，这是农民工随迁子女在学习方面跟不上进度的重要原因之一。但这只是一方面原因，更为关键的是农民工自身的教育观念问题，即认为孩子学习的好坏是学校及老师的事情，与家长的关系并不大，家长所要做的事情就是把孩子送到学校去，这其实是在推脱家长的教育责任。与此同时，部分农民工家庭有好几个随迁子女，使父母亲面临较大的经济与生活压力，为了整个家庭生活考虑，农民工可能会寻找更多的务工就业机会。这样一来，父母与孩子相处的时间就更少了，无论是在学习方面，还是在思想品格、沟通交流等方面都无暇顾及，特别是在心理关爱方面会更加欠缺。长此以往，会对孩子的身心发展造成不良影响。值得注意的是，随迁子女的心理状况更应该受到关注，这种关注不仅仅来源于监护人，还要来自学校、教师及社会各界。

第五节 随迁子女监护人的教育选择状况

对于农民工随迁子女的监护人共发放问卷调查表 1500 份，回收 1301 份，排除选择缺失的 146 份，有效问卷份数是 1155 份，有效问卷回收率为 77%。通过对这些问卷调查表的统计与分析，呈现出农民工随迁子女监护人教育选择的实际情况。

一、基本情况

（一）监护人情况

关于"监护人情况"的调研，问卷中的问题为"您是随迁子女的什么人"。

表 2-49 监护人情况

		频率	百分比	有效百分比	累计百分比
有效	母亲	558	48.3	48.3	48.3
	父亲	597	51.7	51.7	100.0
	合计	1155	100.0	100.0	

从表 2-49 可以看出,本调查涉及的农民工随迁子女的监护人中,母亲和父亲之间的数量基本持平,说明随迁子女的父亲与母亲是一起来城市务工就业的。相对来说,父亲所占的比例略高于母亲。这也说明,父亲是务工就业的主要力量。同时,表 2-49 也反映出农民工是以家庭的形式外出外务工就业的,父母把子女带到城里的学校就读,是全家搬迁到城市里来的。当前,农民外出务工呈现出新的特点,即父母及孩子都在一起,这保持了家庭的完整性,务工就业与家庭亲情两不耽误。

(二) 家庭状况

关于"家庭状况"的调研,问卷中的问题为"是否与妻子或丈夫一起务工"。

表 2-50 家庭状况

		频率	百分比	有效百分比	累计百分比
有效	是	943	81.6	81.6	81.6
	否	212	18.4	18.4	100.0
	合计	1155	100.0	100.0	

从表 2-50 可以看出,很多的农民工家庭都是夫妻两个人共同到城市来务工就业的,这一比例高达 81.6%,而这 81.6% 的农民工家庭最有可能把孩子一起带到城市里来,让其子女在城市的学校上学;而只有父亲(或母亲)一人单独到城市务工的比例为 18.4%,从而使这些家庭面临着孩子留守或随迁的选择问题。无论是把孩子随迁或留守,父亲或母亲都要照顾孩子的学习与生活,他们所面临的压力都很大。

(三) 父亲 (或母亲) 的文化程度

表 2－51 父 (或母) 的文化程度

	文化程度	频率	百分比	有效百分比	累计百分比
有效	小学	390	33.8	33.8	33.8
	初中	517	44.8	44.8	78.5
	高中	175	15.2	15.2	93.7
	中职中专	46	4.0	4.0	97.7
	大专及以上	27	2.3	2.3	100.0
	合计	1155	100.0	100.0	

从表 2－51 可以看出，农民工随迁子女的父亲 (或母亲) 的文化水平并不是很高，其中所占比例最高的是初中毕业生，达到 44.8％；其次是小学毕业生，所占比例是 33.8％。总体来说，初中毕业的农民工随迁子女监护人要高于小学毕业的监护人 10％；农民工随迁子女监护人中高中毕业生的比例为 15.2％，中职中专毕业生的比例为 4％，两者相加是 19.2％，接近五分之一的农民工随迁子女的监护人具有高中及中职中专的学历；但大专及以上的比例就较少了，只有 2.3％。从表 2－51 还可以反映出，农民工随迁子女的监护人的学历层次主要以中学毕业为主，其文化程度要相对高于农村留守儿童的监护人的文化程度。

(四) 配偶的文化程度

关于"配偶的文化程度"的调研，问卷中的问题为"妻子或丈夫的文化程度"。

表 2－52 配偶的文化程度

		频率	百分比	有效百分比	累计百分比
有效	小学	455	39.4	39.4	39.4
	初中	468	40.5	40.5	79.9
	高中	156	13.5	13.5	93.4

	频率	百分比	有效百分比	累计百分比
中职中专	50	4.3	4.3	97.7
大专及以上	26	2.3	2.3	100.0
合计	1155	100.0	100.0	

从表 2—52 可以看出，农民工随迁子女监护人的配偶的文化水平总体与另一方的文化水平情况非常类似，同样是处于较低水平，以小学和初中毕业为主，所占的比例分别是 39.4% 和 40.5%，此外，高中、中职中专、大专及以上的监护人的配偶所占的比例分别是 13.5%、4.3%、2.3%。总体来说，外出务工夫妻双方的文化水平基本上是相当的。农民工家庭文化水平不高，会造成父母对孩子的学习指导能力比较弱，更多的是需要孩子自身努力。但对于低年级的农民工随迁子女来说，这是比较困难的，因为他们的学习自觉性相对较差，更需要外在的力量来督促他们学习，并在学习内容与学习方法等方面给予帮助，需要来自学校、老师、家长等各方面的学习指导与适当帮助。

（五）务工时间

关于"务工时间"的调研，问卷中的问题为"外出务工多长时间"。

表 2—53　务工时间

		频率	百分比	有效百分比	累计百分比
有效	5 年以下	449	38.9	38.9	38.9
	5～10 年	345	29.9	29.9	68.7
	10～15 年	193	16.7	16.7	85.5
	15～20 年	89	7.7	7.7	93.2
	20 年以上	79	6.8	6.8	100.0
	合计	1155	100.0	100.0	

从表 2—53 可以看出，农民工随迁子女的监护人外出务工时间在 5 年以下的人较多，占 38.9%，其比例超过被调查者总数的三分之二；其次

是 5～10 年和 10～15 年，所占的比例分别是 29.9％和 16.7％。但总体来看，监护人外出务工时间在 5～15 年所占的比例最多，加起来的比例是 46.6％。表 2－53 也可以反映出，农民工随迁子女的监护人在 5～15 年的这段外出务工时间里，最有可能带其子女到城市学校上学。因为随着务工时间的增加，农民工家庭具有了一定的经济实力，有能力让其子女到城市学校上学。

（六）务工地区

表 2－54　务工地区

	务工地区	频率	百分比	有效百分比	累计百分比
有效	本省的县市务工	312	27	27	27
	本省的省会城市务工	391	33.9	33.9	60.9
	外省的县市务工	86	7.4	7.4	68.3
	外省的省会城市务工	44	3.8	3.8	72.1
	沿海及经济发达的城市务工	132	11.4	11.4	83.5
	北上广等大城市务工	190	16.5	16.5	100.0
	合计	1155	100.0	100.0	

从表 2－54 可以看出，农民工在本省（户籍所在地省份）的省会城市务工所占比例最高，达到了 33.9％；其次是在本省的县市务工，所占比例是 27％，从这两个数据可以反映出，目前农民工务工的地区主要分布在本省的城市中，在本省的省会城市及县级城市务工的比例达到了 60.9％。当然，沿海及经济发达的城市和北上广等大城市也是农民务工的主要地区，两者的所占比相加接近三分之一；而外省（非户籍所在地省份）的省会城市及县市并不是农民外出务工的主要区域，相对来说所占的比例较小，总计只有 11.2％。农民工务工区域从北上广及东部与沿海经济发达城市到本省省会城市及县市城市的变化，是当前农民外出务工就业的新特征，会对农民工家庭的教育选择产生重要的影响。在这样的情况下，外出务工农民家庭更有可能带其子女到城市学校就读。农民外出务工

区域的变化，同时也会影响政府对教育资源的配置。

（七）个人月收入

表 2—55　个人月收入

	个人月收入	频率	百分比	有效百分比	累计百分比
有效	2000 元以下	266	23.0	23.0	23.0
	2000～3000 元	378	32.7	32.7	55.7
	3000～4000 元	241	20.9	20.9	76.6
	4000～5000 元	110	9.5	9.5	86.1
	5000～6000 元	65	5.7	5.7	91.8
	6000 元以上	95	8.2	8.2	100.0
	合计	1155	100.0	100.0	

从表 2—55 可以看出，农民工随迁子女的监护人在个人月收入情况方面，主要是在 2000～3000 元这一区间，达到 32.7%。3000～4000 元这一区间所占的比例也较高，达到 20.9%。2000 元以下所占比例是 23%；农民工随迁子女监护人的个人月收入在 4000 元及以上所占比例之和是23.4%。表 2—55 的数据还可以反映出，农民工随迁子女的监护人个人月收入在 2000 元以内、3000 元以内、4000 元以内、4000 元以上的比例分布较均匀。总体来说，农民工随迁子女监护人在个人月收入方面并不是很高，基本上处于 4000 元以内的月收入，如果其随迁子女较多的话，面临的生活压力就比较大。

（八）家庭月收入

表 2—56　家庭月收入

	家庭月收入	频率	百分比	有效百分比	累计百分比
有效	3000 元以下	271	23.5	23.5	23.5
	3000～4000 元	282	24.4	24.4	47.9
	4000～5000 元	181	15.7	15.7	63.5

家庭月收入	频率	百分比	有效百分比	累计百分比
5000~6000 元	133	11.5	11.5	75.1
6000~7000 元	88	7.6	7.6	82.7
7000~8000 元	75	6.5	6.5	89.2
8000 元以上	125	10.8	10.8	100.0
合计	1155	100.0	100.0	

从表 2-56 可以看出，农民工家庭月收入的分布情况与监护人的个人月收入极为类似，家庭月收入在 3000~4000 元这一区间的比例最高，达到 24.4%；其次是家庭月收入在 3000 元以下，所占的比例达到 23.5%；家庭月收入在 4000~5000 元区间的所占比例是 15.7%；家庭月收入在 5000~6000 元区间的所占比例是 11.5%。值得注意的是，家庭月收入在 8000 元以上的比例是 10.8%，而且这一比例并非最低。这在一定程度上说明，部分农民工家庭的月收入还是比较可观的，这可能与他们所从事的工种有关。总体来说，农民工家庭的月收入比较分散，从 3000 元以下至 8000 元以上，各个区间都占有一定的比例，但农民工家庭的月收入大部分是在 7000 元以内，所占比例超过八成。也可以看出，随迁子女的农民工家庭月收入状况要好于留守儿童的农民工家庭月收入状况，这也可以说明为什么这些孩子成为随迁子女。

（九）留守孩子个数

表 2-57 留守孩子个数

	留守孩子个数	频率	百分比	有效百分比	累计百分比
有效	无	989	85.6	85.6	85.6
	1 个	124	10.7	10.7	96.3
	2 个	30	2.6	2.6	98.9
	3 个	12	1.1	1.1	100.0
	合计	1155	100.0	100.0	

从表2—57中可以看出，在问卷调查所涉及的农民工家庭中，随迁子女的农民工家庭没有将孩子留守在老家的比例最大，所占的比例达到85.6%，远远超过其他类型的比例。这说明一旦农民工决定把孩子带到城市学校来上学，只要他们有这方面的能力，他们会尽量把所有的孩子都带在身边，以一个家庭的形式出现在务工就业的城市，这是随迁子女的农民工家庭教育选择的特征。从表2—57中还可以反映出，还有超过十分之一的农民工家庭，既有孩子留守在农村老家，也有孩子随迁到务工就业的城市。

（十）随迁子女个数

表2—58　随迁子女个数

随迁孩子个数（个）		频率	百分比	有效百分比	累计百分比
有效	1	273	23.6	23.6	23.6
	2	524	45.4	45.4	69.0
	3	248	21.5	21.5	90.5
	4	110	9.5	9.5	100.0
	合计	1155	100.0	100.0	

从表2—58中可以看出，根据监护人的反映，随迁孩子的个数从1个至4个不等，其中2个孩子的比例最高，达到45.4%。也就是说，接近一半的农民工家庭有2个随迁子女；只有1个随迁子女在身边的农民工家庭所占比例是23.6%；有3个随迁子女在身边的农民工家庭所占比例是21.5%，这两个比例加起来的总和较高，所占比接近一半；而有4个随迁子女的农民工家庭相对来说较少。可以说，被调查家庭至少有1个随迁子女，而更多的家庭有2个及以上的随迁子女，对于随迁子女的照顾成为忙于务工的父母们的一项重要任务。

二、带孩子到城市上学的意愿

（一）带孩子到城市学校读书的情况

关于"带孩子到城市上学的意愿"的调研，问卷的问题为"带到城市学校读书的孩子情况"。

表 2—59 带孩子到城市上学的意愿

		频率	百分比	有效百分比	累计百分比
有效	全部孩子	977	84.6	84.6	84.6
	部分孩子	44	3.8	3.8	88.4
	男孩子	53	4.6	4.6	93.0
	女孩子	25	2.2	2.2	95.2
	年龄小的孩子	42	3.6	3.6	98.8
	年龄大的孩子	14	1.2	1.2	100.0
	合计	1155	100.0	100.0	

从表 2—59 可以看出，有 84.6％的外出务工父母把家里的孩子全部带到了城市学校上学。最有可能不会被父母带到城市学校读书的是年龄较大的孩子，其比例仅为 1.2％。为什么会出现这种情况？最主要的原因是年龄较大的孩子面临着初中升学考试的问题，受户籍的限制，随迁子女不能在农民务工就业的城市参加中考。总体上看，外出务工的父母作出孩子随迁的教育选择，更倾向于把所有的孩子都带在身边，尽量让他们在城市的学校里接受教育。

（二）带谁到城市学校读书

关于"带谁到城市学校读书"的调研，问卷的问题为"愿意把哪个年级的孩子带到城市读书"。

表 2—60　带谁到城市学校读书

		频率	百分比	有效百分比	累计百分比
有效	小学低年级	665	57.6	57.6	57.6
	小学中年级	151	13.1	13.1	70.6
	小学高年级	140	12.1	12.1	82.8
	初中一年级	72	6.2	6.2	89.0
	初中二年级	8	0.7	0.7	89.7
	初中三年级	119	10.3	10.3	100.0
	合计	1155	100.0	100.0	

从表 2—60 可以看出，从父母所带孩子的年级分布比例情况来看，小学阶段的孩子所占的比例最大，小学低年级、小学中年级、小学高年级的比例总和达到了 82.8%，超过了总比例的八成以上，并且父母更加倾向于将读小学低年级（所占的比例为 57.6%）的孩子带到城市学校上学，所占比例超过了一半。把初中生带到城里学校来上学的比例较小，因此，初中三个年级的总比例加起来不到 20%。

（三）带男孩到城市学校读书的意愿

关于"带男孩到城市学校读书的意愿"的调研，问卷中的问题为"把男孩带到城市学校读书的意愿"。

表 2—61　带男孩到城市学校读书的意愿

		频率	百分比	有效百分比	累计百分比
有效	很不同意	220	19.0	19.0	19.0
	不太同意	136	11.8	11.8	30.8
	略不同意	75	6.5	6.5	37.3
	略微同意	126	10.9	10.9	48.2
	比较同意	276	23.9	23.9	72.1
	非常同意	322	27.9	27.9	100.0
	合计	1155	100.0	100.0	

从表 2－61 可以看出，农民工可能会先选择带男孩来城市学校上学。在所有的选项中，其中"非常同意"和"比较同意"所占的比例最大，分别是 27.9％、23.9％，加起来的总比超过了一半，这也意味着父母总体上更愿意将男孩带到城市学校上学。不过，"很不同意"的比例达到 19％，这说明相当一部分随迁子女的监护人在带孩子到城市学校来上学这个问题上，不存在性别差异。而且，总体上不同意的比例达到 37.3％，超过了总比例的三分之一。这个数据也可以说明，在农民工随迁子女中，男女的性别比例基本上是平衡的，没有出现严重的性别比例失衡现象。

三、原因分析

（一）到城市学校读书的原因

关于"到城市学校读书的原因"的调研，问卷中的问题为"带孩子到城市学校读书的主要原因"。

表 2－62　到城市学校读书的原因

		频率	百分比	有效百分比	累计百分比
有效	经济状况较好	79	6.8	6.8	6.8
	工作较稳定	100	8.7	8.7	15.5
	能和孩子在一起	534	46.2	46.2	61.7
	农村学校教育质量差	190	16.5	16.5	78.2
	农村学校教学环境不好	38	3.3	3.3	81.5
	农村学校管理较差	21	1.8	1.8	83.3
	农村学校各方面都一般	42	3.6	3.6	86.9
	老家没人照顾小孩	151	13.1	13.1	100.0
	合计	1155	100.0	100.0	

从表 2－62 可以看出，随迁子女的监护人把孩子带到城市学校上学的原因中，"能和孩子在一起"是父母将孩子带到城市上学的最主要原因，其比例达到 46.2％。另外，认为"农村学校教育质量差"所占的比例是

16.5%，认为"老家没人照顾小孩"所占的比例是13.1%，这两方面的原因也较大程度地强化了父母将孩子带到城市学校上学的意愿。而"经济状况较好"（所占比例为6.8%）、"工作较稳定"（所占比例为8.7%）、"农村学校教学环境不好"（所占比例为3.3%）、"农村学校管理较差"（所占比例为1.8%）、"农村学校各方面都一般"（所占比例为3.6%）等其他原因的影响则相对较小。总体来说，监护人选择把孩子带到城市学校上学，是以家人能在一起为出发点的，而不是优先考虑经济、教育方面的因素。但农村学校教育薄弱也是农民工家庭把孩子带到城市学校就读的主要原因之一。

（二）对农村学校的看法

表 2-63　对农村学校的看法

		频率	百分比	有效百分比	累计百分比
有效	教育质量差	215	18.6	18.6	18.6
	教学环境不好	121	10.5	10.5	29.1
	管理较差	105	9.1	9.1	38.2
	各方面都较一般	440	38.1	38.1	76.3
	不知道	274	23.7	23.7	100.0
	合计	1155	100.0	100.0	

从表2-63可以看出，随迁子女监护人对农村老家学校的总体评价是"各方面都一般"，所占比例达到38.1%，超过了三分之一；而且，有18.6%的随迁子女监护人认为农村老家学校的"教育质量差"，有10.5%的随迁子女监护人认为农村老家学校的"教学环境不好"。从总体上看，随迁子女的监护人对于农村老家学校的评价不高，认为农村学校会对孩子的学习产生不利影响。这也表明，随迁子女的监护人认为农村学校教育缺乏足够的教学吸引力。表2-63的数据还可以反映出，农村老家学校教育质量的欠缺是监护人把孩子带到城市学校上学的主要原因之一。当前，农村学校整体教育环境确实较为薄弱，这是农村学校教育质量的短板，与城

市学校形成了明显的教育差距。作为理性人的农民工，是能够看出两者间的教育差距的，这也是影响农民工家庭选择把孩子带到城市学校上学的重要因素。

（三）对城市学校的看法

表 2－64　对城市学校的看法

		频率	百分比	有效百分比	累计百分比
有效	教育质量好	202	17.5	17.5	17.5
	教学环境好	164	14.2	14.2	31.7
	教师上课好	86	7.4	7.4	39.1
	孩子能接受更好的教育	703	60.9	60.9	100.0
	合计	1155	100.0	100.0	

从表 2－64 可以看出，随迁子女的监护人对于城市学校是比较认可的，主要是城市学校的"教育质量好"，所占的比例达到 17.5%，还有就是"教学环境好"，所占的比例达到 14.2%，以及认为"教师上课好"，所占的比例是 7.4%。总体来说，随迁子女的监护人认为，城市学校的教育质量要优于农村学校的教育质量，这是监护人在比较了农村学校教育与城市学校教育之后所得出的结论。从表 2－64 的数据还可以看出，有60.9% 的随迁子女的监护人认为，城市学校能够使自己的孩子接受更好的教育，这可能是农民工家庭把孩子带到城市学校上学的主要原因。其实，农民投资教育的道理较为简单，即希望通过教育改变家庭的经济状况和社会地位，这是他们对于教育的期望，也是农民工家庭投资教育的出发点。随迁子女的监护人认为孩子能在城市学校接受更好的教育时，他们也看到了实现教育期望的路径，这也是他们把孩子随迁到城市学校上学的动力，为此他们可以去克服各种困难，想方设法把孩子带到城市学校来就读。

四、就读情况

（一）孩子就读学校类型

表 2－65　孩子就读学校类型

		频率	百分比	有效百分比	累计百分比
有效	公办学校	775	67.1	67.1	67.1
	打工子弟学校	236	20.4	20.4	87.5
	民办学校	91	7.9	7.9	95.4
	学费较贵的私立学校	53	4.6	4.6	100.0
	合计	1155	100.0	100.0	

从表 2－65 可以看出，随迁子女来到城市后，多数孩子能够进入"公办学校"上学（所占的比例为 67.1%），其比例超过了三分之二。也有部分孩子进入了"打工子弟学校"就读，其比例是 20.4%。相对来说，在"民办学校"（所占比例为 7.9%）以及在"学费较贵的私立学校"（所占比例为 4.6%）上学的比例较低，两者加起来是十分之一左右。根据教育部发布的数据来看，目前我国义务教育阶段农民工随迁子女中的 80% 能够进入公办学校就读，这个数据与我们调研所得到的数据有一定的差距。从表 2－65 还可以反映出，部分农民工家庭选择让随迁子女就读于"学费较贵的私立学校"，这在一定程度上说明，部分农民工家庭已经具备了经济积累和教育选择的能力，这也表现出农民工家庭教育选择的多元化。作为农民工家庭来说，他们的首选是让孩子进入城市的公办学校上学，但可能会由于上学距离较远或上学不方便等原因，而选择离家较近的打工子弟学校或民办学校上学。从随迁子女监护人所反映的情况来看，他们的孩子所就读学校的类型相对来说还是比较分散的，虽然是以就读公办学校为主，但是同时也体现出随迁子女在城市学校上学的可选择性。

（二）对学校的满意度

表 2—66　对学校的满意度

		频率	百分比	有效百分比	累计百分比
有效	很高	296	25.6	25.6	25.6
	较高	418	36.2	36.2	61.8
	一般	393	34.1	34.1	96.0
	较低	21	1.8	1.8	97.7
	很低	27	2.3	2.3	100.0
	合计	1155	100.0	100.0	

从表 2—66 可以看出，根据监护人所反映的情况，监护人对随迁子女就读学校的满意度选择最多的是"较高"，所占的比例达到 36.2％，超过了三分之一；监护人对孩子所在学校的满意度"很高"的比例是 25.6％，两者的比例相加接近三分之二，这说明随迁子女监护人对其子女就读的城市学校是比较满意的。确实，与农村学校相比，无论是在教育管理、教育条件及硬件设施上，还是在教学水平和教育质量上，城市学校都要好于农村学校，监护人对此是有比较的，这是随迁子女的监护人对于城市学校满意度较高的主要原因。同时，在表 2—66 的数据中，我们也要注意到，有 34.1％的监护人对其随迁子女就读学校的评价是"一般"，这个比例已经超过了三分之一，这说明，目前还有一部分监护人对其随迁子女就读的学校存在着不满意之处。或者说是，城市学校的教育管理及教学质量并没有达到监护人当初的教育预期，他们对于城市学校表现出一种失落感。这个数据也表明，接纳随迁子女就读的城市学校可能还存在不少问题，特别是对于城市公办学校而言，还存在许多有待改进之处。监护人对其子女就读学校是否满意，关键是看学校的教育教学质量及孩子的学习成绩是否有所提高。因此，城市学校要提高随迁子女及其监护人的满意度，其落脚点是抓教育教学质量，提高教育教学水平，通过各种方法与途径来改善教学环境，帮助随迁子女提高学习成绩。

（三）孩子在城市上学的障碍

表 2－67　孩子在城市上学的障碍

		频率	百分比	有效百分比	累计百分比
有效	手续繁杂	407	35.2	35.2	35.2
	各种证件要齐全	319	27.6	27.6	62.8
	不能就近入学	125	10.8	10.8	73.6
	不能上好的学校	192	16.6	16.6	90.2
	费用难以承担	112	9.8	9.8	100.0
	合计	1155	100.0	100.0	

从表 2－67 可以看出，根据监护人的实际反映，监护人要让其随迁子女在城市学校上学会遇到较多的障碍。随迁子女在城市学校上学遇到的最大障碍是"手续繁杂"，所占的比例达到 35.2％，超过了三分之一；"各种证件要齐全"也是随迁子女监护人反映的最大障碍之一，所占比例达到27.6％；两者相加接近三分之二。"手续繁杂"和"各种证件要齐全"这两项要求会消磨掉农民工家庭把孩子带到城市学校上学的热情，这也是随迁子女监护人反映最强烈的问题。还有就是"不能就近入学"（所占比例为 10.8％）和"不能上好的学校"（所占比例为 16.6％），这些也是随迁子女监护人所反映的城市学校入学障碍，但相对来说，没有"手续繁杂"和"各种证件齐全"这两项强烈。同时也说明，农民工家庭已不只满足于孩子在城市学校有学上，还开始追求较好的教育资源及上学的便利条件，这表明农民工随迁子女在城市学校入学的问题基本得到解决。虽然也有9.8％的随迁子女监护人反映"费用难以承担"的问题，但相对来说，费用的问题已经不是随迁子女在城市学校入学的主要障碍。因为公办学校对于随迁子女来说，也实行了免费入学政策，享受同城待遇，而且目前大部分随迁子女都能够进入城市公办学校就读，只是打工者子弟学校、民办学校和私立学校还在收取学费。

（四）升学及考试愿望

关于"升学及考试愿望"的调研，问卷中的问题为"孩子在城市学校继续读书及考试情况"。

表 2－68　升学及考试愿望

		频率	百分比	有效百分比	累计百分比
有效	能在城市学校读高中并在城市参加高考	328	28.4	28.4	28.4
	能在城市学校读高中并回到家乡参加高考	79	6.8	6.8	35.2
	能一直在城市学校读初高中并在城市参加高考	748	64.8	64.8	100.0
	合计	1155	100.0	100.0	

从表 2－68 可以看出，多数的监护人希望其随迁子女在小学毕业之后，还能够一直在城市学校就读初中及高中，并在城市参加高考，所占比例达到 64.8％，接近三分之二，这说明随迁子女的监护人在这方面的要求较为强烈；同时，还有较大部分的监护人希望其随迁子女能够在城市学校就读高中，并能够参加异地高考，所占比例达到 28.4％，有这个教育诉求的主要是在外省（户籍所在地并非在务工城市的省份）务工的农民工家庭，这涉及我国户籍制度和高考制度现状，这两个制度从某种程度上来说，已经对农民工随迁子女在外省就读普通高中和异地中高考形成了制约和障碍。由于不同省份的情况是不一样的，如何对其进行改革，还需要做进一步的探讨。还有部分监护人希望其随迁子女能在城市学校读完高中后回老家参加高考，所占的比例是 6.8％。这种情况也是比较复杂的，因为当前我国的高考制度是属地录取原则，不同省份的录取分数线是不一样的，同一个分数线，在这个省份可以录取一本或者重点高校，但在另外的省份可能只能录取二本高校，这里面还涉及高考移民的问题。因此，各个省份在颁布与实施异地中高考政策时，都比较慎重。从随迁子女的监护人反映的情况来看，如何处理好随迁子女在城市学校就读小学、初中和高中教育阶段的衔接问题，以及如何处理好随迁子女在城市学校的异地中高考

问题，需要我们认真思考与探索。

（五）继续留在城市学校学习的意愿

表 2—69　继续留在城市学校学习的意愿

		频率	百分比	有效百分比	累计百分比
有效	很不同意	36	3.1	3.1	3.1
	不太同意	23	2.0	2.0	5.1
	略不同意	37	3.2	3.2	8.3
	略微同意	55	4.8	4.8	13.1
	比较同意	290	25.1	25.1	38.2
	非常同意	714	61.8	61.8	100.0
	合计	1155	100.0	100.0	

从表 2—69 可以看出，根据经验并结合自身的实际情况，大多数监护人还是非常愿意让其随迁子女继续留在城市上学的，"略微同意"（所占的比例为 4.8%）、"比较同意"（所占的比例为 25.1%）、"非常同意"（所占的比例为 61.8%），三者相加的比例和为 91.7%，特别是有 61.8% 的监护人"非常同意"其随迁子女继续留在城市学校学习，这其实表达出农民工家庭对其子女能够继续在城市学校完成整个教育阶段的强烈愿望，而不仅仅是完成某个阶段的教育，同时也说明农民工随迁子女要在城市学校里接受完整的教育，存在着诸多体制上与机制上的障碍，这些障碍对随迁子女在城市学校的升学形成了制约。而监护人选择"很不同意"（所占的比例为 3.1%）、"不太同意"（所占的比例为 2%）、"略不同意"（所占的比例为 3.2%）的比例之和比较小，全部加起来还不到整个比例的十分之一，但我们也不能对此忽略不计，这说明我们的城市教育行政部门和城市学校还有许多有待改进之处，特别是对于随迁子女在城市学校接受完整教育的体制机制方面还有待于进一步理顺，正是这种体制机制上的限制，才使得监护人表达出对其随迁子女在城市学校进一步接受教育的失望，这种失望也反映出监护人的无奈。

五、关心情况

(一) 最关心的方面

表 2—70 最关心的方面

		频率	百分比	有效百分比	累计百分比
有效	学习成绩	572	49.5	49.5	49.5
	升学状况	117	10.1	10.1	59.6
	生活方面	145	12.6	12.6	72.2
	品格方面	321	27.8	27.8	100.0
	合计	1155	100.0	100.0	

从表 2—70 可以看出，监护人最关心的还是其随迁子女的"学习成绩"，所占的比例达到 49.5%，这与农民工家庭对于其随迁子女的教育期望有很大的关系，他们把对孩子的教育投入作为改变家庭状况的一个重要途径。其次是关心其随迁子女的"品格方面"，所占的比例是 27.8%；而对于其随迁子女的"升学状况"的关心较弱，所占比例是 10.1%。对小学阶段的随迁子女监护人来说，由于其子女还有几年才面临升学考试的问题，因此在这方面的关注要少些。监护人对其随迁子女在"生活方面"的关心也较弱，所占的比例是 12.6%。由于文化水平的限制，监护人对其随迁子女学习辅导心有余而力不足，这是在监护人中普遍存在的实际困难，实质性的帮助还需要来自学校和老师。

(二) 辅导学习的时间

表 2—71 辅导学习的时间

		频率	百分比	有效百分比	累计百分比
有效	经常	204	17.7	17.7	17.7
	有时间	298	25.8	25.8	43.5
	偶尔	467	40.4	40.4	83.9
	从不	186	16.1	16.1	100.0
	合计	1155	100.0	100.0	

从表 2—71 可以看出，监护人对其随迁子女辅导学习的时间是非常有限的，40.4％的监护人是"偶尔"会辅导其随迁子女的学习，还有16.1％的监护人是"从不"辅导孩子的学习，这两个比例加起来超过了一半，这说明当前监护人对辅导其随迁子女学习不够重视，更谈不上学习辅导的质量优劣。监护人对其随迁子女的辅导缺乏时间上的保证，一方面与农民工本身工作忙有关，另一方面也与农民工不重视孩子的学习辅导有关。当然，也有25.8％的监护人"有时间"就会辅导孩子的学习，还有17.7％的监护人会"经常"辅导孩子的学习，这两个比例加起来占三分之一左右，这说明部分农民工家庭还是很重视其随迁子女的学习辅导的，同时认识到家长辅导孩子学习对其学习进步的重要性。

（三）发展方向

关于"发展方向"的调研，问卷中的问题为"孩子今后的发展方向"。

表 2—72　发展方向

		频率	百分比	有效百分比	累计百分比
有效	不再去务工	30	2.6	2.6	2.6
	在城市里有稳定工作	283	24.5	24.5	27.1
	能考上大学	810	70.1	70.1	97.2
	毕业后去务工	32	2.8	2.8	100.0
	合计	1155	100.0	100.0	

从表 2—72 可以看出，对于孩子今后的发展，随迁子女监护人最大的期望就是他们能够考上大学，所占的比例达到70.1％，已经超过了三分之二，这说明监护人对其随迁子女寄予了极大的教育期望，即随迁子女通过考上大学来实现其教育期望；如果没能考上大学，那么监护人希望其随迁子女能够在城市有一份稳定的工作，所占的比例是24.5％。这两个数据说明，监护人希望其随迁子女或者通过考上大学而留在城市工作，或者通过找到一份稳定工作而留在城市。总之，对于其随迁子女今后的发展方向，监护人是希望他们留在城市里工作与生活，而不是像他们自己一样毕

业后去务工（所占的比例为 2.8％）。

六、对教育部门的期望

（一）对城市教育部门的满意度

表 2—73 对城市教育部门的满意度

		频率	百分比	有效百分比	累计百分比
有效	很高	249	21.6	21.6	21.6
	较高	371	32.1	32.1	53.7
	一般	484	41.9	41.9	95.6
	较低	21	1.8	1.8	97.4
	很低	30	2.6	2.6	100.0
	合计	1155	100.0	100.0	

从表 2—73 可以看出，随迁子女监护人反馈的情况，监护人对城市教育部门的工作相对比较认可，从整体上来说，监护人的满意度比较高，选择"很高"（所占的比例为 21.6％）、"较高"（所占的比例为 32.1％）的比例之和达到了 53.7％，超过了一半。不过，我们需要注意的是，有 41.9％的监护人对于城市教育部门的满意度是"一般"，再加上 1.8％的"较低"满意度和 2.6％的"很低"满意度，从中可以看出，随迁子女监护人对城市教育管理部门的满意度不高，这主要体现在监护人不满意其随迁子女入学等方面。为此，教育管理部门还要继续改进相关工作，不断为随迁子女提供优质的教育环境、优良的教育服务。

（二）希望教育行政部门做的事情

表 2—74 希望教育行政部门做的事情

		频率	百分比	有效百分比	累计百分比
有效	简化手续让孩子更容易上学	325	28.1	28.1	28.1
	让孩子能上公办学校	276	23.9	23.9	52.0

续表

	频率	百分比	有效百分比	累计百分比
让孩子能上更好的学校	291	25.2	25.2	77.2
能有更多的机会升入高一级的学校	263	22.8	22.8	100.0
合计	1155	100.0	100.0	

从表 2—74 可以看出，为了能让孩子更好地在城市学校接受教育，28.1%的监护人认为教育行政部门还需要进一步"简化手续让孩子更容易上学"，这是监护人反映最强烈的情况，反映这个情况的比例接近三分之一；25.2%的监护人希望教育行政部门采取措施"让孩子能上更好的学校"，这说明监护人不仅追求其子女能在城市学校上学，即"有学上"，还追求其子女能够接受更好的教育，能"上好学"；23.9%的监护人希望教育行政部门采取措施"让孩子能上公办学校"，这说明还有部分农民工家庭还有让其子女进入公办学校就读的入学需求，或者是想把在民办学校或打工子弟学校就读的孩子转学到公办学校就读；22.8%的监护人希望其子女"能有更多的机会升入高一级的学校"，表明了监护人对其子女能在城市学校继续学习的期望，同时也说明农民工随迁子女在城市学校升学考试方面还存在着需要解决的障碍，成为农民工随迁子女在城市学校继续学习的制约因素，使得农民工随迁子女不能在城市学校接受完整的教育。

（三）对学校的期望

表 2—75　对学校的期望

		频率	百分比	有效百分比	累计百分比
有效	让孩子能适应学习	315	27.3	27.3	27.3
	提高孩子的成绩	621	53.8	53.8	81.1
	改善教学环境	132	11.4	11.4	92.5
	融洽的同学关系	87	7.5	7.5	100.0
	合计	1155	100.0	100.0	

从表 2-75 可以看出，随迁子女监护人对学校最主要的期望是，学校能"提高孩子的成绩"，这个比例达到 53.8%。这一方面说明，监护人认为其随迁子女在学校的成绩不是很理想，有必要进一步提高；另一方面也说明监护人自身在辅导孩子学习方面的能力不足，希望学校老师能够帮助其子女提高学习成绩。有 27.3% 的监护人认为，目前学校要做的事情主要是"让孩子能适应学习"，这说明随迁子女极有可能不适应城市学校的学习方式，跟不上教师的教学进度，从而导致学习成绩不理想；还有 11.4% 的监护人认为，当前学校要做的事情主要是"改善教学环境"，为其随迁子女营造一个较好的教学环境；融洽的同学关系也不能忽视，有 7.5% 的监护人反映这方面的问题。总体来说，监护人对学校的期望主要涉及其随迁子女的学习方面，希望学校及教师能够采取各种措施来提高孩子的学习成绩。

七、本节小结

通过对随迁子女监护人相关数据的统计与呈现，对于农民工家庭的教育选择可以做如下几方面的总结。

第一，和随迁子女一起生活在城市中的父母比例基本持平，父亲的比例略高一些，而且，农民工家庭一旦作出孩子随迁的教育选择，一般来说是全家整体搬迁到城市务工、生活及学习的。"能和孩子在一起"是监护人把孩子带在身边的最大原因。他们之所以这样做，是看重家庭的完整性，是希望一家人能够在一起。目前随迁子女的年龄普遍较小，主要以小学生为主，他们在生活、心理等方面都需要照顾。但由于大部分监护人自身的文化水平不高，以及个人月收入和家庭月收入也不理想，监护人需要在城市中忙于生计，使得他们关心孩子的时间较少，再加上对孩子的学习指导能力也较弱，因此，可以说随迁子女的家庭教育是比较薄弱的。与此同时，有部分农民工家庭拥有一个以上的随迁孩子，父母面临着更加严峻的生计压力，更没有时间和精力去关心孩子，为此，随迁孩子在城市中的学习及生活环境并不理想。

第二，城市学校为随迁的孩子提供了较好的学习环境，这一点得到了随迁子女较为广泛的认可。随父母来到城市后，多数孩子能够进入公办学校上学，这与我国政府深入推进"两为主"的教育政策有着极大的关系。还有部分孩子进入打工子弟学校、民办学校以及学费较贵的私立学校等。对比农村学校，城市学校的教育质量、教学环境以及师资水平更高，使得孩子能够得到更好的教育，监护人也对城市学校的认可度较高。大多数监护人非常愿意让随迁子女继续留在城市学校上学，监护人希望随迁子女不仅能在城市学校接受义务教育，还能相应地接受普通高中教育，能够有从小学、初中到高中的教育机会。但城市学校也存在着许多随迁子女监护人不满意之处。在未来的一段时间内，学校依然需要在学习成绩提高、教学环境改善、同学关系和谐等方面加大工作力度，这些因素都会不同程度地对孩子的学习成绩产生负面影响。另外，随迁子女的监护人对城市教育部门的满意度较高，不过，在办理入学手续过于复杂等问题上依然存在着很大的改善空间，需要不断地加以改进。

第三，从随迁子女监护人反馈的情况来看，农民工家庭之所以会把孩子带到城市学校上学，主要原因之一是受教育因素，即希望孩子能在城市学校里接受较好的教育，他们对农村老家学校的评价普遍不高，但对城市学校的认可度较高，这主要是由于农村学校教育质量与城市学校教育质量的差距造成的，要改变这种教育差距是一个长期的过程。农村学校教育的薄弱反衬了城市学校教育的优势，但事实是，大部分农民工随迁子女进入的是城市的薄弱学校和城郊学校，较少进入优质的城市公办学校。城市的薄弱学校与城市的优质学校之间又存在着较大的教育差距，这对于农民工随迁子女的受教育状况来说，是不公平的。经济因素是农民工家庭进行教育选择时必须考虑的因素，我们一定不能忽视其在农民工家庭教育选择中的作用。事实上，经济因素对农民工家庭的教育选择会产生一种无形的力量，这种无形的力量会对农民工家庭的教育选择产生根本性的影响。对于教育因素与经济因素在农民工家庭教育选择中究竟会产生什么样的作用，会产生多大的作用，两者之间存在着何种相互影响的关系等，我们在后面的影响因素分析的章节中还要继续深入探讨，这里就不做过多的讨论。

第四，从随迁子女监护人反馈的情况来看，他们往往处于一种两难的困境之中。一方面，随迁子女的监护人对于城市学校和城市教育行政部门的工作表现出较高的认可度，呈现出较高比例的满意度。这是因为，近年来，我国政府在接纳随迁子女进入公办学校就读方面确实做了许多较有成效的工作；同时，接收农民工随迁子女就读的学校也在教育管理、教学状况、同学关系及校园文化建设等方面做了大量的改进工作，尽力为农民工随迁子女营造一个较好的教育环境。但另一方面，随迁子女的监护人对于城市教育行政部门和城市学校又表现出一种无奈的心理。对弱势的农民工及其子女群体来说，他们教育愿望的实现和教育基本权的保障有赖于政府的作为，而教育行政部门往往存在着诸多教育体制机制不顺畅的地方，这成为农民工及其子女实现教育愿望和保障教育基本权的制约因素。随迁子女的监护人认为，城市学校的某些方面还存在着许多不如意的地方，有些"不如意"的地方却又迟迟得不到改变，由此引发了随迁子女监护人的失望态度与无奈心理。

第六节 农民工家庭教育选择的总体状况

通过对农村留守儿童受教育情况的相关数据、农村留守儿童监护人教育选择的相关数据、农民工随迁子女受教育情况的相关数据、随迁子女监护人教育选择的相关数据进行统计与分析，农民工家庭教育选择的总体状况主要表现在以下几个方面。

一、留守家庭的教育选择及其留守儿童受教育状况

农村留守儿童主要是由爷爷奶奶、外公外婆以及其他亲戚照顾，与父母共同生活的时间非常有限，而来自父母的关怀、照顾、指导也都比较少。孩子的留守问题与经济因素之间有着密切的联系，父母为了提高家庭经济条件而选择外出务工。由于经济能力有限，城市的生活成本以及教育

成本很难负担，孩子只能在老家的学校上学。平时父母忙于务工，很少有时间能面对面地与孩子进行交流，情感上也会逐渐疏远，而爷爷奶奶、外公外婆以及其他亲戚虽然在生活上能给予孩子一定的照顾，但无法在感情上代替父母的角色。同时，由于这些监护人的文化水平有限，无法给予孩子在学习方面的指导。同时，农村留守儿童的家庭生活学习环境并不是很好，学习方面更多的要依靠学校。然而，农村学校本身的条件有限，教育环境一般，不能为孩子提供高质量的教学保障，这些因素的综合影响导致农村留守儿童整体的学习成绩不理想。另外，虽然农村留守儿童对农村学校的认可度比较高，但其中的部分原因在于很多农村留守儿童并没有较长时间接触过城市学校的教育，因而无法进行身临其境的对比，这种认可更多的是一种情感上的认同，是对学校本身的认可，而不是对于学校教育质量的认可，这两种认可之间有着本质的区别。农民工家庭之所以作出把孩子留守在农村老家学校上学的教育选择，是因为受到了多种因素的影响，这种教育选择是现实考量和各种影响因素相互综合的结果。但农村学校确实存在薄弱之处，农村学校的发展除了要在同学关系、学习环境、教师上课、教学质量等方面进行努力改善之外，更需要通过多种途径来不断提高教育质量。

二、随迁家庭的教育选择及其随迁子女受教育状况

从随迁子女监护人的教育选择方面来看，其教育选择表现出不同的特征。在随迁子女方面，随迁孩子的年龄都比较小，相比留守儿童，这些孩子能够和父母生活在一起，在感情上更为亲近，也在一定程度上避免了孩子心理问题的产生。不过，父母由于务工任务较重，再加上部分家庭拥有多个随迁子女，父母和孩子们沟通交流的时间非常有限。为了确保家庭的经济收入，父母往往会寻找更多的务工机会以获得更多的报酬，这就牺牲了与孩子相处的时间。对于随迁子女学习方面，监护人没有充裕的时间进行指导，而且由于自身文化水平有限，指导能力较弱，无法有效促进随迁子女学习进步。城市学校的教学环境好、教学质量高，确实能为随迁子女

提供较好的学习保障。不过，随迁子女面临着学习跟不上、不适应学校环境、学习成绩差、同学关系不好以及上学距离较远、同学歧视等问题，都需要教育管理部门、学校及老师充分重视，积极采取措施来应对解决。随迁子女的监护人非常认可城市学校，也希望孩子能在城市学校继续学习，期待学校能够在提高学习成绩、改善教学环境和同学关系等方面加大工作力度；另外，随迁子女的监护人特别希望，城市教育部门能够在简化入学手续等方面进行改善。

三、农民工家庭的教育选择及其子女面临的问题

对于农民工家庭教育选择所带来的实际情况，需要作出具体的分析。无论是农村留守儿童还是农民工随迁子女，由于家庭不同的教育选择，使他们处于留守或随迁的状态，他们均面对不同的问题。比如说，在学习问题上，农村留守儿童面对的最大问题是农村学校教育质量薄弱问题，这是影响农村留守儿童学习状况的教育环境问题，需要从政府层面去改变；而农民工随迁子女面对的最大问题是学习进度的问题，特别是对于中途从农村学校转学到城市学校的随迁子女来说，需要学校教育与家庭教育形成一股教育合力，才能有效改变随迁子女的学习状况。为了解决现在面临的问题及未来可能出现的问题，不仅需要农村留守儿童与农民工随迁子女自身继续努力，更需要监护人等家庭成员、老师、学校以及教育管理部门来共同推动。也就是说，为改善农村留守儿童与农民工随迁子女的教育状况，需要各方共同努力以形成教育合力，但这在当前的教育实践中是欠缺的。这不仅是一个思想认识的问题，还是一个教育实践的问题。我们需要在不断地认识与实践中进行探索。

四、农民工家庭的教育选择及其子女的分布状态

由于农民工家庭的不同教育选择，农民工子女呈现出不同的分布状态。近5年来，农村留守儿童的数量呈现下降的趋势。一方面，由于农村学校教育本身的衰落，外出务工农民把孩子随迁到城市学校就读，从而使

农村留守儿童的数量减少；另一方面，由于部分农民返乡创业，使原来的农村留守儿童变为农村非留守儿童，从而使农村留守儿童的数量减少。近5年来，农民工随迁子女的规模呈现逐年增长的趋势。而且，农民工随迁子女还在分布区域、流动方向及年龄结构上呈现出新特征，这也与农民工家庭的教育选择有关。当前的农民工随迁子女主要分布在户籍所在地省份的省会城市及地州市县，形成了以省内流动为主的区域分布状态。当前的农民工随迁子女具有向中小城市流动的趋势，这与国家的政策引导有着密切的关系，既减轻了大城市的教育压力，又向中小城市进行教育分流，从而优化整体的教育资源配置。当前的农民工随迁子女还具有年龄较小的结构特征。一般来说，从小学一年级开始成为随迁子女，能适应城市学校的教学节奏和教育环境，从而跟上城市学校的教学进度，保持随迁子女在城市学校的学习连续性。农民工随迁子女一般来说就读于城市的公办学校，而且对于就读的学校具有一定的稳定性，这样也使农民工随迁子女能够更好地适应城市学校的教学、教育及生活等各方面的活动。

第三章 农民工家庭教育选择的个案分析

　　问卷调查的方式只能从整体上呈现出农民工家庭教育选择现象及问题的一般情况，是对农民工家庭教育选择的大致描述。为了更深入地了解农民工家庭教育选择的现象、问题及背后的原因，在研究中还采用了个案研究的方法，从背景与影响因素等方面来深入描述农民工家庭的教育选择过程。本章从调研的众多个案中选取了 4 个有代表性的个案，来呈现农民工家庭的教育选择过程，从侧面来佐证第二章所呈现的相关数据，使相关数据与事实资料有机地结合起来，帮助我们对农民工家庭教育选择的现象及原因作出更为深刻的分析。本章所选取的个案具有典型性特征，第一个个案是孩子中途从农村学校转到城市学校就读的农民工家庭，表现出这种类型的农民工家庭的教育选择；第二个个案是孩子从小学一年级就在城市学校上学的农民工家庭，表现出这种类型的农民工家庭的教育选择；第三个个案是孩子在私立学校就读的农民工家庭，表现出经济状况较好的农民工家庭的教育选择；第四个个案是孩子留守在农村老家的农民工家庭，表现出这类农民工家庭的教育选择。

第一节 农民工家庭教育选择个案一

　　本节所呈现的是一个在 A 市务工十多年的农民工家庭，夫妻俩都是在工地上从事建筑行业。

　　这个农民工家庭的男主人姓杨，我们称他为杨师傅。杨师傅一家租住在一个 20 平方米的前后间的房子里，每月的房租是 280 元，前面的房子用来做饭，兼做厨房与饭厅，后面的房子与前面的房子之间有一个门是相通的，作为卧室，里面摆了两张床，他们一家四口就住在这个房间里，显得很拥挤。夫妻俩长年在工地上务工，两个儿子目前都在上中学，小儿子在上初中一年级，大儿子在上初中二年级。

寒暄之后，我们坐在烧煤的火炉边开始聊起他们务工及孩子们上学的情况。杨师傅小学还没毕业，稍微长大一点后，开始出来务工，在A市务工已经十四年了，一直在市内的建筑工地上务工，一开始的工资比较低，每个月只有两三千元，现在每个月的收入大概是四五千元，他妻子说自己从来没有上过学，十多岁就开始在A市务工，主要也是在建筑工地上务工，现在每个月大概有三四千元的收入，因为有时候要照顾家庭及做其他的家务活，所以并不是每天都出去务工，有时候出去，工地上活少的时候在家里忙一些家务活。

调研中得知，其实两个孩子在小学一至三年级是在农村老家的学校上学的，主要由他们的奶奶照顾。从小学四年级开始转到A市的学校就读。问到为什么之前不把孩子带到身边，在城市的学校里上学呢？他们说，主要的原因是之前经济上还不算宽裕，还无法把孩子接出来上学。到了三年级之后，由于孩子大了，奶奶在家也管不住他们了，再者经济上也能够承受得起，就把孩子带出来了，把小孩子带在身边好管一些。一开始把孩子接到城市里后，本来是想把孩子转到附近的公办学校里读书，但是公办学校要户口簿、暂住证和务工证明这三种证件才肯让孩子入学。在三证还没有准备好的时候，把孩子转到了附近的民办学校就读，民办学校离家较近，但每个孩子每学期的学费要八九百元。

当问起孩子以前在民办学校就读的情况时，他们认为自己在民办学校里读书比较快乐，要比在农村老家的学校好些，主要是因为城市学校里的老师多，学习成绩要好一些。主要问题是同学关系没有在农村老家的学校好。这两个孩子还反映，农村学校一个班有60多个同学，但老师少，一个班只有一个老师，对于这么多学生根本管不过来，所以农村学校的老师就干脆不管了，在学习与纪律方面比较自由，特别是在学习方面。家长及孩子的总体感觉是城市里的教育要比农村好，杨师傅还有些激动地说，为什么现在农村学校不要交学费，还提供免费的午餐和住宿，还是有很多的农村学生随父母到城市学校来上学呢？根本原因是农村学校的教学质量较差，家长不满意。农村小学三年级不像城市小学三年级一样开设英语课，要到初中才开始上英语课，英语课开设晚了，农村学生与城市学生的英语成绩的差距就越来越大了。

两个孩子在民办学校小学毕业后，按照相关的政策及规定，本来是可以到附近的公办中学就读的，但家长觉得附近划片区的中学教学质量不好，于是又想方设法把孩子转到了教学质量较好的一所中学就读。虽然这所中学离现在住的地方较远，但孩子及家长对于在公办学校就读的总体感觉是较好的，孩子的学习成绩有进步。据杨师傅及两个孩子反映，现在他们就读的这所公办学校的老师是比较负责的，对于学生的学习抓得严，学校与家长之间的沟通也多，一个学期家长要去学校开五六次家长会。据孩子们反映，与城市的民办学校相比，城市的公办学校的教学设施更多，可以做些实验，孩子们能够在学习中获得快乐。从这两个孩子身上可以看到，他们的精神状态比较好，虽然有些拘束，但是比较开朗，与我们之间的交流也比较流畅。总体来说，整个家庭对于在公办学校里读书是比较满意的。他们最大的希望是初中毕业后还能继续在城市的公办学校里上普通高中，这也是家长最为关心的事情。

虽然身处陋室，全家挤在一间房子里，房间里只有一张书桌，孩子在家里看书有诸多不便，家里的课外书籍也比较少，只有几本书零散地放在桌子上。但全家对于未来是充满希望的，家长及孩子们对于教育前途也是乐观的，在我们的交谈中有很多的笑声，不仅有家长的笑声，还有孩子们的笑声。这个家庭里的两个孩子的学习成绩也是不错的，因为他们从农村学校到城市民办学校就读，再从城市民办学校到城市公办学校就读的经历，使他们特别珍惜目前的学习机会，在学习上很努力。家长目前最关心的是孩子们能够在城市的公办学校里上普通高中，以后能够考上大学。说到考上大学，杨师傅的脸上充满了笑意，显得很兴奋。为了满足孩子们学习英语的需求，家里每个月出 500 元钱，让孩子们去参加校外的英语辅导班，以期提高孩子们的英语学习成绩。据杨师傅说，只要孩子们在英语学习方面有进步，他很愿意出这笔钱，虽然一年算下来也是一笔不小的费用。

从这个农民工家庭的教育选择中可以看出，虽然家长的受教育程度并不高，但他们在长期的务工中了解了孩子接受良好教育的重要性，追求更好的教育资源，使孩子能够接受更好的教育，这是这个农民工家庭作出教育选择的最初动机。在这个农民工家庭的教育选择中，我们还可以看出，经济条件是最重要的影响因素，工作相对稳定了，有了一定的经济基础，在他们的经济状况可承受的范围内，他们还是会尽最大的努力来投资教育，甚至花额外的钱来让孩子参加校外辅导班，以及让孩子到教学质量更好的公办学校就读。追求更优质的教育资源是包括农民工家庭在内的所有家庭的希望，重视教育给家庭所能带来的美好未来，同时也希望国家和政府能给每个普通的家庭提供更多更好的优质教育资源。

第二节 农民工家庭教育选择个案二

本节所呈现的农民工家庭是长期在 B 市务工的家庭，这个家庭共有五口人，两个女儿和一个儿子，大女儿在上小学二年级，儿子在上小学一年级，小女儿只有 4 岁，还没有上幼儿园。这家的男主人自称龙师傅，在 B 市务工已有十二年了。龙师傅是中职毕业，具有一定的技能，现在主要是在服务部门从事维修的工作，每个月有六千元左右的工资，以前龙师傅是在一家企业里务工，刚去的时候，那里的工资比较低，只有两千多元钱一个月。

龙师傅一家租住在 B 市郊区的一个民房里，周围都是租给外来务工农民的民房，一幢房子连着一幢房子，显得很拥挤，街道很窄，卫生条件不是很好。每个月的房租是 260 元。龙师傅的爱人以前在超市工作，工资是每个月两千多元，小学还没有毕业就出来务工，现在在家里照顾小孩，每天接送两个小孩上学，从家里到学校花费的时间为 30 分钟左右，还要给孩子做饭，一日三餐。因此龙师傅为了养家糊口，生活压力较大，经常要加班加点干活。我们去他们家里的时候，两个上小学一二年级的孩子正在家里唯一的桌子上做作业，还没有上幼儿园的小女孩在旁边玩。

龙师傅家的孩子都是在 B 市出生的，所以也就在自己租住的民房的片区公办学校里上学，只要有户口簿、暂住证和务工证明这三种证件，孩子就可以在相应片区的公办学校里入学就读。据龙师傅介绍，孩子一开始就在城市学校里的公办学校上学，比较适应学校的学习，与城市的其他孩子没有什么区别，两个孩子在学校的学习成绩都还可以，他们很喜欢去学校上学。其中上小学二年级的小女生最喜欢数学，上小学一年级的小男生最喜欢科学。在这两个孩子就读的小学里，班上大概有三分之一的孩子是外来务工人员的子女，由于他们的两个小孩一开始就在城市的公办学校里上学，在学习和生活习惯等方面与城市的学生基本相同。据龙师傅介绍，孩子班上有些从农村老家转学过来的孩子，他们不太适应城市学校的学习方式，家长经常被老师叫到学校去谈话。

当问及家庭负担较重，为什么不把孩子放在农村老家的学校上学，或者把部分孩子放在农村老家的学校里上学？他们回答在城市学校上学，一家人可以在一起，对于孩子的学习及生活可以相应地照顾，现在可能辛苦一些，但对孩子们以后的发展是有好处的，因为孩子们以后毕竟还是要在城市里生活的，现在出来适应城市生活要更好些。他们认为，还有一个重要原因是农村老家的学校教育质量较差，他们觉得自己在读小学的时候就没有学到多少知识。现在农村老家的学校也没有多大的改变，只是学校的硬件设施比以前好了。龙师傅的爱人还反映，她有时候会回农村老家去看看，也会与农村老家的人聊天，现在农村老家的学校里有些课都没有开，不像城市里的学校所有的课程都开齐了。她认为，在农村小学三年级所学的东西可能还没有城市小学一年级所学的东西多。龙师傅夫妻俩对孩子在城市学校里的学习状况是比较满意的，而且认为城市学校里的老师比较负责任，对学生的学习抓得很紧，孩子每天的作业都要家长签字。老师督促家长去关心孩子们的学习情况，这对于孩子的学习有很大帮助，这也加强了家校合作，家长有什么情况，可以随时向学校反映。

在与他们的交谈中，我们发现他们对孩子在城市学校的入学政策并不了解，也不会去主动了解，只有孩子到了该上学的时候，才会去找已经上学的农民工家庭打听相关的情况，然后再按照要求去办理相关手续，按照他们的意思就是走一步算一步。这种情况在我们课题组所访谈的农民工家庭中较为普遍，他们对城市学校的入学政策不了解，在孩子的教育选择方面主要是跟着孩子已经上学的农民工家庭。龙师傅一家最为担心的事情，就是以后孩子是否能继续在城市上普通高中，因为目前有附近的农民工家庭的孩子已经回到户籍所在地的县城高中上学。他们也说，现在只是想想而已，离孩子以后上普通高中还有好多年，以后的政策可能还会有变化。

从孩子从容的谈吐及乐观的心态中，我们可以看出，孩子对在城市公办学校的学习状况是满意的，在学校的学习也是比较快乐的。从与家长的交谈中也可以看出，只要经济条件允许，他们就会把孩子带到城市学校上学，特别是从小学一年级就在城市公办学校里上，从一开始就适应城市学校里的学习方式。家长对于孩子能在城市学校里接受好的教育充满着期待，认为教育能够改变孩子及家庭的命运，因此，他们愿意为此付出，现在愿意吃苦。而且，他们每个星期还要自己花费额外的费用送孩子学钢琴，因为孩子喜欢学钢琴，他们愿意在孩子感兴趣的方面进行教育投入。从龙师傅家教育选择的影响因素来看，经济因素虽然是一个主要的影响因素，但在家庭经济状况可以承受的范围内，宁可减少物质生活方面的消费，也要在教育方面进行相应的投入，甚至进行一些额外的教育投入，这在农民工家庭的教育选择中具有一定的代表性。

作为普通的农民工家庭，他们已经把自己当作城市社会中的一员，他们希望自己的子女也是城市社会中平等的一员，因此，他们选择从一开始就让孩子在城市公办学校里接受教育，期望孩子尽早融入城市学校的教育中，适应城市的学习与生活，他们更希望通过教育的途径使孩子们以后能够留在城市里工作与生活，他们对此充满期待，这也是千千万万的普通农民工家庭对于教育选择的期望。虽然租住在简陋的民房里，但他们还是有对孩子及教育的期待，并愿意为此付出努力，正是因为这份教育期待，我们也看到民族与国家的希望，我们的教育事业要尽量去满足这份教育期待，办出千千万万农民工家庭满意的教育。

第三节 农民工家庭教育选择个案三

本节所呈现的是长期在 C 市务工的一个农民工家庭，一家四口人。这个家庭在 C 市务工已经有十四年了，这个农民工家庭的男主人姓雷，我们称他为雷老板。目前雷老板已经成为建筑工地的项目经理，是工程建设的包工头了，他的爱人在做微商，家庭的经济收入较高。雷老板的每月收入有一万多元，整个家庭的收入在两万元左右。那么，经济收入相对较高的农民工家庭的教育选择又是怎样的情况呢？这也是我们选择这个个案的主要原因，因为绝大部分的农民工家庭的经济收入相对来说较低，也有少部分农民工家庭的经济状况较好，雷老板就是其中之一。

雷老板介绍，他从农村老家的初中学校毕业后，来到 C 市务工，一开始是在工地上务工，脏活累活都做过。结婚之后，他们夫妻俩有一段时间也是在工地上务工，每天都比较辛苦。近年来，他开始承包一些工程项目，主要是承包工程项目中的某些子项目，承包以后就去请一些务工人员来一起干，家庭的经济状况才开始慢慢改善，目前已经在 C 市买房子了。

雷老板的两个孩子都是男孩，年龄较大的男孩在上初中一年级，年龄较小的男孩在上小学五年级。雷老板介绍说，两个孩子都是在 C 市出生的，但出生后就带回农村老家了。因为工作忙，只有让农村的父母照顾他们，直到上小学的时候，才把他们从农村老家接到城市。两个孩子都是在 C 市的公办学校里上学的，年龄较大的孩子一开始在离家较近的公办学校上学，由于觉得这所公办学校的教学质量不好，后来把孩子转到了附近教学质量最好的一所公办学校就读，但学校离家较远。孩子小学毕业后，也希望能够就读附近最好的初中学校，但是不符合入学条件，于是把孩子转到了 C 市教学质量较好的私立学校就读。私立学校的教学设施及就读环境都比较好，但是学校的收费较贵，一年下来，包括学费及其他费用要四万元左右。

据孩子自己反映，在私立学校里比较开心，学习成绩也较好。因此家长觉得钱花得很值，而且自己也有能力担负起这笔费用，只要孩子能够读所好的学校，以后有出息就行了。目前小儿子不在附近的公办学校上学，也像大儿子一样，从小学一年级开始就在片区最好的公办小学里读书。孩子自己反映，很喜欢现在就读的学校，最喜欢的科目是信息及计算机。据雷老板介绍，这个孩子以后可能也要去私立学校上学，只要孩子愿意学，自己是舍得出钱的，自己也有能力承担这些学费。不希望孩子像自己一样没有读到什么书，通过卖苦力，在工地上务工。希望孩子能够接受更好的教育，能够考上大学，以后能够在城市里生活，并且在城市里找到更好的工作。

其实，大部分农民工家庭收入较低，有少部分农民工家庭收入相对较高，比较宽裕的农民工家庭在教育选择方面有较大的空间，期望其子女能够接受更好的教育，能够享受更优质的教育资源。他们尽可能让孩子进入更好的公办学校，如果不能满足入学条件，他们会让孩子就读收费较高的私立学校。从中我们也可以看出，城市的教育资源应该呈现多元化，让不同的家庭具有自主选择学校的权利。使民办学校、公办学校、私立学校健康发展，以公办学校为主体，为农民工家庭的孩子提供保底的义务教育，同时也让不同经济状况的农民工家庭能根据自己的实际情况进行教育选择。同时，我们也可以看出，经济因素在农民工家庭的教育选择中占据主导地位，以家庭的经济状况为前提，尽可能为孩子提供更多的学校和教育选择。通过雷老板的家庭教育选择的个案也可以反映出经济资本在农民工家庭教育选择中的作用。作为理性人的农民工，为了能够让孩子接受更好的教育，会在政治资本、文化资本和社会资本缺乏的情况下，运用经济资本来达到教育选择的目的，也就是说，经济资本在农民工家庭的教育选择中具有较大的运作空间，也使农民工家庭的教育选择具有多元化的特征。

第四节 农民工家庭教育选择个案四

本节所要呈现的是夫妻都是重庆市户籍的农民工家庭，这个农民工家庭的男主人姓张，我们称他为张师傅。近年来，张师傅夫妇主要是在D市务工，从事装修工作，夫妻俩都是初中学历，初中毕业后外出务工，去过广东、浙江等不同的城市务工，也从事过不同的工作。据张师傅介绍，装修工作的月收入不固定，平均下来，夫妻俩每个月的家庭收入在七八千元左右。他们在D市的郊区租住了一套二十多平方米的民房，每个月的房租在三百元左右，孩子们不与父母同住。

据张师傅夫妇介绍，他们家里有三个孩子，这些年来，他们一直把孩子放在农村老家成为留守儿童，孩子的爷爷奶奶是监护人，照顾他们的日常生活，但对于他们的学习来说，爷爷奶奶就无能为力了。他们常年在外面务工，只有在春节期间才回家与孩子团聚。在这三个孩子当中，年龄最大的是男孩子，目前在农村老家的乡镇学校上初中二年级，学习成绩不好，在家的爷爷奶奶根本管不住他，目前正处在叛逆期，经常在外面与其他男同学打游戏，有时候周末也不回家，只有身边没有钱的时候，才会打电话来向他们要钱。还有一个女儿在读小学五年级，学习成绩还可以，在家里和学校都比较听话，能够帮助爷爷奶奶照顾家里的一些事情，能够做一些家务活。还有一个儿子在读小学三年级，学习成绩一般，在家里和学校都比较贪玩，有时候也会跟着其他孩子去打游戏。

当问到为什么要把孩子留在农村老家的学校上学时，他们说，主要是因为自己的工作地点不固定，往往是哪里有活干，就去哪里，有时候甚至在不同的城市干活。如果把孩子接到城里读书的话，就要经常转学，如果住的地方离学校较远，孩子上学会不方便，而且也不安全。而孩子在家里读书的话，因为离学校很近，孩子上下学很方便，再加上有老人照顾孩子们的生活起居，所以就把孩子留在农村老家的学校里上学。另外，他们夫妻俩还给我们算了一笔经济账，以他们现在的经济收入情况，要把三个孩子都带到城市来读书，经济压力较大。每个月的房租、三个孩子的生活费用等花销，一个月加起来要四千多元。如果只是他们夫妻俩在城市生活，每个月的花销加起来不会超过两千元。这样每个月可以多寄一些钱回去，或者多存一些钱，为孩子以后上大学做准备。自己长年累月辛辛苦苦出来务工，就是为了要给孩子以后上大学积攒学费。而且，如果三个孩子都来到城市学校读书，夫妻俩必须要有一个人照顾他们的饮食起居。这样就只有一个人去务工，那么每个月的收入方面又会减少许多。因此，从经济方面来看，把孩子留在农村老家的学校上学要划算得多。

当问到他们最担心孩子哪方面的事情时，张师傅的妻子流着眼泪说，她最担心的是，随着孩子们年龄越来越大，自己不在身边，爷爷奶奶又管不住，会跟其他人学坏，那么自己辛辛苦苦务工攒钱又有什么用呢？当问到会不会把小儿子和女儿带到身边读书时，他们沉默了一会儿说，虽然自己很想把孩子带到身边来读书，一家人在一起，既可以管住他们，又可以照顾他们的生活，但是工作的不稳定，以及家庭的经济状况不允许他们这样做。有时候看到其他的农民工家庭一家人在一起，很是羡慕，要是自己一家人也在一起就好了。

从张师傅家这个农民工家庭的教育选择来看，长期在外务工的农民工家庭都想把孩子带到身边一起生活读书，但是由于现实条件的束缚，特别是家庭的经济状况及务工地点和工作本身的不稳定性，很多外出务工农民只能把孩子留守在农村老家。他们选择自己长年在外务工，希望能够改善家庭的经济状况，能够为孩子们以后上大学积攒学费。这是很多农民工家庭最朴实的想法。

第四章 农民工家庭教育选择的比较分析

本章主要是进一步分析农民工家庭对于孩子留守或流动的教育选择现状，在第二章所描述的数据与资料的基础上，呈现出农民工家庭教育选择现状的不同样式，通过比较分析，更清晰地揭示出农民工子女监护人的教育选择行为背后的原因，更深层次地反映出农民工家庭教育选择的意愿取向。主要比较农民工家庭教育选择在文化程度、收入状况、主要原因、影响因素、学校满意度、学校评价等方面的差异性。本章所引用的相关数据主要来源于第二章的统计与分析数据，还有就是来源于课题组在实际访谈与座谈中收集到的相关资料。可以说，这章的内容是对第二章资料的总结与深入分析。

第一节 教育选择的文化程度比较

对农民工子女监护人的文化程度进行比较，是要分析监护人的文化背景与其决定子女处于留守或随迁状态的相关性，以此来进一步揭示农民工家庭教育选择的内部差异性，并为农民工家庭不同的教育选择提供有关监护人学历背景的相关解释。

一、留守儿童监护人以小学毕业为主

从我们对农村留守儿童监护人调研和访谈反馈的情况来看，可以得出这样一个结论：文化程度较低的监护人更倾向于把孩子留守在农村老家的学校上学。调研的数据显示，农村留守儿童监护人的文化程度主要是小学毕业，所占的比例是53.6%，其所占的比例最高；其次是初中毕业的监

护人较多，所占的比例是 38.8%，两者相加的比例是 92.4%，九成以上的农村留守儿童监护人是小学或者初中毕业。也就是说，具有小学及初中文化程度的监护人更容易选择把孩子留守在农村老家的学校上学。当然，农村留守儿童的监护人主要是爷爷奶奶或外公外婆，这些农村留守老人的文化程度较低，他们对于孩子是否处于留守状态，没有发言权，主要由外出务工的农民决定。孩子处于留守状态与监护人的文化程度并不存在必然的因果关系，但是存在关联性，因为还有相当一部分监护人是留守儿童的母亲或父亲。总体来说，留守儿童监护人的文化程度确实要比随迁子女监护人的文化程度低，主要是以小学毕业为主，在辅导孩子学习方面确实存在不足。

二、随迁子女监护人以初中毕业为主

从我们对随迁子女监护人调研和访谈所反映的情况来看，相比较而言，选择把孩子带到城市学校读书的监护人的文化程度要更高些。调研数据显示，选择让孩子随迁到城市学校上学的监护人的文化程度主要是以初中文化程度为主，其所占的比例是 44.8%，接近一半；小学文化程度的监护人所占的比例是 33.8%，两者相加所占的比例是 78.6%。选择孩子随迁的监护人的小学及初中文化程度（所占的比例为 78.6%）远远低于选择孩子留守的监护人的小学及初中文化程度（所占的比例为 92.4%）。从调研的数据还可以看出，选择让孩子随迁的监护人中，还有 21.4% 的高中及以上文化程度的监护人，其比例超过了五分之一。但是在农村留守儿童的监护人当中，几乎没有高中及以上文化程度的监护人，这也可以反映出农村留守儿童与随迁子女的监护人在文化程度上的差异，这种差异从某个方面来说决定了农民工家庭教育选择的取向。由此可以看出，文化程度较高的监护人，更容易作出让孩子随迁的教育选择，这与农民工的教育经历有关。文化程度较高的人，其教育经历更丰富，在农村学校教育与城市学校教育的相互比较中，更容易作出让孩子到城市学校就读的教育选择。

三、监护人学历层次的内部差异

从文化程度的比较来看，文化程度较低的监护人更倾向于把孩子留守在农村老家的学校上学；文化程度较高的监护人更倾向于把孩子带到城市学校上学，这是农民工子女监护人在学历层次上的内部差异，这种内部差异与其作出的教育选择存在较大的关联性。但这不是绝对的现象，也有部分小学文化程度的监护人把孩子带到城市学校上学，也有相当比例的初中文化程度的监护人把孩子留守在农村老家的学校上学。所以说，农民工家庭的教育选择是一个复杂的过程，是受多种因素综合影响的，这里说的是一个大致的倾向。为什么农民工家庭在教育选择上会有文化程度上的内部倾向性差异呢？相对来说，文化程度较高的监护人的视野更开阔，不仅认识到教育对于孩子未来的重要性，而且还发现农村学校教育与城市学校教育之间存在着较大的差距。因此，他们更倾向于把孩子带到城市学校上学。对于文化程度较低的监护人来说，他们受教育视野的限制，比较拘泥于现状，认为孩子有学上就可以了，至于在哪里上学都无所谓；认为孩子在农村学校上学与在城市学校上学没有什么差别，没有必要多花钱把孩子带到城市学校上学，这也是农村留守儿童监护人普遍的想法。这种想法极大地影响着监护人的教育选择，使他们更倾向于把孩子留在农村老家的学校上学，却不会思考教育环境在孩子学习及成长中的重要作用。总之，监护人学历层次的内部差异性与农民工家庭的教育选择之间存在着内在关联，监护人的学历层次内部差异性是考察农民工家庭教育选择的一个视角。

第二节 教育选择的经济收入比较

经济收入是影响农民工家庭教育选择的一个重要因素，通过对经济收入差异进行分析，看经济收入的差异性是否会影响农民工家庭在留守或随迁上的教育选择。从经济收入的角度来进一步反映农民工家庭教育选择的内部差异性，从而呈现出农民工家庭的经济收入与农民工家庭的教育选择之间存在的内在关系。

一、相对低收入的农民工家庭倾向于孩子留守

从对农村留守儿童监护人及监护家庭的调研中反馈的情况来看，我们大致可以得出这样一种结论，监护人的月收入以及监护家庭的月收入相对来说较低，倾向于把孩子留守在农村老家的学校上学。调研的数据显示，农村留守儿童监护人的月收入占比最高的是 1000 元以下（所占的比例为40.2%），在 1000～2000 元的比例是 25.8%，在 3000 元以内的比例是82%。农村留守儿童监护家庭的月收入占比最高的是 2000 元以下（所占的比例为 30.5%），在 2000～3000 元的比例是 21.5%，在 5000 元以下的比例是 80.7%。也就是说，监护人月收入在 3000 元以内，监护家庭的月收入在 5000 元以内，倾向于把孩子留守在农村老家的学校上学。在调研的过程中，较少的监护人会直接说，把孩子留守在农村老家的学校上学是因为家庭经济状况的原因，经济状况是一种无形的力量，制约着农民工家庭的教育选择。

二、相对高收入的农民工家庭倾向于孩子随迁

从对随迁子女的监护人及监护家庭的调研数据可以得出结论，监护人的月收入以及监护家庭的月收入相对于农村留守儿童的监护人及监护家庭来说较高，倾向于把孩子带到城市学校上学。调研的数据还显示，随迁子女监护人的个人月收入占比最高的是 2000～3000 元（所占的比例为32.7%），2000 元以下所占比例是 23%，在 5000 元以内的比例是86.1%。随迁子女监护家庭的月收入占比最高的是 3000～4000 元（所占的比例为 24.4%），在 3000 元以下的比例是 23.5%，在 7000 元以内的比例是 82.7%。也就是说，监护人个人的月收入在 5000 元以内，监护家庭的月收入在 7000 元以内倾向于把孩子带到城市学校上学。从中也可以看出，把孩子带到城市学校上学是要以一定的经济实力为基础的。总体来

说，随迁家庭的月收入要高于留守家庭的月收入，农民工家庭之所以把孩子随迁到城市学校上学，是建立在自身的经济基础之上的，农民工家庭的教育选择受到经济因素的影响，经济因素是影响农民工家庭教育选择的最重要因素。在一般情况下，农民工家庭的月收入是他们作出孩子留守或随迁的教育选择的分界线，这个分界线就是随迁家庭的月收入平均要比留守家庭的月收入高 2000 元左右。

三、农民工家庭经济收入的内部差异

从经济收入的比较来看，月收入较低的监护人及监护家庭更倾向于把孩子留守在农村老家的学校上学；相对而言，月收入较高的监护人及监护家庭更倾向于把孩子带到城市学校上学。当然，这并不是绝对的现象，也有部分月收入较低的监护人及监护家庭把孩子带到城市学校上学。这里反映的是一个大趋势。从显示的数据来看，随迁子女监护人的月收入一般要比农村留守儿童监护人的月收入高 2000 元左右。随迁子女监护家庭的月收入一般要比农村留守儿童监护家庭的月收入高 2000 元左右。一般来说，月收入在 5000 元以内的农民工家庭，比较倾向于把孩子留守在农村老家的学校上学，而月收入在 7000 元以内的农民工家庭，比较倾向于把孩子随迁到城市的学校上学。因此，月收入越高的农民工家庭，把孩子带到城市学校上学的可能性越大。为什么农民工家庭在教育选择上会有经济收入上的倾向性差异呢？总体来说，是农民工家庭的经济状况决定了农民工家庭的教育选择。对于经济收入相对较高的监护人及监护家庭来说，能把孩子带到城市学校上学，是以家庭的经济收入为基础的。对于经济收入相对较低的监护人及监护家庭来说，更倾向于把孩子留守在农村老家的学校上学。

第三节 教育选择的主要原因比较

究竟是什么原因促使农民工家庭作出不同的教育选择，继而决定了孩

子处于留守状态或流动状态？从某种程度上说，这也影响了农民工子女今后的发展方向。对农民工家庭教育选择的主要原因进行比较分析，是要深入挖掘农民工家庭作出不同教育选择的内在依据，并为不同类型的农民工家庭教育选择提供相应的解释。

一、经济原因导致孩子留守

从对农村留守儿童监护人调研所反馈的情况来看，监护人把孩子留守在农村老家的学校上学的主要原因是"家庭经济困难"，所占的比例达到35％，超过了三分之一；其次是"在家更容易照顾"，所占的比例是30.6％，接近三分之一，从中可以看出，作出孩子留守的教育选择的主要原因还是来自经济方面。"在家更容易照顾"可以节约经济成本，主要根源还在于家庭的经济困难。由此，我们可以得出一个一般性的结论，农民工家庭作出把孩子留守在农村老家的学校上学的教育选择，主要是考虑家庭经济因素。家庭经济困难并不是农民工家庭作出孩子留守在农村老家的学校上学的绝对原因或唯一原因，而是主要原因，因为也有些经济较困难的农民工家庭选择把孩子带到城市学校上学。

二、保持家庭完整导致孩子随迁

从对随迁子女监护人调研所反映的情况来看，监护人把孩子带到城市学校上学的主要原因是"能和孩子在一起"，所占的比例达到46.2％；而选择"经济状况较好"的比例却只有6.8％，这与农村留守儿童的监护人所作出的选项有较大的差别。我们由此也可以得出，农民工家庭把孩子带到城市学校上学的主要原因是"能和孩子在一起"，但这并不是绝对或唯一的原因，因为认为"农村学校教育质量差"所占的比重也较高，达到了16.5％。同样是农民工家庭，为什么随迁子女的农民工家庭教育选择的原因完全不同于留守子女的农民工家庭呢？其原因表面上是"能和孩子在一起"与"家庭经济困难"之间的差异，实质上还是农民工家庭背后不同的经济状况所决定的。总体来说，随迁家庭的经济状况要好于留守家庭的经济状况，在具有一定经济支撑的基础之上，农民工家庭在做教育选择时，会更多地考虑保持家庭的完整性。因为农民工家庭也看到，外出务工造成家庭的分割，是不利于孩子成长的。如果具有一定的经济实力，农民工会尽力把孩子随迁到城市的学校上学，这样既可以在城市务工就业，又可以保持家庭的完整性。因此，从这个角度出发来思考农民工家庭的教育选择，其作出教育选择的原因具有一定的合理性。

三、教育选择原因的内部差异

从主要原因的比较来看，农民工家庭选择把孩子留守在农村老家或是把孩子随迁到务工就业的城市之间的差别是很大的。农村留守儿童的监护人偏重于经济方面的原因，而随迁子女的监护人则偏重于家庭团圆方面的考虑，两者的根源差别很大。为什么农民工家庭不同教育选择的主要原因会有如此之大的差别呢？主要还是经济因素起决定性的作用，农村留守儿童的监护人因为家庭经济较为困难，可能更多地从节约经济成本方面来考虑孩子的留守或随迁问题。而对于随迁子女的监护人来说，由于经济相对来说较为宽裕，更多的是考虑家庭团圆，从"一家人可以在一起"的角度来考虑把孩子带到城市学校就读。可以这样说，主要原因的差异实际上从背后反映了农民工家庭不同的教育选择取向，是对农民工家庭教育选择内部差异的深刻揭示。事实上，更为根本的原因是农村留守儿童家庭收入与随迁子女家庭收入的差距，这种经济收入的差距从背后决定了农民工家庭的教育选择，从而也决定农民工子女是处于留守状态，还是处于随迁状态，它是一种无形的力量，影响着农民工家庭的教育选择，我们对这一点务必要有一种比较清醒的认识。

第四节 教育选择的影响因素比较

农民工家庭在做教育选择时，究竟会受到哪些因素的影响呢？农民工家庭会对其子女作出留守或随迁的不同教育选择，是否受到了不同因素的影响？对影响因素的比较分析，也是深入反映农民工家庭教育选择内部差异性的切入点。

一、孩子留守的影响因素

从对农村留守儿童的监护人调研反馈的情况来看，影响监护人选择让孩子留守在农村老家上学的主要因素，按所占比例由高到低依次排列的顺序为："家庭经济困难"（所占的比例为35％）、"在家里更容易照顾"（所占的比例为30.6％）、"在家方便上学"（所占的比例为22.7％）、"在城市上学更难"（所占的比例为6.5％）、"孩子太小"（所占的比例为5.1％）。根据因素分析法，经济因素是农民工家庭作出孩子留守的主要影响因素。由此可见，监护人作出孩子留守的教育选择的影响因素大致可以分为两大类，一类是经济因素，这是主要的影响因素，在农民工家庭的教育选择中起着决定性的作用；另一类是家庭因素，由于留守家庭存在实际困难，从农民工家庭的角度出发，主要考虑农民工家庭自身的利益，而忽视了农民工子女本人的意愿。

二、孩子随迁的影响因素

从对随迁子女的监护人调研所反映的情况来看，影响监护人选择把孩子带到城市学校上学的主要因素，按所占比例由高到低的排序依次是"能和孩子在一起"（所占的比例为46.2％）、"农村学校教育质量差"（所占的比例为16.5％）、"老家没人照顾小孩"（所占的比例为13.1％）、"工作稳定"（所占的比例为8.7％）、"农村学校各方面都一般"（所占的比例为3.6％）、"农村学校教学环境不好"（所占的比例为3.3％）、"农村学校管理较差"（所占的比例为1.8％）。由此可见，监护人作出孩子随迁的教育选择的影响因素大致可以分为三大类，第一类是家庭因素，是农民工家庭教育选择的主导因素，是站在保持家庭完整性的角度来考虑其教育选择的；第二类是经济因素，是农民工家庭教育选择的重要因素，它其实在背后无形地影响着农民工家庭的教育选择；第三类是教育因素，是农民工家庭教育选择不可忽视的因素。对于农村学校教育的失望，让自己的孩子能够接受更好的教育的希望，是影响农民工家庭作出教育选择的教育因素。从中可以看出，监护人在做孩子随迁的教育选择时会受到各方面因素的影响，既有家庭方面的因素，也有经济方面的因素和教育方面的因素。但这三者有主次之分，在做农民工家庭教育选择的影响因素分析时，要特别注意三者之间的区别。

三、教育选择影响因素的内部差异

从影响因素的比较来看，农民工家庭作出孩子留守的影响因素与其作出孩子随迁的影响因素差别很大，可以这样说，正是因为不同的影响因素，才使农民工家庭在留守或随迁方面作出了不同的教育选择。为什么对农村留守儿童监护人的影响因素与对随迁子女监护人的影响因素的差别会如此之大呢？这主要是由他们所处的环境不同造成的，不同的环境转化成不同的因素，继而对教育选择产生了不同的影响。对于留守家庭来说，面临着更为紧迫的经济压力，成为主导性的因素而对其教育选择产生实际影响；对于流动家庭来说，从表面上看，经济因素已成为次要因素，经济因素之外的家庭因素反而成为主导性的影响因素。这是两种教育选择模式在影响因素上的根本性差别，从而决定了农民工家庭教育选择的取向，对农民工子女产生不同的影响。无论是对于农民工的留守家庭而言，还是对于农民工的随迁家庭来说，农民工家庭教育选择的主导性影响因素是经济因素，从根本上来说，农民工家庭的经济状况决定了农民工家庭的教育选择。虽然，家庭经济状况好并不一定就会选择让孩子随迁，家庭经济状况不好也并不一定就会选择让孩子留守，但不可否认的是，家庭经济状况的好坏是农民工家庭教育选择的内在依据，经济因素成为影响农民工家庭教育选择的主导性因素。

第五节 教育选择的年龄因素比较

留守儿童监护人更倾向于把哪个年龄段的孩子留守在农村老家的学校

上学呢？随迁子女监护人又更倾向于把哪个年龄段的孩子随迁到城市学校上学呢？对农民工家庭在这方面的教育选择的比较分析，是对农民工家庭教育选择内部差异性的深入呈现，有助于我们更清晰地看出农民工家庭教育选择的具体表现形态。

一、倾向于留守年龄较大的孩子

从我们对农村留守儿童监护人调研反馈的情况来看，监护人更愿意把初中阶段的孩子留守在农村老家的学校上学，所占比例达到 31.2％。为什么监护人更愿意把初中阶段的孩子留守在农村老家的学校上学呢？主要的原因是比较好照顾。一方面，农村留守儿童的监护人大部分是爷爷奶奶、外公外婆，年龄较大，照顾年龄较小的孩子，存在诸多不便；另一方面，上初中阶段的农村留守儿童本身已经具备了一定的生活及学习能力，基本上能够照顾自己，不需要监护人在他们身上花费更多的时间与精力。另外，对于上初中的农村留守儿童来说，面临着初中升高中的升学考试。根据我国中考制度的属地原则，一般来说，初中生只能在户籍所在地县（区）参加中考，并在户籍所在县（区）的普通高中就读，不能跨县（区）参加中考，也不能跨县（区）就读普通高中。这使得上初中的农村孩子，特别是上初三的农村孩子一般不会随父母到务工的城市学校就读。即使在父母务工的城市学校就读，还要回户籍所在的县（区）参加中考，并在户籍所在的县（区）就读普通高中，这会造成孩子学习上的不适应。而且不同省份、不同地区所使用的教材是不一样的，这也会影响孩子们的学习进度及考试成绩。综上所述，初中的农村孩子，特别是就读初三的农村孩子，成为留守儿童的可能性要大得多。

二、倾向于随迁年龄较小的孩子

从我们对随迁子女监护人调研所反映的情况来看，监护人更愿意把上小学低年级的孩子带到城市学校上学，所占比例达到 57.6％。为什么监护人更愿意把小学低年级的孩子带到城市学校来上学呢？存在两方面的原因。一方面，把小学低年级的孩子，特别是把刚要上小学一年级的孩子带到城市学校来上学，能够使他们从一开始就适应城市学校的教育环境和学习方式，从而避免中途插班转学带来的不适应；另一方面，监护人之所以不愿意把上初中的孩子转到城市学校来上学，这与当前我国的升学考试制度有关，上初中的孩子面临着升学考试的问题。按照升学考试有关的规定，初三的随迁子女要回到户籍所在地参加中考，并在户籍所在地的高中学校就读。而在城市学校就读初中的随迁子女，大部分是从小学就开始在城市学校里就读，已经适应了城市学校的学习及生活方式，要让他们转回到农村老家的学校上学，他们在学习及生活等各个方面已经不能适应了。

三、教育选择的孩子年龄内部差异

通过对留守与随迁孩子的年龄状况比较，我们可以发现，农民工家庭在对哪个年龄段的孩子处于留守状态或随迁状态的教育选择上，存在着较大的差异。对于留守家庭的监护人来说，更倾向于把上初中的孩子留守在农村老家的学校上学；而对于随迁家庭的监护人来说，则更倾向于把上小学低年级的孩子带到城市学校上学。为什么农民工家庭对不同年龄段的孩子的教育选择存在着如此大的差异呢？留守家庭之所以更愿意把上初中的孩子留守在农村老家的学校上学，主要是基于照顾方便的角度考虑，主要考虑家庭自身的利益及留守家庭的实际问题。随迁家庭之所以倾向于把小学低年级的孩子，最好是刚上小学一年级的孩子带到城市学校就读，更多的是考虑孩子本身的利益及孩子学习的实际情况，从而使孩子从一开始就适应城市学校的教育环境和学习方式，避免由中途转学带来的各种学习问题。农民工家庭对于不同年龄段的孩子处于留守或随迁状态上的差异，深刻地反映出农民工家庭在教育选择上的内部动机的差异，以及教育观念上的差异，内部动机及教育观念上的差异也决定了农民工家庭不同的教育选择。

第六节 教育选择的学校评价比较

对学校的看法，也是农民工家庭作出教育选择的重要依据。农民工家庭作出让孩子留守在农村老家学校上学的教育选择，以及作出让孩子随迁到城市学校上学的教育选择，与监护人对学校的评价有着密切的关系。

一、留守家庭的学校评价

从对农村留守儿童监护人调研反馈的情况来看，大部分监护人对于留守孩子就读的学校的评价是一般，甚至有些监护人认为。只要孩子"有学上，有书读"就行了，我们从中可以看出监护人对于农村学校的态度，一方面是采取与己无关的态度，认为学校办得好坏是政府的事情，孩子读书好坏是孩子自己的事情，跟家长没有多大的关系。监护人这种不作为的态度，使他们忽视家庭教育，忽视作为监护人在孩子成长过程中所应负的教育责任，这种不作为的态度在留守儿童的监护人当中比较普遍。另一方面，采取无所谓的态度，对于学校说不出看法，反正孩子有学上就行了，至于学习的好坏是教师及孩子的事情。留守儿童监护人忽视了自己在教育孩子方面的权利和义务，不对学校的办学行为进行监督。既不参与学校的教育教学管理，也不与学校建立家校合作关系。农村留守儿童监护人对学校的态度，与农村留守儿童监护人对农村学校与城市学校间缺乏比较有很大关系。基于对学校好坏的无所谓态度及评价，这样的农民工家庭会倾向于作出让孩子留守在农村老家学校上学的教育选择。

二、随迁家庭的学校评价

从对随迁子女监护人调研所反映的情况来看，他们对学校评价有着自己的看法，而且会把农村老家的学校与城市的学校进行对比。随迁子女监护人对于农村学校主要持负面评价，认为农村老家的学校"各方面都一般"所占的比重最大，达到38.1%；对于农村学校的教育质量、教学环境及教育管理持差评的比例也超过了三分之一。而他们对城市学校持肯定的评价。接近三分之二（所占的比例为 60.9%）的监护人认为，在城市学校"孩子能接受更好的教育"，对城市学校的教育质量、教学环境、教师上课持好评的比例之和超过了三分之一（所占的比例为 39.1%）。随迁子女监护人对农村学校的负面评价与对城市学校的正面评价，形成了鲜明的对比。为什么随迁家庭对农村学校与城市学校的评价差别如此之大呢？主要是因为随迁家庭对于农村学校与城市学校之间能够作出相互比较。而且，农民工随迁子女并不是在城市的优质学校就读，他们一般就读于城市的郊区学校或薄弱学校，就是在这类学校中，随迁家庭也认为比农村学校要好，这说明农村学校的教育管理与教学质量等方面确实与城市学校之间存在着较大的差距。正是在这种比较之下所呈现出的实际差距，促使农民工家庭把孩子随迁到城市学校来就读。

三、农民工家庭学校评价的内部差异

通过对学校评价的比较，我们可以看出，农村留守儿童的监护人与随迁子女的监护人在评价学校方面存在着较大的差异。对于农村留守儿童的监护人来说，对农村学校的总体评价是一般，持无所谓的态度；对于随迁子女的监护人来说，对农村学校的总体评价是一般，持负面否定的态度，而对城市学校的总体评价是较好的，持正面肯定的态度。对于学校的不同评价及采取的不同态度，会影响农民工家庭的教育选择，教育态度实际上决定了教育选择。监护人对农村学校的评价一般，并采取无所谓的态度，就极有可能会把孩子留守在农村老家的学校就读，认为孩子在哪里读书都可以，并且不会主动去维护孩子受教育的权利，例如要求学校改善教育环境、提高教学质量。随迁子女监护人对农村学校的评价一般，并持否定的态度；对城市学校的评价较好，持肯定的态度，并认为"孩子在城市学校能接受更好的教育"，他们就会采取积极的行动，想方设法把孩子带到城市学校来上学，并且会积极地去维护孩子的教育权利，关心孩子的受教育状况和发展状况，甚至会主动与学校及教

师联系，了解孩子在学校的学习情况，在教育孩子方面与学校及教师开展合作，配合学校及教师做好相关的教育工作，这不仅对孩子本身的发展是有益的，对于学校自身的建设也是有帮助的。外部力量的参与及督促，有利于学校改善教学环境，关注随迁子女的身心健康，不断提高教育教学质量。

第七节 教育选择的教育观念比较

监护人对孩子留守数量的看法与监护人对孩子随迁数量的看法的比较，也能反映出农民工家庭对于不同教育选择行为的态度，并深刻地体现出不同农民工家庭教育观念的差异性，这种教育观念上的差异实际上也影响着农民工家庭教育选择的取向。

一、留守家庭的教育观念

从对农村留守儿童监护人调研所反馈的情况来看，农村留守儿童监护人更倾向于让1个孩子留守在家，所占的比重为43.6%，让1～2个孩子留守在家所占的比重是82.5%，也就是说，农村留守儿童的监护人最愿意让1～2个孩子留守在家。为什么留守家庭会有这样的意愿呢？从监护人的角度来看，可能是把孩子留守在家看成是一种生活负担，在各方面承受较大的压力，因此不愿意让更多的孩子留守在农村老家。我们在实际调研中发现，把孩子留守在家作为一种生活负担的教育观念，在农村留守儿童监护人当中较为普遍，这种教育观念也影响着监护人对农村留守儿童在学习及生活上的关心状况。为什么留守家庭会有这样一种教育观念呢？这是因为留守家庭主要是隔代抚养，在这些爷爷奶奶或外公外婆的眼里，他们把对留守孩子的监护当作一种生活照顾，而不是多方面关心孩子的健康成长。从生活照顾的角度来看，留守家庭会把监护留守儿童作为一种生活负担，从而不希望让更多的孩子留守在农村老家。

二、随迁家庭的教育观念

从对随迁子女监护人调研所反映的情况来看，随迁子女的监护人更倾向于把"全部孩子"带到城市学校来读书，所占比例达到84.6%。当然，也可能由于各方面的限制而无法完全实现。为什么随迁家庭更倾向于把全部孩子都带到城市学校读书，可能存在三方面的原因，一是监护人把孩子带到城市学校读书的主要原因是由于全家人能够在一起，基于这种原因，只要条件许可，监护人就会把全部孩子带到城市学校上学，而不是把部分孩子留守在农村老家读书，把部分孩子随迁到城市就读，从而造成家庭的分割；二是由于监护人把孩子随迁到城市学校读书的主要动机是"孩子在城市学校能够接受更好的教育"，如果条件允许，他们当然不希望其中一个孩子能接受更好的教育，而是希望全部的孩子都能接受更好的教育；三是由于监护人对农村老家的学校持负面的评价，农村老家学校的教育质量及教学环境与城市学校相比，确实存在较大的差距，如果条件允许，随迁家庭当然希望全部的孩子都能到城市学校来就读，从而能够在城市的学校里接受更好的教育。正是因为随迁家庭的这种教育观念，促使随迁家庭想尽办法把全部孩子都带到城市学校就读。

三、农民工家庭教育观念的内部差异

通过对孩子留守或随迁数量的比较，我们可以看出，不同的农民工家庭的教育观念存在着较大的差异，教育观念上的差异影响了农民工家庭的不同教育选择。留守家庭认为把孩子留守在农村老家的学校学习与生活是一种负担，在这种教育观念的影响下，留守家庭因此倾向于尽量少地把孩子留守在农村老家的学校上学，以此来减轻生活负担。而对于随迁家庭来说，把孩子带到城市学校上学意味着一种希望，在这种教育观念的影响下，随迁家庭愿意把全部孩子都带到城市学校上学。两种教育观念上的差异会深刻地影响农民工家庭的教育态度与教育选择行为。留守家庭可能会由于经济及其他的实际问题，再加上把孩子作为一种生活负担的教育观念，而被迫让孩子留守在农村老家的学校上学，存在一种无奈感。随迁家庭则可能会在希望的激励下，主动努力让孩子尽可能随迁到城市学校来上学，会积极地克服各种现实困难。虽然表面上只是留守与随迁子女数量上的不同，但在更深层面上反映了不同农民工家庭在教育观念上的显著差异，这种教育观念上的差异无形中影响了农民工家庭不同的教育选择行为，从而也决定了孩子留守或随迁的不同命运。

第八节 教育选择的意愿取向比较

是让孩子继续留守在农村老家的学校上学，还是让孩子继续留在城市学校上学，农民工家庭对其子女的继续留守意愿与继续随迁意愿的比较分析，也能进一步反映出农民工家庭教育选择的实际状况和内部差异性。

一、让孩子继续留守的意愿

从对农村留守儿童监护人调研所反馈的情况来看，大概有一半的监护人"同意"孩子继续留守在家，还有一半左右的监护人"不同意"孩子继续留守在家。"同意"与"不同意"孩子继续留守在家的监护人的比例各占一半，这说明监护人在对待孩子是否继续留守在家犹豫不决。一方面，看到农村学校的教育质量一般，希望孩子能够到城市学校去接受更好的教育，因此，不希望孩子继续留守在农村老家的学校上学，而是希望他们随迁到城市学校去就读；另一方面，考虑到经济成本和家庭经济状况，或者是已有其他的孩子随迁到城市的学校就读，如果其余的孩子也随迁到城市学校就读，就会增加家庭的经济负担。在综合考虑家庭经济状况的情况下，会选择让孩子继续留守在农村老家的学校上学。再加上，大部分监护人没有把农村学校与城市学校进行比较，并不清楚农村学校与城市学校之间的差距，在这种情况下，监护人往往会选择让孩子继续留守在农村老家的学校上学。

二、让孩子继续随迁的意愿

从对随迁子女监护人调研所反映的情况来看，表示"同意"让孩子继续留在城市学校学习的监护人的比例是91.8%，而表示"不同意"让孩子继续留在城市学校学习的监护人的比例是8.2%，两个比例相差悬殊。"同意"的比例比"不同意"的比例大得多，这说明监护人认可把孩子带到城市学校学习这个教育选择，同时也表达出监护人对城市学校教育教学水平的认可，还表达出监护人对于孩子在城市学校受教育状况的认可。从所显示的数据还可以反映出，随迁子女的监护人不仅希望孩子能够在城市的学校里接受义务教育，还希望孩子能够在城市的学校里进一步接受高中教育，能够在城市学校里接受小学、初中及高中各阶段的基础教育。当然，对于城市学校教育与孩子学习状况的认可，只是从与农村学校相比较的角度来说的，并不是说城市学校教育本身及孩子的学习就没有问题了，在某些方面还存在着比较严重的问题。我们需要把这些问题找出来，并通过各种方法去努力解决这些问题。

三、教育选择意愿的内部差异

通过对监护人是否让孩子继续留守在农村老家的学校学习与继续留在城市学校学习意愿的比较，我们可以看出，留守家庭与随迁家庭对此表现出了完全不同的意愿。一半左右的农村留守儿童监护人表示同意让孩子继续留守在农村老家学校学习，九成以上的农民工随迁子女监护人则表示同意让孩子继续留在城市学校学习，两者的比例相差巨大。比较农民工家庭的这两种意愿，我们还可以发现，留守家庭对孩子是否继续留守在农村老家的学校上学的意愿，表现出犹豫不决的态度，其背后的意思是农村学校各方面都一般，但自己也无可奈何，只好将就，而要把孩子随迁到城市学校就读，家庭的经济状况可能不允许。随迁家庭对于孩子是否继续随迁在城市的学校上学，则表达出坚定的意愿，这表示随迁家庭认为把孩子带到城市学校上学的选择是正确的，对城市学校的教育及孩子的学习很满意,而且尽可能继续把孩子留在城市的学校里学习。为什么在对待继续留守与继续随迁的问题上,不同的农民工家庭表达出不同的意愿呢?为什么两者之间的反差比较大呢?这说明农民工家庭的教育选择存在内部差异性,这种内部差异性反映出农民工家庭本身是分化的。因此,对不同类型的农民工家庭的教育选择,要考虑到其具体的家庭背景,要具体问题具体分析,这样才能较全面地呈现出农民工家庭教育选择的变化状况及趋势。

第五章 农民工家庭教育选择的问题及原因

本章是在农民工家庭教育选择现状的基础上，进一步分析农民工家庭教育选择存在的问题，以及这些问题带来的危害，并呈现出农民工家庭教育选择问题产生的原因。因此，本章的内容主要包括农民工家庭教育选择的问题与农民工家庭教育选择问题的原因这两个方面。

第一节 农民工家庭教育选择的问题

农民工家庭教育选择既要受外在环境的影响，也要受自身因素的影响，因此，农民工家庭在对其子女的教育作出选择时，会出现这样或那样的问题。这些问题的出现既是客观的实际存在，也受主观因素影响。分析农民工家庭教育选择的问题，目的在于使农民工家庭在未来的教育选择中看清实际问题，明了这些问题对农民工子女身心发展带来的危害，以及在实际的教育选择中尽可能避免发生这些问题。

一、教育选择中的从众问题

我们在实际的访谈与座谈中，深切地感受到农民工家庭教育选择存在着较为普遍的从众问题，这些从众问题无意识地影响着农民工家庭的教育选择。当在访谈中被问到，为什么让孩子处于留守或随迁状态时，监护人回答的较多一句话是："别人家是这样，我们家也跟着呗。""跟着呗"就是农民工家庭教育选择中典型的从众现象。

课题组在农村地区调研时，当问到把孩子留守在农村老家的学校上学的原因时，一部分监护人回答说，看到别人家把孩子留守在农村老家的学校学习，觉得没有什么不好，于是也就把自己的孩子留在老家的学校上学了，也讲不出理由，就是跟着，别人家是这样，我们家也这样，总不至于大家都错了吧。可以说，相当一部分的农民工家庭把孩子留在农村老家的学校上学，是受到从众心理的影响的。目前农民工家庭中把孩子作为留守儿童的教育选择的从众问题较为突出，这实际上是在进行没有选择的教育选择。事实上，每个农民工家庭在经济生活等方面的情况是不一样的，以不一样的情况来进行相同的教育选择，由此导致教育选择中的从众问题，而伤害最大的是农民工子女本身的利益。

在随迁子女家庭的教育选择中，从众现象也较为普遍，许多随迁子女监护人反映，看到其他家庭把孩子带到城市学校念书，特别是看到同村的务工家庭把孩子带到城市学校上学，觉得这是一个不错的选择，于是也跟着把孩子随迁到城市学校。在部分农民工家庭的眼里，把孩子带到城市学校上学，既可以使孩子在城市学校接受更好的教育，也可以使一家人团聚。在从众心理的影响下，农民工家庭把孩子带到城市学校上学甚至成为一种潮流，这也是造成城市里农民工随迁子女规模大的主要原因之一。农民工家庭把孩子带到城市学校上学的这种教育选择的从众问题，会对城市的教育资源产生巨大的压力，特别是在农民工家庭较为集中的城市及区域。这里并不是说农民工家庭把孩子随迁到城市学校就读的做法不对，而是农民工家庭在孩子随迁的教育选择上，要有自己的理性判断，要根据家庭的实际情况来作出相应的教育选择，而不是盲目地跟风，并由此带来教育选择中的从众现象与问题。

从众心理是人们普遍存在的一种心理现象，每个人都或多或少有些从众心理。但对于某个特定的群体来说，从众心理可能会成为这个群体无意识的主导性观念，人们的行为会受到这种无意识的指使而带来从众问题，特别是一个群体的从众现象，一旦对社会产生负面影响，这种负面影响将是巨大的。从众心理往往是依赖于他人的观点与行为，而他人的观点与行为有可能是错误的，或者对自己来说是不适用的。农民工家庭教育选择的从众问题可能带来的危害主要表现在以下三个方面：一是农民工家庭教育选择的从众问题，在做教育选择时缺乏自己的思考与应有的判断，没有考虑自己家庭的实际情况和现实问题，会带来不良后果。综合起来考虑，本来最佳的教育选择是把孩子留守在农村老家的学校上学，而由于从众心理，农民工家庭却选择了把孩子带到城市学校来上学；本来根据自身各方面的条件，把孩子带到城市学校上学是最佳的教育选择，但由于受从众心理的影响，农民工家庭却把孩子留守在农村老家的学校学习，两者之间的颠倒，有可能会对孩子的发展造成负面影响。二是农民工家庭教育选择的从众问题，有可能违背农民工子女本人的意愿。农村留守儿童的本来意愿可能是到城市学校去上学，而随迁子女的本来意愿有可能是留在农村老家的学校学习，但由于监护人在作教育选择时的从众心理，跟着潮流走而忽视了农民工子女本人的意愿，从而导致孩子的逆反心理，甚至产生厌学情绪。三是农民工家庭教育选择的从众问题，有可能导致随迁子女在城市学习与生活的内卷化。内卷化（involution）源于美国人类学家格尔茨（Clifford Geertz）的著作《农业内卷化》，是指一种社会或文化模式在某一发展阶段得到一种确定的形式后，便停滞不前或无法转化为一种高级模式的现象。过去一般用来描述小农化经济的发展，但它具有相当程度的普适性，同时也具有工具性分析价值。[1] 有学者在对进城务工人员子女融合问题进行研究后指出："目前，进城务工人员子女融合的问题也逐渐呈现出内卷化的特点。"[2] 按照一般的规律，本来农民工随迁子女在城市学习与生活得越久，他们就能越适应城市的学习与生活，但由违背自己意愿的教育选择而产生的厌恶情绪，反而会导致农民工随迁子女在社会融合中的内卷化问题。

二、教育选择中的独断问题

我们课题组在实际调研过程中，能够切实感觉到农民工家庭的教育选

---

① 郭继强：《"内卷化"概念新理解》，《社会学研究》2007 年第 3 期。

② 黄兆信、李远煦、万荣根：《"去内卷化"：融合教育的关键——进城务工人员子女融合教育的现状与对策》，《教育研究》2010 年第 11 期。

择存在着较为严重的独断问题。当农民工子女的监护人被问到，"在做教育时，是否征求过子女的意见"时，大部分的农民工子女的监护人基本上是予以否定的回答。

我们在农村地区调研时，从监护人反馈的情况来看，监护人在对其子女作出留守的教育选择时，基本上不征求其子女的意见，甚至在年龄较大的子女提出自己的教育诉求时，仍然坚持自己的教育选择，从而出现农民工家庭教育选择中的独断问题。在教育选择的独断问题上，农村留守儿童的监护人要甚于随迁子女的监护人。为什么农村留守儿童的监护人在做教育选择时存在着独断的问题呢？主要有以下两方面原因，一是认为孩子太小，没有判断力，认为自己的决定能够代替孩子的选择；二是因为农村留守儿童的监护人长期待在农村地区，不太了解外面的教育情况，与城市学校也没有进行过比较，所以认为自己的教育选择没有错。同时也认为，决定孩子留守或随迁的教育选择是家长的事情，与孩子无关。固然，孩子年龄小没有决断力，监护人有权利给孩子做教育选择，但在做教育选择之前也应该问问孩子们自己的看法与想法，在征求意见的基础上做教育选择，从而避免教育选择中的独断问题。

在对农民工随迁子女的监护人的实际调研中，我们发现，农民工随迁子女的监护人在做其子女随迁的教育选择时，虽然也不同程度地存在着独断现象，但远没有农村留守儿童的监护人严重。对于年龄较小的孩子来说，在随迁的教育选择上，基本上是由其监护人来做选择，因为考虑到孩子年龄小，没有征求孩子的意见，这一点是可以理解的；但在对于年龄较大的孩子的随迁问题，监护人在做教育选择时一般会询问孩子们的意见，在做教育选择时，会适当考虑孩子的教育诉求，农民工随迁子女的监护人在这一点上与农村留守儿童的监护人的差别很大。

从总体情况来看，农民工家庭在做教育选择时存在着独断问题。相比较而言，留守家庭教育选择的独断问题要比随迁家庭严重，主要是由于孩子小而没有决断力，但也往往容易忽略孩子对于教育的实际需求，没有考虑孩子自身的主体性，使孩子处于被决定的状态。农民工家庭教育选择中的独断问题带来的最大危害是忽视孩子自身的教育需求和主体性，导致孩子厌学和冷漠。特别是对农村留守儿童而言，带来的问题更为严重。从马斯洛的需求理论来分析，农村留守儿童的需求具有层次性，他们的需求主要集中在生理需求和情感需求这两个层面。美国学者 J. 保罗·里更斯（J. Paul Leagans）以进化的观点对需求做了描述，他把需求分为实际需求、可能需求和理想需求。实际需求是需求的当前状态，是需求的现实状态；可能需求是现实需求的潜在状态，是当前需求的扩展；理想需求是主体对需求对象理想状态的理解。[1] 从保罗的需求进化理论来看，目前农村留守儿童的需求主要是实际需求（即生理方面和情感方面的需求），反映出他们对于现实的要求，部分农村留守儿童处于可能需求状态（即要求得到相应的尊重），这是在实际需求得到满足后所提出的新需求。目前处于理想需求状态（即自我实现）的农村留守儿童的数量还比较少。无论是从需求层次理论来分析，还是从需求进化理论来分析，都可以看出，如果农民工家庭在做教育选择时忽视农村留守儿童的实际需求及需求的其他状态，对于孩子的身心发展就会带来不同程度的负面影响。

三、教育选择中的反复问题

在实际的调研过程中，我们还了解到，农民工家庭的教育选择还存在着反复的问题，即农民工家庭在其子女的教育选择上存在着留守—随迁—留守—随迁的反复问题。总体来说，教育选择中的反复问题会对孩子的身心发展造成较大的负面影响。

在对农村留守儿童及其监护人、农村学校校长及教师的调研中，我们了解到，部分农村留守儿童曾经随父母到城市学校学习过，后来又回到农村老家的学校上学。其实，这在农村留守儿童的留守与随迁中属于正常现象。我们对此做了进一步的调研，根据学校校长及教师的反映，这些同学在班上的学习成绩方面主要是处于中下游，从城市学校回迁到班上之后基

---

① 刘宝铭、孙建广、檀润华：《需求理论及需求进化定律》，《科技管理研究》2011 年第 18 期。

本上还是保持在这个水平，有些同学的学习成绩甚至退步了。监护人反映的情况是，他们之所以让孩子随迁到城市学校上学，是因为孩子在农村老家学校的学习成绩一般，让他们随迁到城市的学校上学，是想看看他们在学习方面是否有所进步。又让这些孩子回迁到农村老家的学校就读，是因为孩子在城市学校跟不上学习进度，不适应城市学校的教学方式，学习成绩没有进步，反而退步了，因此又让孩子回到原来的学校上学。

在对城市学校的校长及教师的调研中，他们反映，有些农民工随迁子女不止一次随迁，甚至多次随迁。有些孩子是从农村随迁到城市，又从城市到农村，再从农村到城市；有些孩子是在城市中的不同学校间不断地转学；有些孩子则是在不同城市的不同学校间不断地转学。学校的教师也普遍反映，这些孩子在城乡间、不同区域间及不同学校间不断地转学，在学习上极不稳定，可能在学习方式和学习进度上刚适应了又转走了，这对孩子学习的负面影响较大。当问及农民工随迁子女的监护人为什么要孩子不断地转学时？他们反映，主要是因为他们自身的工作变动，这也是没有办法的办法，其实他们也想给自己的孩子一个较为稳定的学习环境，保证孩子学习的连续性。可以这样说，是随迁子女监护人工作的不稳定性造成了其子女的学习不稳定性。

当我们课题组问及农民工子女，对于自己在城乡间、城市间及学校间转学的感受时，他们普遍表达出不满的情绪，认为对自己的学习影响较大，同时也显示出自己的无奈，要听从家长的安排。其实，我们也能理解农民工家庭教育选择中反复问题的无奈之举，更多的是家庭的经济因素决定了孩子的受教育状况。但农民工家庭教育选择中的反复问题对孩子学习所造成的负面影响远大于正面影响，这也是农民工家庭在做教育选择时需要考虑的现实问题。这些负面影响主要表现在以下三个方面：一是会打乱孩子正常的学习节奏。学习节奏一旦被打乱，需要较长的时间才能恢复。因为不同学校、不同教师的教学方式、教学风格和学习要求是不一样的。二是会影响孩子的学习成绩。从经常变动学习场所的农民工子女的学习成绩来看，大部分孩子的学习成绩并不理想，主要是处于中下游段，有些同学的学习成绩甚至从中游段退到了下游段。三是学校不仅是学习的场所，而且也是孩子生活及成长的地点，经常变换学校，使得孩子的学习及成长中缺乏同伴关系。"同伴关系（peer relationships）是指年龄相同或相近的儿童之间的一种共同活动并相互协作的关系，或者主要指同龄人间或心理发展水平相当的个体间在交往过程中建立和发展起来的一种人际关系"。[①]在个体的成长过程中，同伴关系极其重要，它会影响个体的身心发展。同伴关系可以使个体之间能够相互融洽，满足个体沟通与交流的需求。

四、教育选择中的盲目问题

我们课题组在实际的调研过程中还发现，部分农民工家庭的教育选择还存在着较为严重的盲目性问题，特别是在部分监护人把其子女带到城市学校上学的教育选择上。部分农民工子女的监护人在教育选择上的盲目性问题主要表现在以下三个方面。

一是把孩子带到城市学校上学的教育选择上的盲目性。部分农民工家庭看到其他农民工家庭把孩子带到城市学校来上学，也跟着把孩子带到城市学校来上学，没有根据自己的实际情况来作教育选择，没有考虑其子女原先在农村老家学校的学习情况，也没有考虑到城市来读何种学校，居住的地方离学校的距离等各种客观存在的问题，而是根据自己的主观意愿来作出决定，存在盲目性的问题。在实际调研中，我们甚至发现存在这样的情况，有些孩子本来在农村学校的学习及各个方面都表现得很不错，其监护人认为，把孩子随迁到城市学校就读，孩子的成绩会更好，但结果是这些孩子转学到城市学校后，在学习成绩上反而退步了，这就是监护人在教育选择上的盲目性。这种教育选择上的盲目性使得其子女不能适应学校的学习节奏，造成孩子的学习退步，甚至使孩子产生厌学的情绪。我们知道，有些教育选择一旦作出，就会涉及方方面面的事情，只要在某个环节出现了问题，就会出现一系列的问题。因此，农民工家庭在教育选择上要尽量减少其盲目性的问题，要尽量对孩子的未来负责。

---

① 邹泓：《同伴关系的发展功能及影响因素》，《心理发展与教育》1998 年第 2 期。

二是选择孩子就读学校的盲目性。在实际的调研过程中，我们还发现，部分农民工家庭在城市的工作并不稳定，收入也不是很高，就急于把孩子接到城市学校来上学。由于家长工作不稳定，工作地点经常变动，使得孩子也经常变换就读的学校，或者由于居住的地方离就读学校远而导致上下学很不方便。其实，在孩子转学到城市学校之前，监护人就要考虑清楚孩子要就读的学校，自己居住的地方附近是否有公办学校，这些公办学校的入学条件和手续是什么。如果附近没有公办学校，要到更远的学校就读，孩子上下学是否方便，是否存在安全隐患。监护人如果不考虑上述因素，就把孩子随迁到城市学校就读，这说明农民工家庭在这方面的教育选择是盲目的，容易导致孩子缺乏一个稳定的学习环境，无法使孩子顺利适应新的学习环境，对孩子的健康成长会产生较大的负面影响。

三是农民工家庭在选择务工地点及孩子随迁的教育选择上的盲目性问题。从第二章的数据可以看出，最初农民工家庭主要集中在大城市及沿海经济发达的城市。当然，大城市及沿海发达城市务工就业的机会较多，经济收入也较高，但把孩子带到这些城市学校就读会造成教育资源的压力。孩子在入学就读方面比较困难，特别是城市的公办学校无法接纳太多的随迁子女入学，就是把随迁子女接纳进了公办学校，也会由此带来城市公办学校的"大班额"现象。目前我国各地城市的"大班额"现象较为普遍，这也反映出农民工家庭在教育选择上的盲目性问题。目前农民工家庭主要集中在省会城市及中小城市，逐渐从大城市分流出来，相对来说，是在缓解这些大城市的教育资源的压力，说明农民工家庭的教育选择正在克服盲目性问题，逐渐回归理性。这种理性的教育选择对农民工子女本身来说也是有益的，因为在中小城市更有机会享受到公平且有质量的教育资源。

五、教育选择中的利益问题

在对农民工家庭的实际调研过程中，我们还发现，农民工家庭在教育选择上还存在着诸多的利益问题。

在对农村留守儿童监护人的实地调研中发现，农村留守儿童监护人更多地从家庭利益来考虑孩子的教育选择。在家庭的经济利益与孩子的教育利益的相互比较中，更为看重家庭的经济利益。首先是从家庭经济利益的角度来考虑孩子的留守或随迁，而留守家庭的经济状况从某种程度上决定了孩子处于留守状态。在留守家庭的教育选择中，孩子的教育利益是次要考虑的因素。但对于孩子本身来说，孩子自身的教育需求被忽视，这会阻碍孩子的发展。因为部分农村留守儿童实际上具有随迁到城市学校就读的意愿，有些孩子随迁到城市学校读书的意愿甚至是很强烈的，这会挫伤孩子的学习积极性。农民工家庭在教育选择中不能只顾经济利益，如何协调好教育选择中的经济利益与教育利益，实实在在考虑到孩子本身的教育利益；如何协调好教育选择中的家庭利益与孩子个体的利益，从而也顾及孩子自身的教育需求，这是农民工家庭在做教育选择时，需要不断反思的地方。

对于农民工随迁子女的监护人来说，他们首先考虑的也是家庭利益，在保证家庭利益的情况下，既考虑家庭的经济利益，也会考虑孩子的教育利益。相对来说，农民工随迁家庭的教育选择会兼顾家庭的经济利益和孩子的教育利益。但在家庭的经济利益与孩子的教育利益发生冲突的情况下，一般来说，农民工子女的监护人往往会为了保全家庭的经济利益而牺牲孩子的教育利益，把经济利益放在优先考虑的位置。比如，在农民工子女监护人务工场所变换与孩子学习场所变换的比较中，大部分农民工子女监护人往往会以孩子学习场所的变换来迁就其务工场所的变换，而不是在保证孩子稳定学习环境的前提下来考虑其务工场所的变化。这种以经济利益为主的教育选择会造成孩子学习环境的不稳定及学习过程的非连续性，会不同程度地对孩子的学习及成长带来负面影响。

六、教育选择中的观念问题

农民工家庭教育选择合理与否，在很大层面上还受其教育观念的影响。事实上，农民工家庭的教育选择中不同程度地存在着观念问题，从更深的层面上影响着农民工家庭的教育选择，并表现为实践中的教育选择问题。

　　留守家庭之所以会把孩子留守在农村老家的学校上学，这与农村家庭的教育观念有着极大的关系。选择把孩子留守在农村老家的学校上学的农民工家庭，往往会认为教育孩子是学校及老师的事情，孩子只要有学上就行了，至于能否把学习搞好，那是学校老师及孩子自己的事情。这样的教育观念往往影响着农民工家庭的教育选择，在这种教育观念的影响下，往往会作出把孩子留守在农村老家的学校上学的决定，缺乏对孩子的教育环境和学习质量的关注，不重视家庭教育的作用。实际上，如果学校教育缺乏家庭教育的配合，必然会对孩子的学习进步产生较大的阻碍。因此，相当比例的农村留守儿童的学习成绩处于中下游水平，农村留守儿童中的问题儿童比例要高于农村非留守儿童。而农民工家庭的教育观念又受到其所处文化的影响，正如英国社会人类学家布朗所说的，"文化是一定社会群体或社会阶级与他人的接触交往中习得的思想、感觉和活动的方式"。[①] 也就是说，教育观念又受到其背后深层次的文化观念的影响。作为农民群体，在其文化观念中，虽然重视孩子的教育，但往往忽视自己在孩子学习及成长中的作用，忽视家长在培育孩子中所应担负的教育责任与义务。

　　随迁家庭之所以把孩子带到城市学校上学，与农民工子女监护人的教育观念有着密切关系。把孩子带到城市学校就读，与监护人认为教育环境对孩子的成长极为重要有关。他们认为，与城市学校的教育环境相比，农村学校的教育环境存在着较大的差距，不利于孩子的成长。为什么随迁子女的监护人会有这样的教育观念呢？这与随迁家庭受城市文化的熏陶有关，正如美国人类学家罗伯特·雷德（Robert Reid）指出的，"当具有不同文化的各群体进行持续的直接的接触之后，就会导致双方或一方原有文化模式发生变迁"。[②] 相比留守家庭而言，随迁家庭认为教育环境对于孩子成长具有重要作用，显然是有着极大的进步，也正是在这种教育观念的引导下，监护人把孩子带到城市学校来读书，认为较好的教育环境有利于

---

① 《中国大百科全书》（社会学卷），中国大百科全书出版社 1991 年版，第 409 页。
② 叶继红：《城市失地农民的集中居住与移情文化适应》，《思想战线》2010 年第 2 期。

孩子的成长。这是随迁家庭的教育观念较好的一方面，同时，随迁家庭的教育观念也有局限性的一面。随迁子女的监护人往往想当然地认为，只要把孩子带到城市学校里读书，在一个更好的教育环境中必然会接受良好的教育，学习肯定会有所进步，自己的职责只是把孩子送到城市学校里读书。但事实上，随迁子女的监护人忽视的最重要一点是，家庭教育在孩子成长中的作用，不只是把孩子送进城市学校读书就行，还要有密切的家校合作，孩子的成长往往是家校教育合力的结果。城市学校的校长及老师反映比较普遍的一个问题是，随迁子女的监护人对于孩子在学校受教育状况的关注度不够，有些监护人甚至从来都不参加家长会。同时，调研的数据也显示，超过一半（所占的比例为56.5%）的监护人"偶尔"和"从不"在家辅导孩子的功课，也没有进行相应的品格教育与心理教育，造成了家庭教育的缺失。这些都是随迁子女教育观念的问题所带来的孩子教育问题。

第二节 农民工家庭教育选择问题的原因

农民工家庭在教育选择上的问题，不仅有社会环境方面的客观原因，而且还有家长自身的主观原因，正是这些原因，导致农民工家庭在教育选择上的问题。在这一部分中，我们主要分析产生农民工家庭教育选择问题的原因。

一、城乡间的教育差距

我国当前确实存在着城乡间的教育差距，在有些区域，城乡间的教育差距还较大。城乡间的教育差距这个客观存在的社会现实，导致农民工家庭教育选择的问题。由于城乡间的教育差距较大，部分农民工家庭片面地认为城市学校教育都是好的，而农村学校教育都是不好的，这种刻板的认识会导致农民工家庭在教育选择上的盲目性，部分农民工家庭会不顾自身的经济条件及孩子自身的意愿，盲目地把孩子从农村学校转到城市学校就读，反而会给孩子带来学习及生活上的不适应，造成孩子在学习上的退步。况且，城市学校中还有优质学校与薄弱学校的差别，城市的薄弱学校与城市的优质学校之间存在教育资源、教学水平、校园文化建设及学校管理等方面的差距，所以不能盲目地认为城市学校都是好的，而是要对不同类型的学校进行相应的区分，并在此基础上根据实际情况来进行教育选择。

城乡间的教育差距是我国当前的一种客观现实，要缩小城乡间的教育差距还有个过程，甚至是一个长期的过程。但确实会存在这样的情况，城乡间的教育差距会带来农民工家庭在教育选择上的盲目性问题。如何来化解这方面的问题呢？关键还在于逐步缩小城乡间的教育差距，要在硬件设施、课程建设、师资建设、教学改革、教育质量、教育管理等方面加大对农村学校的教育投入与建设力度，切实改善与提升农村学校的教育环境，为农村学校提供更多的优质教育资源，要让留守儿童在农村学校也能享受到优质的教育资源，这可以从某种程度上减少农民工家庭在教育选择上的盲目性问题。我们也要清醒地认识到，对于城市学校内部间的教育差距问题，并不是所有的城市学校都是优质学校。想当然地把城市所有的学校都当成是优质学校，也是导致农民工家庭教育选择问题的重要原因。事实上，农民工家庭较难让其子女进入城市的优质公办学校就读。农民工子女一般只能进入薄弱学校就读，而薄弱学校本身在教育质量、教学水平、设施建设、校园文化、教育管理、师资队伍等方面不够完善，与优质学校存在较大的差距，这会使农民工及其子女产生教育失落感，造成教育期望与教育现实的反差。农民工子女继而会产生学习及生活上的不适应，这种不适应又会导致孩子在城市学校的厌学情绪。如何来解决这方面的问题，关键在于改善城市薄弱学校的办学条件，推进城市义务教育学校的标准化建设及均衡发展，切实缩小城市薄弱学校与优质学校间的教育差距，让农民工随迁子女也能与城市其他儿童一样享受公平而有质量的教育，从源头上减少农民工家庭在教育选择上带来的问题。

二、政府缺乏教育引导

农民工家庭教育选择的问题与政府缺乏教育引导也有很大的关系。农民工家庭具体如何进行教育选择，与政府的教育资源配置息息相关，如果政府缺乏通过教育资源的配置来进行相应的教育引导，就会导致农民工家庭在教育选择上的问题。

农民工家庭如果要进行有效的教育选择，往往离不开政府通过教育资源配置来进行教育引导。政府缺乏教育引导及其所带来的问题，主要表现在以下三个方面：一是政府部门缺乏教育引导，会带来教育资源配置问题，继而产生农民工家庭教育选择的问题。农民工家庭教育选择的盲目性问题，以及所造成的"农村学校空，城市学校挤"的问题，是政府部门缺乏通过恰当的教育政策进行教育引导带来的后果。没有通过有效的教育资源配置来进行教育分流，使聚集在一线城市、省会城市及沿海经济发达城市的大量农民工随迁子女对这些城市的教育资源造成了巨大的压力，同时也给农民工子女自身的就读与升学带来了实际困难。这主要是由于缺乏通过教育资源配置来合理引导农民工随迁子女向中小城市进行教育分流。政府部门在教育政策方面如果缺乏宏观引导，会导致农民工家庭在教育选择上的盲目性，即不知道如何进行教育选择，也不知道自己的教育选择是否合理，这是产生农民工家庭教育选择问题的重要原因。二是政府部门缺乏教育引导，会带来信息不对称问题，继而导致农民工家庭的教育选择问题。合理的农民工家庭教育选择应该建立在掌握充分信息的基础之上。信息不充分往往会导致农民工家庭教育选择的偏差，甚至会对农民工家庭的教育选择产生误导。其实，对于农民工子女教育问题，各级政府做了大量的惠民工作，出台了相关的政策法规，但由于宣传不到位，农民工家庭并不了解相关的教育政策法规，这种信息的闭塞及不对称，与政府部门缺乏有效的教育宣传及教育引导有着极大的关系。正是由于农民工家庭不了解相关政策法规，无法充分利用好国家提供的教育资源，从而产生了农民工家庭在教育选择上的系列问题。三是政府部门缺乏教育引导，会使政府部门与农民工家庭间缺乏有效沟通，继而导致农民工家庭的教育选择问题。农民工家庭具有实际的教育需求，而各级政府同时又提供大量的教育供给，但却存在这样的一个问题，政府的教育供给与农民工家庭的教育需求往往不能进行有效对接。中间产生的落差，与政府部门缺乏教育引导有着很大的关系，因为相当一部分农民工家庭根本不了解政府相关部门已提供的教育资源。缺乏政府部门的教育引导，农民工家庭无法获得充分的信息，农民工家庭的教育需求得不到满足，造成农民工家庭教育选择的资源匮乏，继而带来农民工家庭教育选择的问题。

如何解决由于缺乏政府部门的教育引导所带来的农民工家庭教育选择问题呢？关键是政府部门要主动有所作为，要加大对农民工子女教育政策的宣传力度，使农民工家庭知悉相关的教育政策法规，使农民工家庭了解可以利用的教育资源，加大政府部门的教育供给与农民工家庭教育需求的对接力度，加强政府部门与农民工家庭的有效沟通，这样才能切实有效利用好教育资源，切实解决农民工子女在接受教育方面所存在的问题，从源头上解决农民工家庭的教育选择问题，以及从根本上消除农民工家庭在教育选择问题上所带来的不良后果与消极影响。

三、农民工自身的教育视野狭隘

农民工家庭的教育选择问题，与农民工自身的教育视野狭隘也有着极大的关系，这是农民工自身主观方面的原因。从某种程度上来说，正是由于农民工自身的教育视野狭隘带来了农民工家庭的教育选择问题，这是产生农民工家庭教育选择问题的原因之一。

农民工自身的教育视野狭隘主要表现在以下几个方面：其一，部分农民工的教育视野狭隘表现在过于看重经济利益，继而导致在其子女教育选择上的问题。部分农民工家庭把经济利益放在首位，认为其子女的教育选择应服从于家庭经济利益，使得农民工自身的教育视野受到经济利益的限制，并造成其教育视野狭隘，由此，在对于孩子留守或流动的教育选择上，拘泥于经济利益的考量而带来对其子女在教育选择上的斤斤计较，患得患失，不利于为其子女营造一个较好的受教育环境。其二，农民工教育视野的狭隘表现在片面强调学校教育的作用，而忽视家庭教育的作用，把孩子的教育希望完全寄托在学校教育上。其实，从某种程度上来说，家庭教育的作用有时往往还要重于学校教育。一般来说，孩子从小接受了较好的家庭教育，养成了较好的学习态度和学习习惯，他们在学校中的表现肯定不会很差。良好的家庭教育是农民工子女健康成长的基础，缺乏良好家庭教育基础的学校教育，只是空中楼阁，很难保证孩子在学习上的进步。其三，农民工教育视野狭隘还表现在强调教育的外在因素，而忽视家庭及个体的内在因素。农民工家庭往往片面强调学校教育环境的重要性，学校教育环境对于孩子的成长来说固然重要，但教育环境并不是决定一切的要素。相当一部分的农民工往往认为，只要把孩子送进了教育环境较好的学校，孩子就自然会学好的。这种观点是片面的。其实，在孩子的成长过程中，孩子个体及家庭的主观努力更为重要，家庭自身为孩子成长做出的努力，以及对于孩子学习及生活上的激励，形成一种积极向上的内在动力，在孩子的整个成长历程中显得尤其重要，农民工家庭应该在这方面积极努力。因此，农民工的教育视野局限于强调孩子成长的外在因素，必然会带来其教育视野的狭隘，由此造成其教育选择的问题，这是导致农民工家庭教育选择问题的重要原因。

我们如何来解决农民工家庭在教育选择上的视野狭隘问题呢？关键在于要加强对农民工家庭的社会教育，要更新其教育观念，扩大其教育视野，同时要以农民工子女的教育利益为中心来考虑教育选择，而不是以农民工家庭自身的利益来考虑教育选择，要从孩子自身成长的长远利益来考虑其家庭的教育选择，这些举措有助于克服农民工家庭的教育视野狭隘问题，继而有效地解决农民工家庭的教育选择问题。同时，还要加强农民工自身的教育，农民工自身要多学习，要多去了解孩子们在学校里的学习状况及品格状况，并对自己的教育观念进行反思，要与学校教师多沟通，加强家校合作，要从更宽的视野来看待自己的教育选择，以更长远的视角来看待其子女的教育利益和成长价值，这样才有利于农民工家庭作出合理的教育选择。

四、家校间缺乏有效沟通

家校间缺乏有效沟通也是导致农民工家庭教育选择问题的重要原因，这方面的原因往往容易被人们忽视，家庭与学校之间缺乏有效沟通主要表现在以下几个方面。

其一，农民工家庭没有主动与学校联系，形成了学校与农民工家庭两个相互隔离的单位。我们在调研中会经常问农民工子女的监护人，为什么不主动与学校联系，大部分农民工子女监护人的回答是没有这个习惯，这与城市当地学生的监护人之间形成了较大的反差。城市当地学生的监护人往往会主动去学校了解其子女在校的学习情况。农民工家庭没有主动与学校联系，也就无法知道孩子在学校的学习及其他方面的情况，也就不知道自己教育选择的对与错，同时也不知道自己下一步的教育选择该如何进行，从而导致农民工家庭本身在教育选择上的盲目性问题，带来农民工家庭的教育选择问题及其负面影响。对农民工家庭本身来说，有义务主动联系孩子就读的学校，主动关心孩子的学习及生活等各方面的情况，全面了解孩子在学校学习及其他各方面的状况。在家校间缺乏有效沟通，会造成信息的不对称，甚至会产生不必要的误解，这是造成农民工家庭在教育选择问题上的原因。

其二，学校方面的主动性不强，这使得农民工家庭无法了解其子女在学校的学习及生活方面的信息，使得学校教师不了解学生在校外的学习及生活情况，由此造成学校与农民工家庭之间关于孩子学习及生活状况的信息不对称，会导致农民工家庭在教育选择方面的误判，从而带来农民工家庭在教育选择上的问题。其实，作为学校方，应发挥自身的优势，积极与农民工家庭进行沟通，保持学校与家庭之间的沟通渠道畅通，及时把农民工子女的相关信息反馈给其家庭，让监护人及时知晓，并提出相应的建议，同时还可以要求农民工家庭给予积极的配合。这样有助于农民工家庭及时了解其子女的全面信息，从而减少农民工家庭在教育选择上的问题及其所带来的不良后果。同时，学校还可以要求农民工家庭把其子女在校外的学习及相关情况反馈给学校教师，从而加强与学校的联系及沟通。也就是说，造成农民工家庭教育选择的问题，也有学校方面的原因。学校应该看到并重视自身在这方面的不足，同时要积极地进行反思，采取实际行动来弥补不足，并努力为农民工家庭减少教育选择上的问题创造各方面的条件，学校及教师也应该负起这方面的责任。

其三，家校间没有形成相互沟通的长效机制。由于没有固定的长效沟通交流机制，学校与家庭之间无法进行有效沟通，两者之间的信息渠道也并不畅通，有时是畅通的，但有时是中断的，只是发生了事情时才进行沟通，所建立的只是暂时的沟通渠道。从长远来看，这必然会带来农民工家庭的教育选择问题。一方面，家校间的沟通渠道并不是固定的，是比较随意的，有时候两者之间能够进行有效沟通，但有时候两者之间不能进行有效沟通，信息沟通渠道的堵塞，不利于农民工家庭的教育选择，并会带来相关的教育选择问题；另一方面，家校间的沟通渠道并不是长期的，有时候两者之间形成了临时的信息沟通渠道，这暂时有利于农民工家庭的教育选择；有时候两者之间完全没有信息沟通的渠道，学校无法了解随迁子女在家庭中的相关情况，农民工家庭也无法获得其子女在学校的相关信息。这些都是产生农民工家庭教育选择问题的重要原因，只有消除了这些方面的原因，才能从根本上缓解农民工家庭在教育选择上的问题。

我们如何解决学校与家庭之间缺乏有效沟通的问题，并以此来阻止农民工家庭在教育选择上的问题呢？关键还在于学校与家庭都要明确及承担相应的责任。作为学校来说，要主动发挥其优势，积极与农民工家庭建立广泛及长期的联系，使农民工子女的信息能够在家校之间畅通无阻，从而减少农民工家庭在教育选择上的问题，这也是学校教育所必须承担的职责与义务。作为农民工家庭来说，要主动承担家庭本应有的责任，要主动与学校联系，积极配合学校工作，尽可能从各个方面获悉其子女在学校的受教育状况，要根据各方面的相关信息来作出有利于其子女身心健康的教育选择，要在了解实际情况的基础上作出合理的教育选择，尽量减少家庭教育选择的盲目性问题及其所造成的不良后果。也就是说，只有家庭与学校两者都承担起相应的责任，才能在家校间建立有效的信息沟通渠道，保障两者间互通信息，从而把农民工家庭的教育选择建立在广泛而又充分的信息基础之上，继而作出合理的教育选择，避免不必要的教育选择问题，这样的教育选择才能最大限度地保障农民工子女的权益，也才能最大限度地促进农民工子女的身心发展。

第六章 农民工家庭教育选择的影响因素

农民工家庭的教育选择究竟受哪些因素的影响，这些因素又是如何影响农民工家庭的教育选择的，在所有这些影响因素中，哪些因素是重要的、主要的，哪些因素是次要的，本章将结合第二章"农民工家庭教育选择的现状"中所呈现的数据与资料，着力分析农民工家庭教育选择的影响因素。本章主要是从经济、文化、教育、政策、孩子自身的诉求等方面来分析影响农民工家庭教育选择的相关因素。

第一节 农民工家庭教育选择的经济因素

根据第三章呈现的数据及因素分析法来看，经济因素是影响农民工家庭作出教育选择的最重要因素。作为理性人的外出务工农民来说，农民工家庭的教育选择是建立在经济基础之上的，也就是说，农民工家庭的经济状况从某种程度上来说决定了农民工家庭的教育选择。

一、经济状况影响着教育选择

从调研的数据及访谈的资料可以看出，农民工家庭的不同经济状况影响了其教育选择。一般来说，经济相对困难的农民工家庭会选择把孩子留守在农村老家的学校就读，所占比例达到 35％，超过了三分之一，而且越是收入较低的农民工家庭，越倾向于把孩子留守在农村老家的学校上学，这种现象在农村地区较为普遍。从经济学的角度来说，把孩子留守在农村老家的学校上学更节约成本，这是经济状况较差的农民工家庭作出孩子留守的教育选择的重要因素，也可以说是压倒性的影响因素。

经济状况相对较好的农民工家庭更倾向于选择把孩子带到城市的学校就读。根据课题组统计的数据来看，选择把孩子带到城市学校就读的农民工家庭月收入，要比把孩子留守在农村老家的学校就读的农民工家庭月收入平均高 2000 元左右。也就是说，把孩子带到城市学校就读的主要是由农民工家庭的经济状况决定的。一般来说，经济状况越好的农民工家庭，越倾向于把孩子随迁到城市学校就读。从中可以看出，经济因素在农民工家庭的教育选择中所起的作用。孩子之所以随迁到城市学校就读而非留守在农村老家的学校就读，就是因为这些农民工家庭的经济能力相对较强，有能力承担孩子在城市学校就读的经济成本，这对于大部分农民工家庭来说，是他们相对较强的经济实力影响了孩子随迁到城市学校就读，以及会影响几个孩子随迁至城市学校就读。家庭经济状况越好，随迁到城市学校就读的孩子可能会越多，甚至是全家随迁到城市务工、生活、就学。

二、经济预期影响着教育选择

上面讲的是农民工家庭实际的经济状况成为农民工家庭教育选择的最主要的影响因素，而事实上，对于经济状况的预期，也是影响农民工家庭教育选择的重要因素。部分农民工家庭之所以把孩子带到城市学校就读，是希望孩子能在城市学校上学、升学、考上大学，然后留在城市工作，从而改善家庭的经济状况。基于这样的经济预期，有些经济状况不好的农民工家庭也把孩子带到城市学校来就读。这是对未来经济状况的预期，希望接受更好的教育来改善家庭的经济状况或提升家庭的经济实力。对于经济预期这个影响因素，可以用来解释经济状况不好的农民工家庭也把孩子随迁到城市学校就读的原因。

农民工家庭之所以会把孩子留守在农村老家的学校上学，这也跟留守家庭的经济预期有着极大的关系。大部分把孩子留守在农村老家的学校上学的农民工家庭，对于经济的预期不是很乐观，他们认为投资于孩子的教育并不能得到相应的经济回报，因此没有必要花额外的费用投资于孩子的教育，从而把孩子放在农村学校上学。部分农民工家庭的普遍心理是，能够把书读好，改善家庭的经济状况，那是最好的；而如果读书不行，那也就算了，顺其自然，何必再花钱把孩子带到城市学校读书呢，把孩子随迁到城市学校里上学，对于农民工家庭来说要花费一笔额外的费用。而把孩子留守在农村老家的学校上学，则可以节约不少费用。如果孩子在农村老家的学校学习还可以的话，以后自然会带来相应的经济回报；如果孩子在农村老家的学校学习一般的话，也没有必要到城市的学校上学。也就是说，留守家庭对于经济的未来预期也影响着他们的教育选择，从而把孩子留守在农村老家的学校上学。

三、经济收益决定了教育选择

作为理性人的农民工来说，在进行教育选择前必然会进行相应的理性分析，而理性分析首先要考虑的因素是家庭的经济状况和经济收入。因此，从一定程度上来说，农民工家庭的经济收益决定了农民工家庭的教育选择。

无论是把孩子留守在农村老家的学校就读，还是把孩子随迁到城市学校就读，一方面，农民工家庭要考虑经济成本是否在家庭能够承担的范围之内，然后根据自身家庭的经济成本和经济能力作出相应的教育选择。因此，不同经济状况的农民工家庭会作出不同的教育选择。另一方面，农民工家庭还会考虑教育投入与经济收益的预期。教育选择其实就是一种教育投入，农民工会考虑教育投入事实上能给家庭及个体带来哪些方面的经济收益。对经济收益的高预期会引导着农民工家庭把孩子带到城市学校就读，认为在城市学校能接受更好的教育，由此带来高经济收益。对经济收益预期低，是导致农民工家庭把孩子留守在农村老家的学校接受教育的影响因素，他们认为，把孩子随迁到城市学校就读的教育投入，得不到相应的经济回报。

同时，农民工家庭的经济收益决定农民工家庭的教育选择，也可以解释这样一种现象，出于对经济收益的高预期，农民工家庭会把孩子从农村老家的学校转到城市学校就读，但经过一段时间的学习之后，发现孩子并不适应城市的学习及生活，反而导致学习退步，出于对教育投入带来了低经济收益的考虑，为了节约经济成本，农民工家庭又会把孩子迁回农村老家的学校上学，这解释了把孩子从留守到随迁，再从随迁到留守的农民工家庭的教育选择，经济收益在教育选择中起了主要作用。因此，经济收益甚至可以说是影响农民工家庭教育选择的决定性因素。经济状况、经济预期及经济收益这些经济因素虽然在农民工家庭的教育选择中起了决定性的作用，是影响农民工家庭教育选择的主导因素，但完全以经济因素来衡量家庭的教育选择，存在不足的方面；而且，在对农民工家庭教育选择的影响因素分析中，也存在着缺陷，容易忽视对其他相关影响因素的分析。

第二节　农民工家庭教育选择的文化因素

对于经济状况较困难的农民工家庭来说，一般会选择把孩子留守在农村老家的学校上学，但也有部分经济较困难的农民工家庭会选择把孩子带到城市学校上学。也就是说，经济因素并不是农民工家庭教育选择的唯一因素。那么，如何来分析这部分农民工家庭的教育选择呢？对于农民工家庭教育选择的分析，我们还需要考虑文化层面的影响因素。

一、文化图示理论

文化是如何影响农民工家庭的教育选择呢？我们可以借助文化图示理论来予以分析。"文化图示是指个体身处熟悉的文化环境中所表现出的熟悉的事先获得的知识。社会互动中的文化图示是一些来源于文化环境并内化于个人的认知结构，或者说是一个种路径或规则。图示是一种对过去经验普遍化的收集和总结，并组织形成相关的知识群，用于在相似的情形中指导行动者当前的行动"。[①]

也就是说，对于农民工家庭教育选择的影响因素，还可以把其放在一

---

① 王进、汪宁宁：《教育选择：理性还是文化——基于广州市的实证调查》，《社会学研究》2013年第3期。

个较为宏观的文化环境中加以分析,这种文化环境具有先验性,对于人们的教育选择有一种无形的影响。或者从某个方面来说,就是有一种先验的事物决定了人们的教育选择,一切在掌控之中,无法逃避。对于部分农民工家庭的教育选择,可能从经济因素及其他方面往往不能予以解释,而从文化图示的角度则能作出较为合理的解释,这是解释农民工家庭教育选择的一种不可忽视的视角,是影响农民工家庭教育选择的不可忽视的因素,是对农民工家庭教育选择影响因素分析的补充与完善。

二、教育选择的文化图示分析

农民工家庭之所以把孩子留守在农村老家的学校上学,按照文化图示理论来分析,一方面,是受到农民工家庭固有的文化传统的影响,认为农村的孩子就应该留在农村学校接受教育,农村孩子与农村教育是连在一起的,特别是小学及初中阶段的孩子应该留在农村学校上学。受这种传统文化的影响,自觉或不自觉地把孩子留在农村老家的学校上学,这种固有的文化习惯成为农民工家庭教育选择的影响因素。另一方面,受到农民工这个群体文化的影响,有些农民工家庭把孩子留在农村老家的学校上学,受此影响,其他的农民工家庭也把孩子留在农村老家的学校上学,从而形成了一种文化场域,在此文化场域的影响下,农民工家庭较容易作出把孩子留守在农村老家的学校上学的教育选择,这与前面章节中分析的农民工家庭教育选择的从众现象是相一致的,表现在内是一种文化图示,表现在外是一种跟风、从众现象。

农民工家庭把孩子随迁到城市学校来上学,也可以借助文化图示理论,从文化的角度来进行分析。外出务工的农民一般来说是聚集在城市的郊区,当一开始有农民工家庭把孩子随迁到城市学校就读,按照文化图示理论,其他的农民工家庭也会受到这种文化图示的影响,也把孩子随迁到城市学校就读,在这种固有文化场域的影响下,继而形成了一种文化图示,受此影响,即使经济较困难的农民工家庭也会试图把孩子随迁到城市学校就读,因此,文化图示也是影响农民工家庭教育选择的重要因素。而对于把孩子送进民办学校就读的农民工家庭来说，他们更多的是停留在一种群体文化图示上。"在中国，民办学校学生之所以无法形成与公立学校学生一样的个体文化图示，是因为在户籍制度的限制下，外来务工子女与城市学生较少能够产生互动，进而形成了相对隔离的状态。他们在城市中会逐渐形成一个教育贫困聚集的亚文化群体，群体内部共享较低的教育期望，与主流文化相背离，难以将主流的群体文化图示转化为自身的个体文化。相反地，在公立学校中，由于长期处于积极的文化环境之中，即使现实条件不那么理想的学生，也会基于文化图示的促进作用，继续选择高中教育"。① 由此也可以解释农民工家庭及其子女在选择继续教育方面的分化，不同的农民工随迁家庭在孩子的教育选择方面又是不同的，这与群体文化图示向个体文化图示的转化有着极大的关系。

三、教育选择的文化场域分析

农民工家庭无论是作出留守或随迁的教育选择，其教育选择都会受到文化的影响，这种文化的影响以文化图示的形式呈现出来，形成一种文化场域。在这种文化场域中，其教育选择往往要受主导性文化场域的影响，通过文化习惯无形之中约束农民工家庭的行为规范，而任何的主体行为都是文化的伴生物，主体行为都要自觉或不自觉地受到其背后文化的制约。也就是说，任何的主体行为都脱离不开文化因素的影响，农民工家庭的教育选择也不例外，他们的教育选择也脱离不开整个社会这个大的文化背景的影响。从文化场域的视角，我们也可以解释，有些农村地区的留守儿童比较少，而有些农村地区的留守儿童特别多的原因。这是因为我国不同的农村地区，其文化积淀和文化场域不同。不同的文化场域影响了农民工家庭不同的教育选择行为，这就会出现有些村落的留守儿童比较多，而有些村落的留守儿童比较少的现象。

同时，不可忽视的一点是，文化图示并不是固定的，它在互动中会形

---

① 王进、汪宁宁：《教育选择：理性还是文化——基于广州市的实证调查》，《社会学研究》2013年第3期。

成一种文化场域，而这种文化场域会形成一种无形的力量，成为农民工家庭教育选择的重要影响因素。文化场域并不是一旦形成就固定不变的，而是会在原有的模式下，在主体与客体间、主体与主体间的互动中不断地加以补充，吸纳外在的元素，从而使文化场域更有生命力、更有解释力。从文化场域的角度来解释农民工家庭的教育选择，可以为农民工家庭的教育选择提供一种更为宽广的解释力。因此，从文化的角度来解释农民工家庭的教育选择，可以把文化图示理论与文化场域理论进行有机的结合，也是对农民工家庭教育选择影响因素的整个解释框架的丰富与完善。

第三节 农民工家庭教育选择的教育因素

农民工家庭在对其子女进行教育选择时，会受到各种教育因素的影响，这些教育因素包括家长的受教育层次、对孩子的教育期望以及孩子本身的学习状况等各个方面。

一、农民工本身的学历层次

农民工本身的受教育层次会对其子女的教育选择产生重要影响。相关的研究文献表明，下一辈阶层是对上一辈阶层学历层次的复制，因此，父辈的学历层次会影响子辈的学历层次。从第二章统计及呈现出的数据可以看出，受教育层次较低的农民工家庭，一般来说会更倾向于把孩子留守在农村老家的学校上学，他们的学历层次主要是以小学和初中为主；而受教育层次较高的农民工家庭，一般来说会倾向于把孩子随迁到城市的学校就读，他们的学历层次主要是以初中和高中毕业为主，两者相加所占的比例达到60%。

为什么学历层次较低的农民工家庭会倾向于选择把孩子留守在农村老家的学校上学呢？这与外出务工农民本身的学习经历有关，他们自己主要是在乡村及乡镇的学校接受小学及初中教育，学校毕业之后就外出务工。受教育背景及学习经历的影响，这些农民工家庭会更倾向于选择把孩子留守在农村老家的学校上学，这种教育选择有可能是无意识的，农民工家庭不自觉地就把孩子留守在农村老家的学校上学。为什么学历层次较高的农民工家庭会倾向于选择把孩子带到城市学校上学呢？这与这部分外出务工农民本身的学习经历有关，选择把孩子带到城市学校上学的农民工家庭，三分之二以上具有初中及以上学历，其中有近20％的农民工接受了高中教育。学历层次相对较高，更能认识到教育环境及教育质量对于孩子成长的价值，更能认识到优质教育对孩子成长的重要性，因此，在与农村学校教育相对比后，更倾向于把孩子带到城市学校来上学。可以说，这些农民工的教育选择更多的是有意识的，是经过比较后，自己自觉地把孩子带到城市学校来就读。

总体来说，不同学历层次的农民工在孩子留守或随迁的教育选择上具有差异性，农民工本身的学历层次成为影响他们进行教育选择的重要因素。但同时，我们也要看到，农民工家庭的教育选择虽受其学历层次的影响，但这种影响并不是决定性的。调研的数据显示，三分之一具有小学学历的农民工也选择了把孩子带到城市学校来就读，这说明农民工的学历层次会对其教育选择产生影响，但同时还受其他因素的影响。而且我们也可以看到，学历层次这个教育因素在农民工家庭教育选择上并不是简单的二分法，即学历层次较低的农民工会把孩子留守在农村老家的学校上学，学历层次较高的农民工会把孩子带到城市学校就读。事实上，学历层次这个教育因素只是影响农民工家庭教育选择的众多影响因素之一，我们对于教育因素的分析不能简单化，而是要把它纳入整个影响因素中分析，这样看问题才会更全面。

二、教育期望的影响

对孩子的教育期望也是影响农民工家庭教育选择的重要教育因素。从调研数据和访谈资料中可以看出，对孩子具有高教育期望值的农民工家庭更倾向于把孩子带到城市学校就读，高教育期望值是农民工家庭作出把孩子带到城市学校就读的教育选择的重要影响因素；而具有低教育期望值的农民工家庭则倾向于把孩子留守在农村老家的学校上学。教育期望是家庭对于孩子接受教育后，教育能够给家庭带来的收益预期，特别是经济收益的预期。家庭对于孩子的教育期望越高，就越会投资于孩子的教育。可以这样说，教育期望值是影响农民工家庭作出其子女留守或随迁的教育选择的重要因素。

把孩子留守在农村老家学校上学与把孩子随迁到城市学校就读的教育成本进行比较，把孩子带到城市学校就读的教育成本要远高于把孩子留守在农村老家学校上学的教育成本。这么高的教育成本，为什么部分农民工家庭还是要把孩子带到城市学校来上学？其中的一个重要原因是这部分农民工家庭的高教育期望值。由此我们可以得出一个结论，把孩子带到城市学校就读的农民工家庭的教育期望值要高于把孩子留守在农村老家学校上学的农民工家庭，把孩子带到城市学校就读的农民工家庭期望能得到更多的教育收益。而且，把孩子带到城市学校就读的农民工家庭的教育期望是建立在以下基本假设之上的，即城市学校的教育水平和教育质量要好于农村学校，把孩子带到城市学校就读能带来更大的教育收益。因此，他们愿意在这方面进行教育成本的投入，这会对农民工家庭的教育选择产生重要影响。对于把孩子留守在农村老家学校上学的农民工家庭来说，不能说他们对孩子的教育期望值低，但总体来说，他们对孩子的教育期望值肯定不会很高。

从调研的数据和资料可以显示，也有把孩子留守在农村老家学校上学的部分农民工家庭，对于孩子有着较高的教育期望。那么，他们为什么不与其他农民工家庭一样，把孩子也随迁到城市学校就读呢？有两方面原因可以对此进行解释。一方面，部分农民工家庭认为农村老家学校的教育质量还可以，而且相当数量的农民工家庭中存在普遍的观念，即对于读小学的孩子来说，在农村学校上学与在城市学校上学没有什么差别，只要学的好，在哪儿都可以成才。另一方面，部分农民工家庭对孩子有较高的教育期望，认为孩子在学校学的好坏，是孩子他们自己的努力及学校教师的事情，自己没有必要进行额外的教育投入，自己现在外出务工挣钱，是为了以后孩子上大学能有足够的钱来付学费。

三、农民工子女的学习状况

农民工子女本身的学习状况也是农民工家庭教育选择的重要影响因素之一。农民工子女本身不同的学习状况会影响农民工家庭作出不同的教育选择。

从我们在农村学校调研的资料显示，学习成绩处于两端的孩子易成为农村留守儿童，我们在农村地区对留守儿童的监护人进行了实地访谈，他们认为，孩子学习成绩不好，如果随迁到城市学校上学，在学习上可能会更加跟不上，还不如留守在农村老家的学校学习。而对于学习成绩较好的孩子，为什么也留守在农村老家的学校学习呢？他们认为，既然孩子在班上的学习成绩较好，说明他们能够适应农村老家学校的学习方式，如果把这些孩子随迁到城市学校上学，可能会不适应城市学校的学习方式，跟不上学习进度。谨慎起见，还是把孩子留守在农村老家的学校上学较好。但也有些学习成绩较好的孩子由外出务工的父母接到城市学校上学，这些农民工家庭的想法是，希望孩子转学到城市的学校后，在较好的学习环境下，能够学得更好，在学习成绩上更上一层楼。

从我们对农民工随迁子女就读的公办学校及民办学校调研的资料表明，从总体来说，学习成绩处于中等水平的孩子容易成为农民工家庭随迁的对象。为什么农民工家庭会倾向于把学习成绩处于中等水平的孩子带到城市学校就读呢？他们认为，孩子的学习成绩处于中等水平，如果能够提供更好的学习条件，他们的学习成绩可能会更好些，而且他们认为城市学校的教育质量要普遍好于农村学校的教育质量。基于这样的考虑，他们就把孩子带到城市学校来就读了。对于这种情况，有学者从"过日子"的逻辑来分析农民工家庭的教育选择，认为"就可实现性而言，若子女学习成绩良好，教育前景明朗，'过日子'的首要需求就是努力培养子女成才，延续后代的需求会被暂时搁置，经济资源将会投入子女教育中。而一旦子女学习成绩不佳，子女成才的需求就不可能实现了，农民父母可能会放弃教育投资，将之转而投入为子女延续后代做准备方面"。① 把"教育前景明朗"的孩子带到城市学校就读，这种农民工家庭教育选择的"过日子"逻辑，可以解释农民工家庭更倾向于把学习成绩中等及较好的孩子带到城市学校就读的原因。

由此可以看出，在影响农民工家庭教育选择的教育因素中，孩子本身的学习状况及学习成绩也是考虑的因素之一，会对农民工家庭的教育选择产生不同程度的实际影响。对于这些教育方面的影响因素，我们不能忽视它们，而应该把它们纳入整个影响因素的框架中予以分析。

第四节　农民工家庭教育选择的政策因素

农民工家庭教育选择还受到政策因素这个宏观背景的影响，因为政策涉及教育资源的配置，教育资源的配置会对农民工家庭在其子女留守或随迁的教育选择上起导向性的作用，因此，我们在分析农民工家庭的教育选择时，不能忽视政策因素在其中的作用。在我国所有的政策中，户籍政策对农民工家庭的教育选择起着根本性的影响作用。本节主要分析我国的户籍制度对农民工家庭的教育选择产生的影响。

一、户籍制度的"二元性"影响着教育选择

新中国成立后，我国颁布了一系列户籍制度，到目前为止，户籍制度虽然经历了多次改革，但我国的户籍制度仍具有"城乡二元性"的总体特征。也就是说，具有城市户籍的公民与具有农村户籍的公民，他们享受的相关待遇是有区别的。同样是城市户籍的公民，内部也有较大的差别，特别是对于具有北京市、上海市这些特大城市户籍的公民来说，与其他具有城市户籍的公民是不一样的。我国的教育资源配置本身也存在城乡差距，城市往往具有更多更好的教育资源，而广大的农村地区的教育资源一直就

---

① 王思琦、柴万万：《"过日子"逻辑与农民的教育选择》，《北京社会科学》2015年第1期。

比较薄弱，这也促使一些农民工家庭携带其子女向城市流动，希望能享受城市更好的教育资源。但户籍制度作为一个门槛，阻碍了农民工家庭这种教育期望的实现，并不是进入了城市务工就业的农民，其子女就能享受同样的城市教育资源。户籍制度把外来务工农民与城市当地居民割裂开来，来城市务工就业可以，但其子女却不能享受城市的教育资源。户籍制度的二元性阻碍了外来务工农民的随迁子女享受平等的教育资源。

正是由于我国户籍制度的"二元性"特征，制约了外来务工农民的随迁子女在城市享受与城市当地儿童相同的受教育权，这是对农民工随迁子女平等受教育权的剥夺。虽然流入地政府在积极落实国家的"两为主"教育政策，使外来务工农民随迁子女能够进入公办学校就读，但他们进入的公办学校主要是薄弱学校或城郊学校，并没有享受同等的优质教育资源，在入学就读方面还是有较大的差别。由于我国户籍制度的"二元性"制约着教育资源的均衡配置，从总体来说，也影响了农民工家庭把孩子带到城市学校就读的积极性，实际上制约着农民工家庭的教育选择，农民工家庭在做教育选择时会考虑城乡二元户籍制度的约束因素。

二、户籍制度的"身份性"影响着教育选择

为什么外来务工农民的随迁子女在其父母务工就业的城市较难就读普通高中？这也受户籍制度的"身份性"特征制约的。户籍制度的"身份性"特征表明，一个区域内的户籍公民不能享受另一个区域内相应的教育资源。我国的户籍制度不仅是城乡分割的，而且是条块型的分割，形成了一道道无形的围墙，围墙之外的人不能享受围墙之内的医疗、教育、社保等相应的待遇。国家把不同的省份分成户籍分割的条块状，每个省市内部又把县市分成了不同的户籍条块状，不同范围内的人享受到不同的待遇。也就是说，我国的户籍制度不仅是城乡分割的，而且在各个城市之间也是分割的，户籍制度使人具有不同的"身份性"特征。

分割成县域与城市为单位的高中入学招生制度，对学生就读普通高中做了限制。具有某个县域或城市的户籍，不能到另一个县域或城市的普通

高中学校就读。而高考则是按照不同省份（直辖市）来进行分割的，并形成条块状。具有不同省份（直辖市）户籍的外来务工农民随迁子女只有回到户籍所在地的省份（直辖市）参加高考，并在本省（直辖市）内进行分数排名，按序统一进行录取。也就是说，我国当前已有的户籍制度，由于其"身份性"特征，实际上对于外来务工农民随迁子女的升学考试是一种制约，这也束缚了当前我国外来务工农民随迁子女升学考试政策的推进。实际上，要推进外来务工农民随迁子女的升学考试政策的改革，必须先对我国的户籍制度进行改革。目前我国各地虽然都在对外来务工农民随迁子女的异地升学和异地高考举措进行改革，但并没有抓住改革的根本点。根本性的改革还是要对户籍制度进行较为彻底的改革，应着力于消除附在户籍制度之上的身份性特征。

从户籍制度的"身份性"特征，我们也可以解释为什么农民工家庭不愿意把读初中的孩子（特别是读初三的孩子）转到城市学校来就读，因为这些读初中的孩子面临着中考，而按照我国户籍制度的规定，户籍制度所具有的"身份性"特征限制了农民工随迁子女在城市学校就读普通高中。户籍制度把农民工子女在城市学校的受教育阶段一分为二，可以在城市的公办学校接受小学及初中阶段的义务教育，但后续教育阶段要回到户籍所在地去接受普通高中教育，通过户籍制度对农民工随迁子女在城市的普通高中接受教育实际上做了限制。这种限制具有隐蔽性，这种隐蔽性只有深入分析户籍制度的特征，才能较为全面地揭示出来。

三、户籍制度的"福利性"影响着教育选择

我国当前的户籍制度还有一个特征，就是户籍制度还承载着社会福利。城市户籍与农村户籍分别承载着不同的福利待遇，不同级别的城市的福利待遇又有着较大差别。农村户籍承载着的社会福利待遇明显低于城市户籍，这促使农村人口向城市流动，但并不是流向了城市就具有了相应的城市户籍，从而就能享受到城市户籍所具有的"福利性"待遇。

正是因为我国当前户籍制度所具有的福利性特征，外来务工农民随迁

子女在城市学校较难享受与城市儿童相同的教育资源，农村户籍的福利待遇不能与城市户籍的福利待遇相对接。目前，虽然大部分外来务工农民随迁子女能够进入城市的公办学校就读，但是优质的教育资源并没有对外来务工农民随迁子女完全开放，这些外来务工农民随迁子女在城市学校只享受了一般的教育资源，其师生比、实验仪器设备、图书资料册数等教育教学设施基本能达到国家标准，但是其教育教学管理、校园文化建设、师资力量和教育的教育教学水平与优质的公办学校却有较大的差距。

从户籍制度的"福利性"特征，我们也可以解释农民工家庭不得不选择把孩子放在城市民办学校或城郊的公办学校接受教育的原因，这是农民工家庭不得已的教育选择，我国的户籍制度从根本上限制了农民工随迁子女在城市接受优质教育资源的可能性，这也从某种程度上抑制了农民工家庭把孩子随迁到城市学校就读的强烈愿望，这也使农民工家庭从中感受到现实教育环境的不公平、社会的不公正。

四、户籍制度的"排他性"影响教育选择

我国当前的二元户籍制度还具有"排他性"的特征，主要体现在城市户籍对于农村户籍的排斥，使得这两种户籍相互之间不能通融，同时也使这两种户籍在全国各地不能相互兼容。

正是由于户籍制度的排他性特征，造成了区域之间的封闭性，形成了一道道的壁垒。作为外来务工农民及其子女不能享受流入地的城市户籍的福利待遇，当然包括外来务工农民随迁子女在城市学校接受教育的情况。外来务工农民随迁子女在父母务工就业的城市学校里接受九年义务教育是国家法律的规定，这是必须完成的，是国家和国民都应承担的教育义务。但由于城乡二元户籍制度的排他性，制约着外来务工农民随迁子女在城市学校接受普通高中阶段的教育，同时也为外来务工农民随迁子女在城市高考设置了障碍。这种障碍制约了外来务工农民随迁子女在父母务工就业的城市学校接受完整的教育，无法使外来务工农民随迁子女在城市学校接受不同阶段的教育。各个教育阶段无法有效衔接，打断了外来务工农民随迁

子女在城市学校学习的完整教育链，这不利于外来务工农民随迁子女的身心发展。而且，户籍制度的"排他性"还从根本上压制了农民工家庭期望让孩子在城市学校接受完整教育的教育选择，也使农民工家庭能够更加理性地考虑其教育选择，以及现实环境的各种束缚因素。因此，农民工家庭的教育选择是无法绕开户籍制度这个影响因素的，需要面对这个现实的社会难题。

第五节 农民工家庭教育选择的孩子诉求因素

孩子本身各方面的诉求也是影响农民工家庭教育选择的重要因素，特别是随着孩子年龄的增长，他们能够表达出自己在各个方面的诉求，而孩子所表达的这些诉求也是农民工家庭作出教育选择时不得不考虑的因素，从而对农民工家庭的教育选择产生实际影响。孩子的诉求主要包括教育诉求、心理诉求和生活诉求这三个方面。而农民工子女对于自己诉求的表达，往往会采取不同的路径与不同的方式。

一、农民工子女的教育诉求

随着农民工子女年龄的增大，他们会向父母表达出自己的诉求。从课题组调研得到的相关数据表明，一般来说，小学四至六年级和初中一二年级的孩子更容易从留守儿童转变为随迁子女，在所有随迁子女中所占的比例达到70％。由于我国的户籍制度和中考制度，初中孩子从留守儿童成为随迁子女的比例受到了限制。为什么这个学龄阶段的孩子从留守儿童转变为随迁子女的可能性比较高呢？因为小学高年级和初中一二年级的孩子，对于自己的学习状况开始有对比，开始有自己的教育主张，同时也会向父母表达自己的教育诉求，特别是对自己学习上有不适应的情况会向父母反映。他们倾向于改变学习环境，向父母亲表达到城市学校就读的意愿。而小学低中年级的孩子却不会表达出自己的教育诉求，也表达不出自己的教育诉求。因此，农民工家庭在作教育选择时，会去考虑孩子所反映的教育诉求，同时也可解释这个年龄段的孩子随迁的可能性较高的原因。

　　如果农民工子女的教育诉求不被父母采纳，他们会采取"隐性抗争"的方式来表达自己的教育诉求，来体现自己在家庭教育选择中的主体性。"所谓的'隐性抗争'实际是指孩子通过隐蔽的、平和的方式策略性地反对家长决策，这种抗争模式反映了孩子拥有较强的能动性。同时，我们要从两方面来加深对'隐性抗争'的理解。一方面，在去留决策的问题上，即使孩子与父母在具体的策略上存在分歧，但是子女一般不会采取极端的、显性的反抗形式。相反，更多的家庭策略是在子女与父母之间持续不断的、相对温和的对抗中完成的。另一方面，'抗争'这种对抗模式是为了凸显孩子的主动性"。① 农民工子女无论是采取什么样的形式来反映自己的诉求，都说明他们对于自己成为留守或随迁子女有自己的看法，也会表达出自己的看法。而且，农民工子女的教育诉求也会影响其父母的教育选择，成为农民工家庭教育选择的重要影响因素。

二、农民工子女的生活诉求

　　随着农民工子女年龄的增长，他们还会向父母表达自己的生活诉求，或者反映自己在农村老家生活上的不适应，或者反映自己在城市生活上离不开父母亲的照顾，并由此来影响父母亲在自己去留方面的教育选择。孩子生活上的诉求也成为影响农民工家庭教育选择的影响因素之一。对于农村留守儿童来说，他们具有自己在生活上的诉求，当然他们的诉求是不同于随迁子女的诉求的，具有一定的特殊性。农村留守儿童在生活上的诉求主要是因为他们在生活上缺乏照顾，年龄较小的农村留守儿童无法表达出来，年龄较大的农村留守儿童就会向父母表达出来，而这些生活诉求的表达也会影响农民工家庭的教育选择，使父母考虑孩子留守在农村老家，缺乏相应的生活照顾这些现实问题。对于农民工随迁子女来说，他们具有不

---

　　① 韩晓燕、文旻：《"隐性抗争"与"隐性合谋"：城市新移民家庭策略的互动模式——以上海市农民工家庭的初中后教育选择为例》，《云南师范大学学报》（哲学社会科学版）2011 年第 2 期。

同于农村留守儿童的生活诉求，他们的生活诉求主要表现在对城市生活的不适应，这种生活上的不适应会影响他们在城市学校的学习状态，农民工家庭也会考虑这些生活诉求，一方面会想方设法使孩子适应城市生活，另一方面是在做教育选择时考虑孩子们所提出的生活诉求。

三、农民工子女的心理诉求

孩子对于父母还会有情感上和心理上的依恋，这种情感与心理诉求的表达，也会影响农民工家庭的教育选择。孩子与外出务工父母的分离，会带来农村留守儿童对父母情感与心理上的依恋，而孩子对于这种情感与心理诉求的表达，会影响父母在其子女去留方面的教育选择。

孩子与父母一起在城市务工学习，在心理与情感上建立了一种依恋关系，如果父母作出把孩子送回老家学校上学的决定，孩子也会表达出心理上与情感上的依恋诉求，继而影响农民工家庭的教育选择。

特别是对于年龄较小的农村留守儿童来说，虽然表达不清楚或无法表达出其心理诉求，但事实上他们是具有心理诉求的，而且不同年龄段及不同个体的农村留守儿童具有不同的心理诉求。如果他们的心理诉求长期得不到表达，或得不到恰当的解决，这些心理诉求就会积压成心理问题，对孩子的身心造成负面影响。因此，农民工家庭在做教育选择时，要通过各种方式主动了解孩子的心理诉求，而且还要动态地了解孩子的心理诉求。因为在不同的年龄阶段及不同的时期，孩子的心理诉求是有变化的，要及时了解孩子心理诉求的变化，并把这些不同的心理诉求及动态变化的心理诉求作为家庭教育选择要考虑的重要影响因素，在家庭的教育选择中要反映出孩子的心理诉求，这样的教育选择才是比较合理的，是考虑孩子身心发展的切身利益的，是有利于促进孩子身心健康的。

四、诉求表达方式

农民工子女本身的诉求能体现出其主体性，对于农民工家庭的教育选择能起到一定的影响作用。但其影响是有限的，大部分家长在家庭教育选择中处于绝对的强势地位，部分家长会征求孩子的意见，会考虑孩子在各方面的诉求，但最终的教育选择仍旧是由家长做出的，有些教育选择甚至根本没有反映出孩子本身在各方面的诉求。"现存的农民工子女教育问题无论是宏观的制度、政策研究，还是微观的家庭—学校—社区研究，都局限于家长的意识层面"。[①]

我们不能忽视孩子的主体性在农民工家庭教育选择中所发挥的影响作用，有学者为了挖掘孩子在家庭教育选择中的主体性，提出了"隐性抗争"和"隐性合谋"这两个概念，以此来反映孩子表达自我诉求的方式，"从孩子的主体性视角看待家庭策略的互动模式，发掘孩子在家庭决策中的主动性和能动性。'隐性抗争'和'隐性合谋'这两个概念的提出原本就是从孩子视角出发对去—留决策所做出的一种分类。因此，概念本身的差异实际上反映的是孩子主体性的差异、能动性的差别。'隐性抗争'强调的是对抗的状态，从结果的角度看，孩子的意识和策略主导了自己的未来走向。而'隐性合谋'的本质则是合作的态度，从结果的角度，孩子的意识逐步走向弱化，策略被完全取代。通过'隐性'这一特征抓住了家庭策略发展的真正形态，绕过'家庭力量对比'的经典角度，从家庭策略中比较弱势的孩子主体性视角，通过挖掘孩子的能动性来呈现完全不同于家长视角的家庭策略生产过程"。[②] 家庭策略是家庭成员之间的决策互动，这也就决定了"父母—孩子"的互动不同于一般人际互动，家庭互动与一般人际互动相比多了父母与子女之间的亲密关系，"'父母—孩子'之间的亲密关系、父母的权威性以及孩子的弱势地位。换言之，家庭互动是建立在情感基础上的互动，家长在家庭中具有绝对的权威性"。[③] 与此同时，我们也要看到，受个体认知能力、思维水平、知识积累和生活经验的限

[①] 于珍：《从边缘到中心：十年来农民工子女教育研究的历程》，《教育导刊》2008 年第 5 期。

[②] 韩晓燕、文旼：《"隐性抗争"与"隐性合谋"：城市新移民家庭策略的互动模式——以上海市农民工家庭的初中后教育选择为例》，《云南师范大学学报》（哲学社会科学版）2011 年第 2 期。

[③] 刘少杰：《中国社会转型中的感性选择》，《江苏社会科学》2002 年第 2 期。

制，孩子对于自己未来的把握并不完全出于理性的考虑。"青春期孩子的思想很容易受家长、同学、老师和传媒等外在因素的影响，因此，孩子能否做出理性选择的确是一个值得商榷的问题"。① 因此，我们对于农民工子女诉求的表达方式要辩证地看待，既要看到农民工子女表达诉求的主体性一面，也要看到他们在表达诉求时的非理性的一面。同时，农民工家庭的教育选择既要考虑其子女所反映的各方面诉求的积极性方面，也要看到其子女在反映各方面诉求中的不足方面，因此，农民工家庭的教育选择要综合考虑孩子所表达出的各方面的诉求，但不能忽视孩子的诉求是影响农民工家庭教育选择的重要因素。

第六节 农民工家庭教育选择的因素分析

本章详细讨论了影响农民工家庭教育选择的经济因素、文化因素、教育因素、政策因素、孩子诉求因素，并分析了这五方面因素是如何对农民工家庭的教育选择产生实际影响的。在这个章节的最后部分，对农民工家庭教育选择的影响因素进行较为系统的总结，以期对农民工家庭教育选择的影响因素有更为全面的认识。

一、各个因素间的影响是相互的

农民工家庭的教育选择其实是在各个因素的相互影响过程中产生的。在农民工家庭教育选择的各个影响因素中，每个因素都对农民工家庭的教育选择发挥着作用，但这些因素之间并不是相互割裂的，而是相互之间会产生影响的，对农民工家庭的教育选择发挥着整体合力。事实上，没有哪个因素能够单独对农民工家庭的教育选择产生影响，农民工家庭的教育选择始终是各个因素相互影响的综合结果。要具体分析清楚哪个因素在农民

---

① 韩晓燕、文政：《"隐性抗争"与"隐性合谋"：城市新移民家庭策略的互动模式——以上海市农民工家庭的初中后教育选择为例》，《云南师范大学学报》（哲学社会科学版）2011 年第 2 期。

工家庭教育选择中的影响作用更大，具体有多大的作用，那是很困难的。本章把各个因素单独拿出来进行研究与分析，是为了方便研究，同时也是为了能够对相关的因素作更为深入的分析与探讨。事实上，在农民工家庭的实际教育选择中，不能把各个因素分开，它们始终是缠绕在一起的。

二、经济因素占主导地位

经济因素在农民工家庭的教育选择中占主导地位，这是我们在农民工家庭教育选择的研究中务必清楚的一点。虽然各个因素对农民工家庭的教育选择发挥着相互影响的作用，但不可否认的是，在农民工家庭教育选择的所有这些影响因素中，经济因素发挥着主导性作用。也就是说，与其他影响因素相比，经济因素在农民工家庭的教育选择中所占据的比重与分量更大，或者说具有更大的话语权，从某个方面来说，甚至主导着农民工家庭的教育选择。农民工家庭对于其子女无论是做留守的教育选择，还是做随迁的教育选择，他们首先会考虑的是家庭的经济状况，是否在家庭经济状况的承受范围之内。从理性的角度出发，农民工家庭会把教育选择的风险控制在经济可承受的范围之内，不会因为家庭经济的实际状况而冒教育选择的风险。当然，对于所有的农民工家庭的教育选择而言，经济因素占主导地位并不是完全绝对的，也不能对此一概而论，这是从农民工家庭教育选择的一般情况来说的，其中，也可能会出现特殊情况。

三、影响因素呈现多元化

对于不同类型的农民工家庭教育选择的影响因素要做具体分析。在任何时候，对于农民工家庭的教育选择都不能搞简单化的"一刀切"。农民工家庭的教育选择可以分为不同的类型，不同类型的农民工家庭具有不同的教育选择。某个类型的农民工家庭的教育选择可能会受某个特殊因素的强烈影响。在不同的时间上与空间上，为了满足特殊的需求，农民工家庭的教育选择也可能会"不按常理出牌"，对于农民工家庭这样的教育选择，我们要把它放在具体的时空环境下予以具体的分析与探讨。比如为了满足孩子在各方面的实际诉求，有些农民工家庭也可能会不顾及其他的影响因素，从而作出满足孩子诉求的教育选择，这样的教育选择可能会与农民工家庭其他的教育选择不一样。可以这样说，影响因素的多元化，也会导致农民工家庭教育选择的多样化，表现出不同的家庭教育选择的类型。

四、政策因素不可忽视

对于政策因素的分析，本章中只分析了户籍制度对于农民工家庭教育选择的影响。其实，农民工家庭的教育选择不仅受到户籍制度的影响，而且还受到教育政策等其他政策的影响。对于农民工家庭教育选择影响因素的分析，离不开对政策因素的分析，可以这样说，任何脱离了政策因素的主体选择行为的分析，都是有缺陷的，对于影响因素的分析都是不完整的。我们在第八章中会专门探讨教育政策对农民工家庭教育选择的影响，及其两者之间的相互影响作用。政策作为一种资源配置方式，对人们的选择行为影响很大，脱离了政策因素的主体行为的选择往往是不明智的。事实上，从宏观的角度来讲，政策因素是影响农民工家庭教育选择的最重要因素。农民工家庭的教育选择是不能不受这种资源配置的宏观调控政策影响的，或者更直接地说，农民工家庭只能在国家的宏观制度背景及相应的政策框架下进行教育选择，不能超越国家的政策制度层面来进行教育选择。

第七章 农民工家庭教育选择的决策机制

在第六章中，我们呈现并分析了影响农民工家庭教育选择的经济因素、文化因素、教育因素、政策因素和孩子诉求因素。这些因素在影响农民工家庭教育选择时是相互隔离的呢？还是相互作用的呢？这些因素又如何相互影响农民工家庭的教育选择呢？哪些是影响农民工家庭教育选择的主要因素？哪些是影响农民工家庭教育选择的次要因素？哪些是农民工家庭教育选择时优先考虑的因素？哪些是农民工家庭教育选择时次要考虑的因素？这些影响因素的先后次序是什么？以及这些影响因素之间的逻辑关系是什么？农民工家庭在做教育选择时，又是如何把这些影响因素串起来的？这些影响因素在农民工家庭教育选择时所发挥的相对作用是什么？这些都涉及农民工家庭教育选择的决策机制。本章着力于探讨农民工家庭教育选择的决策机制，即探讨农民工家庭在面对各种影响因素时，其所作出的教育选择的整个过程是什么？本章主要包括已有的教育选择的决策机制研究、教育选择的决策模式研究及农民工家庭教育选择的决策机制探索等方面。

第一节 教育选择决策机制的研究

决策机制是人们作出选择的重要组成部分，是人们作出选择的最后关键环节，也是最难探索与分析的内容，因此对其的研究有着极其重要的现实价值，学者们也从不同方面对决策机制做了深入的研究，这些探究对于农民工家庭教育选择机制的研究具有重要的借鉴意义。目前包括教育选择在内的决策机制的研究主要呈现出以下四个方面的内容及形态。

一、双边匹配决策机制

在我们的现实生活中，在众多领域与实践中存在着大量的双边匹配决策现象及问题。为什么在现实生活中会大量使用双边匹配决策机制呢？因为任何的决策不仅仅是单方面的。涉及利益的不同主体，双边匹配是各方主体利益的最佳表达，而且，合理有效的匹配结果有利于提高组织经济活动、管理活动的效率，有利于提高双方主体的满意度。

有学者对双边匹配决策做过深入研究，具体而言，首先，对于现实生活中的双边匹配决策问题，形成合理有效的双边匹配方案是双边匹配决策过程中所有主体的共同需求。其次，在求解双边匹配决策问题过程中，构建双边匹配模型或提出求解算法是最为关键的一步。最后，现实双边匹配决策问题中，主体给出的关于另一方主体的偏好序信息形式多种多样，不同于以往大部分研究中的完全偏好序信息，主体给出的可能是不确定偏好序信息、不完全偏好序信息、三角模糊序信息等。主体在最优机制下的真实偏好是主体的优势策略，其匹配结果也是帕累托有效的。比如在婚姻匹配问题中，既是个人理性又是帕累托的抗策略机制是不存在的。[①] 双边匹配作为一种决策机制，是对各种不确定信息的充分考虑，同时也是对各主体方利益的充分考虑，这样的决策机制在理论上是一种理想的决策模式。事实上，人们的决策总是在各种不确定的信息中完成的，如何在不确定的信息中进行最佳的决策，这就有必要充分探讨双边匹配决策的理论及其模型。

有学者在研究中同时还提出，为了对双边匹配理论的最优化，还需要进一步补充需求理论，即用"需求—供给"和"需求—能力"的观点来解释人与组织的匹配问题，把双边匹配理论与需求理论有机地结合，是对双边匹配理论在内涵上的补充与丰富，以弥补其存在不足的方面。"需求—供给"观点认为，当组织满足了个体的需求、愿望或偏好时，则形成了员

---

① 乐琦、樊治平：《基于偏好序信息的满意双边匹配决策方法研究》，经济科学出版社 2013 年版，第 5 页。

工满意的匹配；"要求—能力"的观点则认为，个体的能力满足了组织所要求的能力时，则形成了组织满意的匹配；人与组织的双边匹配需要尽量满足人和组织双方的需要和要求，使双方均达到满意的状态。而针对信息系统外包中的匹配问题，一般来说要考虑六个评价指标，即经济、资源、战略、风险、管理和质量，并使用 AHP 和 PROMETHEE 方法的多准则决策方法来获得匹配结果。[①] 特别是"需求—供给"中的经济、资源、战略、风险、管理和质量这个六个评价指标的提出，可以较好地解决双边信息匹配的问题，能较合理地解决双边匹配过程中的信息不确定问题，使得双边匹配决策机制更具有科学性，特别是这六个评价指标的提出，使得双边匹配理论具有更强的解释力。

一般来说，双边匹配决策机制是一种理想状态的决策机制，能使双方都达到最佳状态，但对于农民工家庭教育选择机制来说，存在的最大问题是信息不对称。由于信息不对称，导致农民工家庭教育选择的误判。特别是由于农民工家庭信息不完整，获得信息的渠道不畅通，容易导致农民工家庭的教育需求不能对接政府部门的教育供给，带来农民工家庭与政府部门双边匹配的问题。对于农民工家庭来说，其教育选择并不见得会采取双边匹配机制来进行相应的决策，农民工家庭的教育选择也不可能考虑得这样复杂。但我们可以使用双边匹配理论来评价农民工家庭具体的教育选择机制是否科学及合理，我们同时也可以使用双边匹配理论来解释农民工家庭具体的教育选择行为中出现的问题，并指出农民工家庭教育选择决策机制的不足方面，为完善农民工家庭教育选择机制提出切实可行的方案。

二、偏好决策机制

偏好是选择理论（行动与决策理论）中最重要的概念。也就是说，在人们的选择中，行为主体往往倾向于根据自己的偏好来进行相应的选择。偏好决策机制，主要是指行动主体认为一选项比另一选项"好"，而这种

---

① 乐琦、樊治平：《基于偏好序信息的满意双边匹配决策方法研究》，经济科学出版社 2013年版，第 21 页。

偏好又往往建立在行为主体的主观判断上，这种主观判断会极大地影响行为主体的决策。有研究者认为，偏好是行为主体面对多个备选对象、事态或结果所表现出来的倾向性，它涉及关系、行动、主体、情景、时间、"更好"（这是一比较概念）等因素，而且主要涉及选择。在选择理论的全部历史里，最使人感到惊异或难以解释的莫过于偏好尤其是模糊偏好形成了。①

如何来对偏好决策机制进行分析呢？有研究者分析了随机需求与随机资源约束条件下的 MC 模式下供应链调度过程中蕴含的主要矛盾问题，并在此基础上，提出对供应链协作成员动态收益满意偏好的合理决策是有效解决矛盾的关键因素之一。在供应链体系运作的某一时刻影响收益偏好决策的因素很多，大体可划分为主观因素和客观因素这两大类。前者是指协作成员进行偏好决策时的一种主观期望行为，具有一定的预期性与风险性；后者则完全是基于当时的收益角度出发进行衡量与考虑，具有更大的现实性与实在性。② 而主观与客观这两大影响因素，都深刻地影响着行为主体的收益偏好决策机制，并对行为主体的决策产生实质性的影响。

追求确定性是人的本能，但不确定性在当代社会中却无时不在，如何在不确定性中寻找相对的确定性呢？这就需要对决策机制进行进一步的研究。有研究者对不确定性条件下的偏好决策机制做了更为深入的研究。在不确定性条件之下，由于期望值本身的不可计算性、行动结果比较的局限性以及投资者选择的有限理性，在这些因素的影响下，传统决策模型的精巧性在投资实务中无法体现，于是对于复杂的不确定性决策问题的研究又重新回到了对决策技术的研究、偏好以及决策准则选择的讨论上。比如讨论投资选择，就无法绕开投资者的偏好问题，其最初的定义是指消费品数量空间的一种序关系，现在已经具有更为丰富的内涵，投资者的偏好通过选择行为不仅影响资源配置效率和社会福利，还影响经济波动。于是，弗

---

① 王志远：《模糊偏好形成机制研究》，中国社会科学出版社 2013 年版，第 47 页。
② 姚建明、蒲云、张秀敏：《基于偏好决策的 MC 模式下供应链调度优化》，《中国管理科学》2005 年第 5 期。

里德曼把外生、不变的消费者偏好看作经济学区别于心理学和道德学的基本特征。鲍尔斯则认为一些内生性偏好是文化特征。永远变动的世界充满不确定性，我们不可能确定事物发展过程中的每一个细节，却可以在偶然性中寻找概率发生最高的必然性事件，这即为确定性偏好。投资者总是试图通过收集或购买私人信息来确定哪一种状态最终会出现，以此来扩展状态空间的信息集。当投资者受到信息收集成本的限制时，或将不确定状态空间变为确定状态技术上的不可行时，他们就会从追求状态的确定性转向追求结果的确定性来满足其确定性偏好，行动空间的可控性正好为满足投资者追求这种确定性偏好提供了条件。[①]

从更为严格的方面来说，由于结果是样本空间的元素，在状态空间不可控的情况下，即便是行动空间具有可控性，其结果也是不确定的，但在状态空间已知的条件下，最坏结果却是确定的，于是投资者从追求状态的确定性转向了追求最坏结果的确定性。然而，在现实经济活动中，投资者对状态空间并没有完全的信息，投资者选择的状态空间只是真实状态空间的子集，因此投资者将追求最坏结果的确定性又转向追求有概率保障的最坏结果的确定性。[②] 作为行为主体来说，更为关心的是在不确定条件下追求确定性，而事实上，确定性也具有很大的不确定性，因此，人们往往是在相互比较中来选择次优的确定性结果，在现实中并不存在最优的确定性。

面对各种纷繁复杂的不确定性局面，信息的有限性限制了投资者的选择范围和对状态的具体把握，不论处于不确定性的哪种状态，投资者都无法保证达到传统理性意义上的最优行动。这说明追求目标最大化没有现实意义，那么对于追求确定性结果的投资者更有实践意义的应该是降低目标

---

① 孙春花、李腊生：《投资者偏好、决策准则以及组合选择优化》，《北京工商大学学报》（社会科学版）2015 年第 3 期。

② 孙春花、李腊生：《投资者偏好、决策准则以及组合选择优化》，《北京工商大学学报》（社会科学版）2015 年第 3 期。

要求,去追求达到一个次优的方案,即投资者会选择满意准则来进行决策。① 因此,行为主体在各种不确定性的状况之下,往往会对各种影响因素进行综合考虑,并对相关的行为进行优化组合,从而达到相对较优的行动目标,而不是盲目地追求最优目标。

由于信息不完整及在不确定性的环境中,农民工家庭的教育选择往往会采取偏好的决策机制,这种偏好的决策机制往往是根据他们自己的主观判断,受已有传统、文化及教育的影响,受社会环境的影响,是一种基于感性的教育选择的决策机制。在这种决策机制中,农民工家庭会基于自我的偏好或者家庭自身的偏好,对于各种影响因素,根据其重要性进行先后排序。在先后排序的基础上,根据满意准则和自我的主观判断,对各种因素进行组合优化,然后按照自己的偏好来进行教育决策,从而产生相应的教育选择行为。偏好决策机制确实能够解释农民工家庭教育选择机制的某些现象,也确实较为普遍地存在于农民工家庭教育选择的决策机制中,但总体上并不能有效呈现农民工家庭教育选择机制的整个过程,只是对农民工家庭教育选择机制的部分解释,特别是对农民工家庭在不确定环境下的教育选择机制进行解释,具有一定的说服力。而且,偏好决策机制所提出的行动方案也确实具有一定的合理性,也能大致解释农民工家庭教育选择决策机制的过程。

三、约束最优化决策机制

对于行为主体的决策机制研究,有学者提出了约束最优化决策机制,认为在实际生活中,人们总是希望花费最少的人力、物力、财力等资源进行生产,进而获得最大的收益和成效,在管理学中被看作生产者的利润最大化和消费者的效用最大化。如果从数学的角度来看,就被看作"最优化问题"。最优化问题是行为主体的一种首选的决策机制,大量存在于人们的各种行为选择的决策机制中。综观现有的研究成果,我们所提及的"最

---

① 孙春花、李腊生:《投资者偏好、决策准则以及组合选择优化》,《北京工商大学学报》(社会科学版) 2015 年第 3 期。

优化问题"往往是指在某些特定约束的条件下寻找某个"目标函数"的最值，其解法有线性规划、非线性规划、动态规划、目标规划、对策论、图论与网络流理论、决策分析排队论、存储理论等，统称为最优化方法（Optimization）。经典的线性规划方法常将"约束条件"和"目标函数"都视为确定的，与实际生活中经常存在的不同形式的不确定性相悖。该研究者一改经典线性规划的研究思路，重点引入新的概念"弹性约束"，以"弹性约束"下的线性规划为对象建立新颖的数学模型，进而寻求其解最优化问题的方法。①

　　有研究者进一步指出，在进行选择的决策上，按照约束最优化决策机制，大致可以分为三个阶段：①设定决策变量——哪些变量在决策者的控制之下？②设定约束性条件——变量取值的哪些组合是可行的？③规定目标任务——决策者意欲最大化（最小化）哪个效用？在进行约束性最优化的决策机制时，需要考虑的是可行性与可欲性、效用最大化、约束最优化、期望效用、概率与统计、偏好的加总、博弈与均衡等要素。② 上述约束最优化决策机制三个阶段的提出，较为清晰地呈现出约束最优化决策机制的整个过程，对于农民工家庭在各种约束性条件下的最优教育决策具有现实价值。特别是该理论提出决策机制需要综合考虑效用最大化、约束最优化、可行性与可欲性、期望效用、概率与统计、偏好的加总、博弈与均衡等要素，能够较为完整地表现出行为主体的决策机制，是对行为主体决策机制相关研究的进一步丰富与完善，对于其他行为主体决策机制的研究具有较强的借鉴意义。

　　农民工家庭在进行教育选择时确实会考虑约束性条件，但对于这些实际存在的约束性条件，不会考虑的这样复杂，一旦受到各种约束性条件的限制，农民工家庭的教育选择往往只会简单地考虑这些约束性条件，不会对其进行深入的综合思考。但作为行为主体的农民工家庭在进行教育选择

---

① 甘涛：《弹性约束下线性规划最优化方法》，《统计与决策》2015年第18期。
② ［法］伊扎克·吉尔伯阿：《理性选择》，李井奎译，中国人民大学出版社2015年版，第82页。

的决策时，面临着在约束性条件下的最优化决策问题。虽然农民工家庭在进行实际的教育决策时，不会像研究者的分析这样复杂，但还是要面对这些要素，受到这些要素的实际约束，并在这种约束性的条件下作出最优的教育决策，以使自己的家庭利益最大化。这里之所以要以这样比较复杂的形式呈现出来，是研究者出于深入分析的需要，是要较为详细地呈现出行为主体决策机制的整个过程，并对分析农民工家庭的教育决策机制提供参考价值。

四、"问题-因素"决策机制

"问题-因素"决策机制通常又称之为因素分析法，而因素分析法又称指标分析法，是分析行为主体的决策机制的一种常用方法。因素分析法是根据指数体系，从数量上分析母指标（经济指标）变动受各子因素指标变动的影响程度的一种分析方法。指标体系是以乘积的形式出现的，其最为关键的就是如何排定各子因素指标的替代顺序。因为子因素指标替代顺序不同，对母指标的影响程度就会不一样。若决策相关者将各子因素指标的重要程度本末倒置，计算结果将会导致原本重要的指标变为次要的指标，次要的指标转为重要的指标，其危害性十分严重，这样的决策机制具有极大的不合理性，同时会对相应的情况产生不必要的误判，从而带来不良后果。比如，原本极其次要的指标发生不利变动，而计算结果显示为重要指标，则决策人员必将采取积极行动以挽回所谓的颓势，这样将消耗各种资源，导致决策的收益无法弥补其成本，使得企业利益受到不必要损害。①

英国学者西蒙·弗兰奇（Simon French）则在因素分析法的基础上，进一步提出了"问题-因素"的决策机制。该决策机制认为，人们往往是基于问题，在考虑问题背景的情况下，结合认知因素与社会因素来进行选择的决策机制。具体而言，决策者首先思考问题的背景，把问题的背景分为事件的构成、不确定因素、结果发生的时间、决策的紧急程度、有多少选项等方面，接着决策者会考虑认知因素，包括决策者的观念和学识、决

---

① 胡文献：《因素分析法下子指标排序问题思考》，《财会月刊》2007 年第 2 期。

策者对风险的态度、决策者的价值观和偏好、决策者能够承受的预算；同时决策者还会考虑社会因素，包括谁是决策者、有多少决策者、谁是利益相关者、谁掌握必要的资源、决策者的责任和义务。最后，决策者根据所列出的相关因素，以解决问题为取向来作出相应的决策。这就是"问题-因素"决策机制的整个过程。① 其实"问题-因素"决策机制就是以行为主体所面临的问题为出发点，在决策过程中综合考虑可能会出现的各种影响因素，并对各种影响因素进行先后排序，排在前面的影响因素要给予优先考虑，最终以解决问题为目标导向来进行相应的决策。相比其他的决策模型，事实上，"问题-因素"的决策机制具有较强的可操作性，整个的决策程序具有前后一贯性，并最终解决问题。

从现实性上来说，农民工家庭的教育选择可能会更多地采用这种"问题-因素"的决策机制，这主要与农民工家庭本身的文化背景和教育背景有关。农民工家庭的教育选择大多是秉持实用主义理念，其目的就是要在考虑各种因素的基础上去解决实际问题，这样农民工家庭就能够较为快捷地作出相应的教育选择。当然，从研究的角度来看，这是研究者所呈现的一种决策机制，与其他决策机制一样，都可能是呈现及分析农民工家庭教育决策机制的选项之一，并不存在优劣之分，只是对农民工家庭教育决策机制的分析视角不一样。"问题-因素"的决策机制只是分析农民工家庭教育选择机制中的一种方式，既存在优点，也存在缺点。其优点是整个分析过程较为简洁，能够较为清晰地呈现出行为主体的整个决策过程，这对农民工家庭教育选择机制的分析具有较强的借鉴意义及可操作性。但其缺点是由于整个决策机制的简洁，可能会片面地走向简单化，并没有去深刻领会"问题-因素"决策机制的精华，发挥不出这种决策机制在分析农民工家庭教育选择机制中的实际作用，这一点需要引起我们足够的重视。

以上呈现出目前研究者对于行为主体决策机制的四种形态，每一种形态对于分析农民工家庭教育选择的决策机制都具有较强的借鉴意义。但对于农民工家庭教育选择的决策机制分析不能以其中的一个来排除其他的，

---

① ［英］西蒙·弗兰奇：《决策分析》，李华旸译，清华大学出版社2012年版，第108页。

而是要根据具体的情况，合理地运用适当的分析形态来呈现农民工家庭教育选择中的整个决策过程，并以此来反映农民工家庭教育决策机制中的优缺点，为优化农民工家庭教育决策机制提供参考。

第二节 教育选择的决策模式研究

教育选择机制的研究可以说是要呈现出农民工家庭教育选择的内在动力和整个过程，即在一种什么样的条件刺激下作出教育选择的，这种教育选择表现出一个什么样的过程。那么在考虑各种影响因素和各种动力刺激的情况下，农民工家庭的教育选择是否具有一种比较固定的模式呢？并以此模式来较为系统地解释农民工家庭的教育选择。因此对农民工家庭教育选择模型的研究是很有必要的。但目前对农民工家庭教育选择模式的研究是比较缺乏的，对于教育选择模式的研究虽然有些，但并不是很多，这些研究文献与观点对于分析农民工家庭教育选择的模式具有一定的借鉴意义，因此这里对已有的教育选择模式进行梳理，其意义就在于此。目前关于教育选择的决策模式的研究大致包括以下三大类。

一、教育选择的期权分析模式

教育选择指引着人们的职业发展方向，因此教育选择在人们的职业生涯中是必不可少的。不同的教育选择对人的职业发展具有不同的影响作用，因此家庭的教育选择往往是慎重的，家庭的教育选择还会直接影响整个社会资源的分配状况，教育选择就意味着教育资源的分配。但家庭的教育选择往往会受到许多不确定因素的影响，这导致家庭很难作出最合适的教育选择，只是在不确定条件下作出次优的教育选择，因此家庭的教育选择没有最优的模式，只有次优的模式。有研究者认为，家庭的教育选择首先要考虑的是不确定因素，而"这些不确定因素包括由于人们对自己的能力认识不足，且不能获得关于学校质量、竞争对手状况等信息而面临的辍学风险和预期工资分布风险，由于不能准确预测未来的经济发展、科技变化和政策导向而面临的市场风险和供求风险。由于教育投资属于沉没成本，且教育投资没有抵押品，无法投保，这使得关于教育投资风险性的研究非常必要"。[①] 也就是说，行为主体的教育选择基本上是在不确定因素和不确定的条件下作出的，具有一定的风险性，因此人们在面临教育选择时通常是谨慎的。

事实上，从 20 世纪 70 年代开始，经济学家就开始研究最优教育选择模式。有研究者指出，"科恩（Kohn）等人和富乐（Fuller）等人研究了经济政策如学费、奖学金、生活成本、机会成本、学习成绩等变量对个体在选择学习或工作时的影响。而基恩（Keane）和沃尔平（Wolpin）则系统地阐述了个人动态最优选择学习和工作的过程。乌斯特毕克（Oosterbeek）和奥费姆（Ophem）则进一步研究了折现率对个人教育选择的重要性。奥尔顿（Altonji）首先用实证方法估算了教育选择的不确定性，但他只估计了辍学风险对个人预期回报率的影响。直到近几年，人们才开始用金融定价模型估计教育选择的不确定性。哈托格（Hartog）和费韦贝赫（vijverberg）在这方面使用均值—方差理论估计了个人的最优教育选择，他们的结论显示出风险和回报率确实呈正相关分布，但个人通过学习文文、文理、理理各种不同学科的组合并不能降低投资风险。由于个人无法分散风险这一结论，违背了均值—方差理论最基本的假设——个人通过资产组合等方法可以降低风险，这就减弱了此方法的说服力。霍根（Hogan）和沃克（Walker）则开始使用期权理论来估计出相应的教育选择风险，他们应用时间序列的随机模型估计了个体最优的教育年限，但此模型的缺陷在于，因为包含了高阶微分等复杂的公式，从而不利于实证检验"。[②]

有研究者进一步指出，借用金融的期权理论模式对风险的估算可以很好地评估个人预期收益的不确定性，进而推出个人的最优教育选择。"期

---

① 杨娟：《不确定条件下的最优教育选择——基于期权模型的实证研究》，《北京师范大学学报》（社会科学版）2008 年第 4 期。

② 杨娟：《不确定条件下的最优教育选择——基于期权模型的实证研究》，《北京师范大学学报》（社会科学版）2008 年第 4 期。

权教育选择模型，可以预测整个社会在考虑不确定性条件的最优教育水平，对我国的教育政策的制定具有重要的指导意义。通过此预测，我们可以从另一角度得知人们是否根据自身特点选择了最优教育水平以及我国高等教育是否过度，并以此制定相应的招生计划"。[①] 金融的期权理论模式是从预期收益结果的角度来倒过来推算行为主体的最优教育选择，这种从金融的角度从结果到过程的分析模式，对于教育选择模式的研究具有较强的启发性。

从不确定的结果推出不确定的条件下的教育选择，虽然有实证研究来作为支撑，但没有强有力的证据来加以证明，因此这对于农民工家庭教育选择模式的分析只能是提供一种借鉴作用，并不能完全建立在此基础上。否则农民工家庭教育选择的一些现象与问题就无法阐释清楚，不利于对农民工家庭的教育选择作出全面的分析，也不能提供有力的证据来加以说明。

二、教育选择的风险分析模式

自人力资本理论创立以来，其收益研究受到了人们的广泛关注，但人们往往会忽略人力资本投资所带来的风险问题，并没有把相应的风险问题考虑在人力资本的投资决策中，因此这样的教育选择是具有较大的风险的。如何来规避其中的风险，这是人们一直在深入研究的问题。家庭在做教育选择时，教育投资所能带来的未来收益是需要考虑的一个重要因素，而投资可能产生的风险对于教育选择来说，是一个非常重要的影响因素，是一个不能不考虑的因素。那么，如何来考虑选择中可能会出现的风险问题呢？人们在进行教育选择的分析时，往往会采用风险分析模式，从而较为清晰地呈现出教育选择过程中可能会出现的风险。事实上，无论是个人还是家庭，在做教育选择时也确实会考虑其决策可能带来的风险问题，关键的问题是人们如何把这些可能会出现的风险表现出来。

[①] 杨娟：《不确定条件下的最优教育选择——基于期权模型的实证研究》，《北京师范大学学报》（社会科学版）2008 年第 4 期。

确实，人力资本投资风险问题与个人教育决策密切相关。有学者在对两者的关系进行研究之后指出，"教育选择的不确定性即人力资本投资风险可以分为以下三种：第一，个人不能完成学业。因为很少有学生在入学之前就对所要学习的课程有非常全面的了解，因而他们不能保证自己的能力达到了这些课程的要求，即不能确定自己是否就一定能完成学业。第二，完成某种类型的教育后，毕业生仍然不能成为成功的从业者，原因是他们并不了解自己在该领域工作的真实能力，也就是说，从业的理想状态与现实状况存在着差距，这种差距会带来一定的风险。第三，个人所选择职业的未来市场价值是不确定的，即存在收入风险。经济周期、产业结构调整等因素可能使高薪行业变成低工资行业，还有可能出现某个行业被新兴行业完全替代的现象。其中，最后一种风险较为普遍。毫无疑问，个人在做教育选择时或多或少会意识到这些风险，因而在比较各种选择时也会将这些风险考虑进去"。[1] 正因为人力资本投资市场的不确定性，从而会导致教育选择的风险问题，建立一种教育选择的风险分析模式，其目的就是为了给教育选择带来的风险问题提供一种解释，明确可能会遇到的风险，并为尽量减少教育选择可能带来的风险提供相应的建议。

研究者的研究还进一步表明，"教育是一项有风险的投资，个人在做教育选择时并不完全了解自己的能力、学校课程的要求以及完成学业的可能性，因此人力资本投资风险是确实存在的。在进行教育选择时，个体的风险态度对其选择何种类型的教育进行投资也同样有影响"。[2] 也就是说，个体及家庭对于风险问题把握的态度及能力同样影响着行为主体的教育选择。主要因为风险确实存在，而且不好把握。对于这个问题，贝克尔同样指出："人力资本的回报是不确定的，对这种不确定性的反映，既取决于

① 廖娟：《人力资本投资风险与教育选择——基于个体风险态度的研究》，《北京大学教育评论》2010年第3期。
② 廖娟：《人力资本投资风险与教育选择——基于个体风险态度的研究》，《北京大学教育评论》2010年第3期。

其性质和程度，也取决于人们的偏好和态度。"① 从教育投入与教育收益的角度来说，对于行为主体的教育选择，其实更像是一场冒险，而且其所冒的风险比其他领域更大，因为教育投入所带来的教育收益的周期更长，有更多的不可预见性。为了尽量减少教育选择的风险问题，人们着力于教育选择的风险模式研究。有研究者认为，教育选择的风险模式应从学校课程选择的角度采用均值—方差理论来说明个人教育选择的风险问题。"该模型以个人接受教育是为了使一生效用最大化为目标，设定期望效用函数，并经过一系列数学变换，得到教育收益，风险以及风险态度对个人教育选择有重要影响的结论"。② 但仅从课程选择的角度却无法完全解释与化解教育选择中的风险问题，课程选择只是避免教育选择中的风险问题的一个方面，其他的方面还包括文凭的含金量和未来的就业市场等，这些因素也要纳入风险分析模式的考虑之中，这样所建立的风险分析模式才比较全面及合理，具有更好的说服力。

三、教育选择的理性分析模式

相关的研究已表明，个人的家庭背景及所处的社会阶层在很大程度上影响着个体的教育选择，即来自较高社会经济地位家庭的孩子可能有更为乐观的教育选择。同时，对行为主体的教育选择考察后，我们发现，行为个体及家庭的教育选择是建立在家庭利益的基础上的。这种从家庭利益的角度来分析教育选择的模式，是一种教育选择的理性分析模式，这种分析模式往往在教育选择的研究中占据主导地位，为行为主体的教育选择提供一种分析视角和较为固定的解释方式。

作为理性人来说，不仅要计算投入与效益之间的关系，还要考虑其他方面的事情，因此，理性分析模式不止于此，还包含着更为广泛的内容。

---

① ［美］加里·贝克尔：《人力资本理论——关于教育的理论和实证分析》，中信出版社2007年版，第8页。

② 廖娟：《人力资本投资风险与教育选择——基于个体风险态度的研究》，《北京大学教育评论》2010年第3期。

对于教育选择的理性分析模式做过较为系统的考察后，有学者认为，教育选择的理性分析模式主要包括三个方面："第一是来自任何阶层的家长都会为子女规避向下流动的风险，都有动力确保其子代的社会地位不低于他们自身。第二，在由较低学习阶段进入较高学习阶段时，来自不同阶层孩子的不同学习能力将作为筛选标准之一。来自较高社会阶层的孩子往往有着更强的学习能力，因此，他们也往往在学业中表现得更为优异。第三，阶层差异体现在不同社会地位的家庭能为其子女提供不同资源的能力上。当子女进入更高阶层的教育阶段时，其家庭拥有的资源超过了其成本，家庭才会做出继续留在教育系统中的决定。显然，来自更高社会地位的家庭有可能满足更高层次教育的资源要求。"[1] 教育选择的理性分析模式为行为主体的教育选择提供了较为合理的解释，即行为主体教育选择的理性来自对整个家庭利益的维护，或者是为了保持原有阶层的家庭利益，或者是为了具有更高一个阶层的家庭利益。如何才能维护自己所处阶层的利益呢？其中的一个重要途径就是通过教育来维持，即接受与本阶层相匹配的教育。人们正是在家庭整体利益的引导下进行教育选择的，这种行为主体的教育选择可以概括为理性选择。同时，从这个角度来分析行为主体的教育选择，就是教育选择的理性分析模式。这种分析模式对于人们看待行为主体的教育选择具有全方位的影响。

作为行为主体的农民来说，包括农民工在内的农民群体的教育选择是否具有理性呢？是否可以有借用理性模式来分析农民群体的教育选择呢？这首先要回答的一个问题是，农民群体的一般行为是否具有理性呢？马克斯·韦伯认为，处于"传统主义下的农民，其追求的并不是得到最多，而只是追求为得到够用而付出的最少"。[2] 用现代经济学的语言来说，即不追求利益的最大化，而只是追求代价的最小化。有学者在此基础上进一步指出，"其实，在理想状态下，即信息充分、可选参数穷尽时，人总是追

---

① 王进、汪宁宁：《教育选择：理性还是文化——基于广州市的实证调查》，《社会学研究》2013年第3期。

② ［德］马克斯·韦伯：《新教伦理与资本主义精神》，读书·生活·新知三联书店1987年版，第42页。

求最大利益。但是，现实社会中的个人决策往往受众多因素影响（如信息失灵、时间成本高和自身素质问题等）而表现出'有限理性'。所以，看似非理性的选择，实际上是在特定条件下的'满意最大化'或者效用最大化，这样的理性是现实世界的实然形态"。[1] 从这个角度来说，农民群体的决策也是理性的，只不过他们追求的是"代价最小化"的理性，而不是"利益最大化"的理性。其实，"代价最小化"和"利益最大化"只是理性表现形式的两个不同方面，无论对哪一方面的追求，都表明农民群体是有理性的，只是侧重点不同而已。或者说，农民工群体的内部是分化的，部分农民群体追求的是"代价最小化"的理性；部分农民群体追求的是"利益最大化"的理性，但总体来说，农民群体偏重于追求"代价最小化"的理性。事实上，在实际生活中，我们很难清晰地界定出农民群体的理性究竟是"利益最大化"的理性，还是"代价最小化"的理性。

有学者在理性表现形态的基础上做了更为深入的探讨，认为在现实生活中，"农民为子女进行教育选择的问题，其根本的动因在于农民对子女效益最大化的追求，而这种追求会受到四个方面因素的影响：一是农民在相应资源中所具有的利益及其对资源与信息的掌握情况，即'资源价值'。农民要有足够的资源信息，才能做出目的性选择；二是农民（包括其子女）的个人实力状况，这存在于他控制的资源价值和信息之中；三是每个行动者所控制的资源与信息及其分布状况，即'控制分布'，在农民工家庭的教育选择发生以前，其控制分布受制于个人实力及其掌握的资源与信息，而在教育选择行动发生之后，资源信息与个人实力状况又决定了其后续行动中的控制分布状况；四是行动的后果，这包括农民工及其子女对选择后果的价值所做出的判断"。[2] 该研究者从信息、资源、实力及价值这四个方面对农民工家庭教育选择的理性形态做了较为透彻的分析，这为我们深入认识农民工家庭教育选择的理性分析模式提供了新的切入点，同时

---

[1] 张力跃：《对农民职业教育选择行为的理性视角分析》，《清华大学教育研究》2011 年第 5 期。

[2] 张力跃：《对农民职业教育选择行为的理性视角分析》，《清华大学教育研究》2011 年第 5 期。

也是对农民工家庭教育选择的理性分析模式的丰富。事实上，作为理性的农民群体，他们也是从信息、资源、实力及价值这四个方面来考量家庭的教育选择，并从中作出自己认为最优的教育选择行为。

第三节 农民工家庭教育选择的机制

前面对农民工家庭教育选择模式的研究，并不是说农民工家庭在进行教育选择时就要遵循这些模式，完全按照这些模式（或者其中的一个模式）来进行相应的教育选择。事实上，农民工家庭的教育选择并不如模式所呈现的这样复杂。我们的研究之所以要详细陈述农民工家庭教育选择的各种形式的模式，是为了分析的需要，尽量呈现出农民工家庭教育选择的整个过程及不同形式。农民工家庭的教育选择确实受各方面因素和各种机制的影响，那么，对于各种影响因素，农民工家庭在做教育选择时会采取何种机制把这些因素结合在一起呢？这些因素在农民工家庭教育选择时的主次之分，也要给予相应的考虑。具体而言，农民工家庭是如何在各种因素的影响下作出教育选择的？它的整个过程是怎样的？虽然要呈现出整个教育决策的状况是很难的，但作为一项研究，还是有必要尽力而为地呈现出来。

本书认为，农民工家庭教育选择的主导机制是理性主义的，农民工家庭教育选择机制总体上是以理性主义来统领各种影响因素，把各种影响因素统领在理性主义的路线之下，即农民工家庭会以教育投入所带来的教育收益为主线来考虑各种影响因素，并贯穿于农民工家庭教育选择的整个过程，对农民工家庭如何作出教育选择提供一种解释方式。

在谈论农民工家庭教育选择的机制之前，这里首先要明确三组概念，一是要明确教育收益的内涵，这里的教育收益主要是指家庭教育收益。作为农民群体来说，他们有一个较为共同的特点，即更为看重整个家庭的教育收益，而非其子女的教育收益。明确这一点很重要，因为它会影响农民工家庭的教育选择，即农民投资于教育会带来整个家庭哪些方面的实际收益，这是农民工家庭首先会考虑的事情，这在农民工家庭教育选择中占主要地位。二是对于教育收益的深入理解，在农民工群体的眼中，教育收益不仅包括经济收益，还包括家庭社会地位的变化、家庭的声誉、阶层的上升等方面，只要其中某一方面能够达到农民工的教育预期，他们就愿意进行教育投入，因此，对于教育收益的不同理解也会影响农民工家庭教育选择机制的分析。对此，经济收益、家庭社会地位、家庭的声誉、阶层的上升等方面都要纳入对农民工家庭的教育选择分析之中，都要作为教育收益的要素进行充分的考虑与分析。三是对于教育投入的理解，这里的教育投入不仅是指农民工家庭在经济上的投入，而且还包括农民工家庭在时间、精力等方面的投入，而农民工家庭对于教育的投入的理解往往狭隘地认为只是经济上的投入，不包括其他方面的投入。认识这一点很重要，这会影响对农民工家庭教育选择机制的深入分析。因为对教育投入的不同理解往往会产生不同的农民工家庭教育选择机制。因此，我们在对农民工家庭教育投入的分析时，应尽量把有关农民工家庭在人力、物力、财力等方面的投入都纳入进来。

一、农民工家庭教育选择的线性机制

线性决策机制是农民工家庭教育选择的一种决策机制。农民工家庭教育选择的线性机制遵循的是理性主义路径，具体而言，农民工家庭教育选择的线性机制是在整个教育选择过程中采用以经济因素为主导的决策模式，是把经济因素放在首位的农民工家庭教育选择的整个决策过程。而对于教育投入与教育收益之间的考量始终贯穿于农民工家庭教育选择的整个决策机制之中。同时，我们也可以看出，农民工家庭教育选择的线性机制是按照比较固定的程序进行相应的决策，是一种遵循固有模式的按部就班式的农民工家庭的教育选择。

在所有的影响因素中，影响农民工家庭教育选择的首要因素是经济因素，对于农民工家庭的教育选择可以说是起着决定性的作用。这里的经济因素包括两个方面。一方面，经济因素是指农民工家庭自身的经济状况，即如果要把孩子随迁到城市的学校去就读，他们会首先考虑到家庭的经济状况是否能够承担起孩子额外的教育成本，而且还会进一步考虑能够承担几个孩子随迁到城市学校就读的教育成本。因此，从某种程度上来说，家庭的经济状况决定了孩子留守或随迁的教育选择。从中也可以看出，家庭经济状况较好的农民工家庭把孩子带到城市学校就读的可能性会更大，因为有相对较好的家庭经济基础做支撑。另一方面，经济因素是指教育选择将会带来的实际家庭经济状况的改善。农民工家庭投资于教育，特别是额外的教育投入，往往会看重将来会对整个家庭带来什么样的经济收益，这也是主导农民工家庭教育选择的首要因素，这可解释为什么经济状况并不是很好的农民工家庭也愿意额外地进行教育投入，把孩子随迁到城市学校就读，这是对未来经济收益的预期而导致农民工家庭在这方面进行教育投入。经济因素不仅是农民工家庭教育选择机制的主线，还主导着农民工家庭教育选择的整个运行过程，它甚至渗透到其他的影响因素之中，使其他的影响因素服务于经济因素，围绕着经济因素对农民工家庭的教育选择产生影响。经济因素不仅作为一个实体影响着农民工家庭的教育选择，经济因素还作为一种观念有形或无形地指导着农民工家庭教育选择的机制，把其他影响因素也纳入其运行机制的范围之内，并对其他因素施加影响。

在农民工家庭教育选择的整个决策机制中，第二位要考虑的是教育因素。农民工家庭在做教育决定时，主要是从两方面来考虑教育因素的。一方面，考虑农民工子女就读的学校教育环境，如果这种学校教育环境有利于孩子的学业成绩提高，他们会继续选择把孩子留在这种学校教育环境中就读；如果这种学校教育环境不利于孩子的学习成绩提高，他们则会选择把孩子转到他们认为较好的学校中就读。作为理性人的农民工来说，他们对于学校教育环境的选择，更多的是看重学校教育环境带来的实际教育收益。因为他们知道，从某种程度上来说，学校教育环境的好坏实际上决定了教育收益的高低。另一方面，教育因素是指未来可能带来的教育收益，这种教育收益是指接受更高层面的教育，可能会对整个家庭带来经济状况、社会地位、职业状况的变化，由于这种变化而使个体及家庭从中受益。如何才能带来教育收益呢？一般来说，农民工群体也会认识到，接受更高质量的教育会带来更高的教育收益，接受更高层次的教育也会带来更高的教育收益。农民工家庭对于这方面并不会去进行精细的计算，但他们会在对教育与收益的实际比较中，得出这个感性的认识，这种感性的认识事实上包含了理性的分析。从本质上来说，教育因素并不是独立的因素，农民工家庭的教育选择虽然受其影响，但并不会起决定性的作用。事实上，教育因素也会受到经济因素的制约，教育因素的背后其实还是经济因素，其中的教育收益更多的是指经济收益。以理性主义为主导的农民工家庭教育选择机制，对于教育因素的考量事实上并不能脱离经济因素的影响，农民工往往是以整个家庭的经济利益来考量教育因素的，并以此来作出教育选择，并不是以农民工子女个体的成长来考量教育因素的，并以此来作出相应的教育选择。

所以说，农民工家庭教育选择机制的理性主义倾向，是以整个家庭利益为主导的，特别是经济利益，农民工要么从家庭的最大化收益来考虑其教育选择，要么从家庭的最小化代价来考虑其教育选择。虽然这两种视角是不一样的，但贯穿于农民工家庭教育选择的机制是理性主义，它或者以显性的形式呈现出来，或者以隐性的形式表现出来。总体来说，在农民工家庭教育选择机制中，教育因素总是与经济因素结合在一起。教育因素服务于经济因素，并通过经济因素来发挥其有限的作用，经济因素始终是影响农民工家庭教育决策的主线，贯穿于农民工家庭的教育选择中。线性机制作为农民工家庭教育决策中的一种机制，会对农民工家庭的实际教育选择产生哪些影响，还需要我们进一步深入地分析与研究。

二、农民工家庭教育选择的非线性机制

事实上，农民工家庭的教育选择并非完全是遵循线性机制的，农民工家庭在进行教育选择时也会存在非线性机制，这是一种完全不同的农民工家庭教育选择的决策模式。所谓农民工家庭教育选择的非线性机制，是指农民工家庭在做教育选择时并非遵循理性主义路径，即经济因素并不是起

着绝对的影响作用，而是在做教育选择时，以非理性主义为主导。除经济因素之外，其他的影响因素也可能在农民工家庭的教育选择中起着决定性的作用。农民工家庭的教育选择并不是完全建立在教育投入与教育收益的基础之上的，在其决策过程中是以文化因素、大众心理因素和教育因素为主导，反而把经济因素作为次要考虑的对象，同时也把经济因素纳入文化因素、教育因素及大众心理因素的范围内作出相应的教育选择。

农民工家庭教育选择的非线性机制并不是按照固定模式来作出决策，它并不遵循固定的决策程序。对于不同类型及不同个体的农民工家庭而言，可能是为了某些特殊的需要得到满足，因此不同的因素在其教育选择的决策过程中起着主导地位和决定作用。并且，对于这些农民工家庭的教育选择也不可能按照一般规律来进行预测。比如在某个时段可能受到大众心理的影响，从而打破了原来所要遵循的线性机制，这种线性决策机制突然被中断而成为一种非线性决策机制。再比如有些农民工家庭的教育选择遵循着线性机制，按部就班地经过理性考量来进行相应的教育选择，但由于某个时段颁布了相关的政策法规，而这些政策法规对农民工家庭的教育选择产生了较大的冲击。在这样一种情况下，农民工家庭可能会重新考虑其教育选择，会打破已有的农民工家庭教育选择的机制，这就带来了农民工家庭教育选择的非线性机制。农民工家庭在进行教育选择时，会优先考虑家庭或者子女的某些特殊偏好，由此打破线性的决策机制，而成为一种非线性的决策机制。

农民工家庭教育选择的非线性机制是要考虑农民工家庭教育选择的突发情况和感性因素，这种突发情况在农民工家庭的教育选择过程中会时常出现，并对农民工家庭教育选择的已有模式产生实际影响，这其实是对农民工家庭教育选择的线性机制的补充与完善。事实上，农民工家庭教育选择的决策机制不可能完全遵循某种固定的模式，在实际的决策过程中是有变化的。其实，这种农民工家庭教育选择的非线性机制在现实生活中是大量存在的，农民工家庭基本上是在不确定的条件下进行教育选择的。不仅农民工家庭教育选择的因素具有不确定性，其教育选择的过程及结果也具有极大的不确定性。在这样一种不确定的境况下，农民工家庭的教育选择往往会走向非线性机制。因此，我们不应该排斥与隐瞒教育选择的非线性机制的存在，它可以为我们观察农民工家庭的教育选择提供不同的视角，同时也可以为农民工家庭不同的教育选择提供多方面的解释。

三、农民工家庭教育选择的多元机制

事实上，农民工家庭教育选择的机制既不完全是线性的，也不完全是非线性的，而是线性机制与非线性机制的混合物，我们把它称为农民工家庭教育选择的多元决策机制。所谓农民工家庭教育选择的多元机制是指农民工家庭在进行教育选择时，其运行的决策机制既有线性的成分，也有非线性的成分，理性主义与非理性主义并存。也就是说，农民工家庭教育选择的机制并不是线性机制与非线性机制的绝对分开。其实，两者之间是分不开的，是你中有我，我中有你的一种混合决策机制。

在农民工家庭教育选择的多元机制中，既不是线性机制与非线性机制的简单相加，也不是线性机制与非线性机制存在同等的分量，发挥同样的作用。而是以线性机制为主导，辅之以非线性机制的这样一种决策机制。总体来说，农民工家庭教育选择的多元机制是以线性机制为主导的，但也不能完全忽视非线性机制的作用。有时非线性机制在农民工家庭的教育选择中也会起着主导性的作用。相比较而言，其所占主导的比例远低于线性机制的农民工家庭的教育选择。也就是说，农民工家庭的教育选择基本上是以理性主义为主线的，贯穿于决策机制之中，整个教育选择的决策是以经济因素为主的，是以家庭的经济收益作为最后的参考标准。但在农民工家庭教育选择的实际决策过程中也会受到非理性主义的影响，文化、大众心理以及孩子的主观意愿等非经济因素在农民工家庭教育选择中有时往往也起着决定性的作用，会打破农民工家庭教育选择的固有形态和原有程序，呈现出非线性的农民工家庭教育选择的决策机制。农民工家庭教育选择的非线性机制说明农民工家庭的教育选择中存在很大的偶然性，同时也存在很多的突发性现象，对此应该要有足够的心理准备。有时候农民工家

庭会出现"不合常理"的教育选择，事实上，这是一种可以理解的农民工家庭教育选择的现象，因为不同的农民工家庭的具体情况是不一样的，在农民工家庭教育选择的多元机制中其实能够为之找到相应的根据与原因，并作出较为"合理"的解释。

农民工家庭教育选择的多元机制说明农民工家庭教育选择的决策过程是复杂的。我们不能简单地、一刀切式地来看待农民工家庭的教育选择，而是要对不同类型的农民工家庭的教育选择，作出具体的分析。农民工家庭的教育选择在整个决策过程中是一个系统工程，不能忽视各种因素对教育选择的影响，也不能忽视各种因素间的相互影响。但如何来统领及组合不同的影响因素，不同的家庭由于自身情况的不同，其决策机制也可能不一样。总体来说，农民工家庭教育选择的决策机制是多元决策机制，包容了线性机制和非线性机制，但以线性机制占主导，以理性主义为主线，经济因素所占的比重远远超过其他因素。事实上，农民工家庭教育选择的多元决策机制对于农民工家庭本身的教育选择现象及问题，能够从决策机制上作出较为合理的解释，并为合理的解释提供内在的依据。应该说，在农民工家庭教育选择的实际决策过程，采用的主要还是多元决策机制，不管农民工家庭是否意识到这一点，但对于研究者来说，必须对此有清醒的认识，并以此框架来分析农民工家庭的教育选择行为。

第八章 农民工家庭的教育选择与政策支撑

政策本身意味着资源的重新配置，涉及千家万户的切身利益，因此农民工家庭的教育选择不能不受政策的影响，同时农民工家庭的教育选择也会影响相关政策的制定与颁布，因为政策需要及时反映农民工家庭的教育诉求，并为解决农民工家庭及其子女的实际教育问题提供相应的政策方案。作为一项好的政策，不仅要反映出农民工家庭的实际教育需求，体现出政策本身的公共服务功能，为农民工家庭的教育选择提供政策保障；而且，对农民工家庭的教育选择还要起引导作用，通过教育资源的重新配置来引导农民工家庭的教育选择，从而帮助农民工家庭优化其教育选择行为。在本章节中，主要讨论三部分内容，即农民工家庭教育选择的政策影响（相关政策对于农民工家庭教育选择的实际影响）、教育政策伦理与农民工家庭的教育选择、农民工家庭教育选择的相关政策支撑。

第一节 农民工家庭教育选择的政策影响

其实在前面的章节中，我们已经讨论过农民工家庭教育选择的政策因素，但并未对具体的政策进行深入讨论。对于农民工家庭教育选择来说，影响最大的政策是户籍制度政策和农民工子女教育政策。可以这样说，农民工家庭的教育选择不能不受到这两组政策的影响。相关政策对农民工家庭的教育选择究竟会产生什么样的影响？我们下面对这两组政策分别作出相应的探讨。

一、农民工家庭教育选择的户籍政策影响

在前面的章节中，我们曾探讨过户籍制度作为一种壁垒，对农民工家

庭的教育选择所产生的消极影响。目前我国正在实施新的户籍制度政策，新户籍制度政策是对旧户籍制度壁垒的破除，不仅具有新特征，而且也能对农民工家庭的教育选择在政策制度层面上起引导作用，从而为农民工子女在城市学校中接受公平而有质量的基础教育提供政策与制度上的保障。从这个角度来说，户籍政策作为一个重要的因素能够极大地影响农民工家庭的教育选择，以及农民工子女的受教育状况。

（一）新户籍制度的特征

为了可持续发展的需要，近几年来，我国政府颁布了一系列户籍制度，从各方面推进了我国原有的户籍制度改革。2014 年 7 月，为适应推进新型城市化建设的需要，国务院出台了《关于进一步推进户籍制度改革的意见》，提出了三方面共十一条具体的政策措施，标志着我国的户籍制度改革进入到一个全新的阶段。2014 年 12 月，国务院法制办正式公布了《居住证管理办法（征求意见稿）》。2015 年 2 月，在《关于全面深化公安改革若干重大问题的框架意见》中，提出要扎实推进户籍制度改革，取消暂住证制度，全面实施居住证制度，建立健全与居住年限等条件相挂钩的基本公共服务保障机制。这些新户籍制度改革具有以下几方面的特征。

1. 具有去"二元性"的新特征

户籍制度改革的趋势就是要除去蕴含于其中的城乡"二元性"特征，建立全国统一的、在城乡间可以自由流通的户籍制度。但除去户籍制度中的"二元性"改革，会遇到区域性的各种阻拦，因此要除去户籍制度的"二元性"特征，不是一朝一夕就能完成的事情，它是一个长期的过程。但除去户籍制度的"二元性"特征一直是户籍制度改革的目标。只有打破户籍制度城乡"二元性"的束缚，才有可能为城乡儿童享受均等的公共教育服务提供制度依据，同时也为外来务工农民随迁子女享受均等的公共教育服务提供制度保障。在前面相关的章节中，我们事实上也已经发现，这些年来，外来务工农民随迁子女教育政策为什么在深入推进方面没有突破呢？关键是受到了城乡"二元性"的户籍制度的限制，户籍制度限制了教育改革的推进。只要"二元性"户籍制度存在，就必然会对外来务工农民随迁子女享受均等的公共教育服务大打折扣。外来务工农民随迁子女要能够在城市学校享受到均等的公共教育服务，就必须首先突破户籍制度中的"二元性"特征，它在外来务工农民随迁子女与城市当地儿童之间设置了一道无形的墙，使外来务工农民随迁子女虽身在城市学校，但却在享有非城市的公共教育服务，这也是对外来务工农民随迁子女的一种伤害，这种伤害有意或无意地对外来务工农民随迁子女的身心成长造成负面影响。除去户籍制度的"二元性"特征，就是要使城市的户籍与农村户籍是相等的、相通的，这为外来务工农民随迁子女与城市当地儿童一样享受均等的公共教育服务扫除制度上的障碍。

2. 具有去"身份性"的新特征

要使外来务工农民随迁子女能在城市学校享受公平的教育资源，就需要除去当前户籍制度中的"身份性"特征，这种"身份性"特征时隐时现、或明或暗地表现在户籍制度中，对于外来务工农民随迁子女公平接受基础教育，起着无形的制约作用。户籍制度中的身份性要素已成为一种隐性力量，制约着外来务工农民随迁子女教育政策的改革，无论外来务工农民随迁子女教育政策再怎样改革，都无法跳出户籍制度"身份性"的掌控，这也是外来务工农民随迁子女教育政策无法取得根本性突破的重要原因。无论我国当前的户籍制度如何进行改革，最为根本的一点就是要还原户籍制度的本来面目。在每个国民面前，户籍只是表明个体的基本信息，因此要把附在户籍上面的身份性标记去掉。其实，在不同的户籍面前，人人都是平等的，不能因为户籍制度，而导致人人在事实上的不平等，户籍制度的"身份性"特征反而使人人变成不平等的工具。除去户籍制度中的"身份性"特征，就是要使农村户籍与城市户籍在本质上没有区别。为了要使外来务工农民随迁子女在城市学校接受基础教育，首先要突破的是当前农村户籍制度贴在外来务工农民随迁子女身上的标签，去身份化而使外来务工农民随迁子女与城市当地儿童同等对待，这样才能为外来务工农民随迁子女享受平等的基础教育提供制度保障。只有在身份平等的情况下，外来务工农民随迁子女才能享受与城市当地儿童同样的入学机会、同等的受教育权、均等的教育资源、相同的教育质量，应该享受到作为国民中的一员，本身所应享有的一切平等的受教育权。

3. 具有去"福利性"的新特征

我国当前的户籍制度最大的特点之一是与福利待遇挂钩，这就使得有的国民能享有相应的福利待遇，而有的国民则无法享有其他国民所具有的福利待遇。这些附在户籍制度之上的福利待遇人为地把具有平等权利的国民分成了不同等级，并且这种户籍制度的"福利性"还具有继承性。例如，具有北京市、上海市等一线城市户籍的居民，不仅自身享有户籍制度所附属的福利待遇，其后代也因为具有北京市、上海市的户籍而继承相应的福利待遇。到目前为止，附在户籍制度上的医疗及社会保障等福利待遇已逐渐淡化，但附在户籍制度之上的优质教育资源的福利待遇不仅没有淡化，而且还有加强的趋势。优质公办学校限制了入学的区域范围，只有具有某个特定区域的户籍，才能就读相应的公办优质学校。"就近入学"制度的提出，更是一种享有户籍制度中"福利性"待遇的表现。优质公办学校划定了其教育服务范围，没有在这个教育服务范围之内的户籍居民，虽然具有城市户籍，但其子女同样不能进入这些优质公办学校就读，就近入学实际上是与相应的户籍制度捆绑在一起的，为某些特定区域的户籍居民提供优质教育的福利待遇，而其他户籍居民则无法享受这种教育福利待遇，所以城市居民为了争夺优质教育资源，出现了大量的"择校"现象。正是因为我国当前户籍制度中的"福利性"待遇，致使外来务工农民随迁子女无法享受优质的公办教育资源。优质的公办教育资源是一种教育福利待遇，它与相应的户籍制度连接在一起。即使同样是某个城市的户籍，由于所处区域不一样，其子女享受的教育福利待遇也是不一样的，享受不同层次的公办优质教育资源。虽然现在取消了"重点"学校，但城市学校之间的差距还是非常明显的。外来务工农民随迁子女要真正享受到城市的优质公办教育资源，就要去掉附在户籍制度之上的"福利性"待遇。没有福利性待遇就是最好的福利待遇、真正平等的福利待遇。同时也为外来务工农民随迁子女接受真正公平的教育扫除制度上的障碍与相关的制约因素。

目前的系列户籍制度改革，就是要去掉附在户籍制度上的"福利性"待遇。

4. 具有去"排他性"的新特征

"排他性"也是当前我国户籍制度中表现出来的明显特征，新户籍制度的改革方向就是要去掉附在其身上的"排他性"特征。目前我国有两种户籍制度，即城市户籍制度与农村户籍制度，但两者之间具有排斥性。城市户籍处于强势地位，而农村户籍处于弱势地位。就城市户籍来说，不同区域的户籍也不能相互兼容，彼此之间也具有很强的排斥性。为什么我国的户籍制度具有强烈的"排他性"特征呢？新中国成立后，户籍制度的作用主要是把国民固定在某个区域，从而不允许国民随意自由流动，而且区域之间都是条块分割的，没有得到允许，这个区域的户籍在另一个区域是不被承认的，这样就可以通过户籍制度有效地把国民固定在某个区域。随着我国现代化、城镇化和工业化的持续推进，大量农村剩余劳动力进城务工就业，虽然这些外来农民在城市务工就业，从事相应的工商业及其他经济活动，但他们仍然是农村户籍，无法享受到城市的市民待遇，外来务工农民的随迁子女也同样无法享受相应的市民待遇，特别是无法享受到同等的受教育机会。主要的原因就在于户籍制度的"排他性"特征，城市户籍对于农村户籍的排斥，具有农村户籍的外来务工农民无法享受城市户籍居民所具有的市民待遇。正是由于当前户籍制度的"排他性"特征，致使外来务工农民随迁子女在城市遭受到进入普通高中就读及异地高考问题的困扰。要使外来务工农民随迁子女在城市学校接受学前教育、义务教育及普通高中这几个阶段的完整的基础教育，务必要去掉当前户籍制度中的"排他性"因素，把外来务工农民随迁子女在城市学校接受不同阶段的教育有机地衔接起来，对外来务工农民随迁子女的教育全过程覆盖，真正地促进外来务工农民随迁子女的健康成长。

（二）新户籍政策下的农民工家庭教育选择

在当前户籍制度改革的新形势下，有必要把握国家对于外来务工农民户籍制度管理改革的新精神和新动向，对于外来务工农民随迁子女的教育政策框架作出相应的调整，既要突出重点，又要构建外来务工农民随迁子女接受基础教育的政策框架体系，为外来务工农民随迁子女提供均等且优质的公共教育服务资源，保障外来务工农民随迁子女在城市学校既能"有学上"，又能"上好学"，促进外来务工农民随迁子女的身心全面发展。总体来说，在新的户籍制度下，教育领域也要作相应的改革，为农民工家庭的教育选择提供一个稳定的政策环境，同时为农民工家庭的教育选择提供相应的教育资源供给，从而切实满足农民工家庭教育选择的需求。

1. 制定外来务工农民随迁子女接受学前教育政策

随着进入城市的外来务工农民及其子女的不断增加，外来务工农民举家迁入城市已成为外来务工农民的新特点。在外来务工农民随迁子女中，我们更为关注的是随迁子女中的适龄儿童接受义务教育的问题，在我国"两为主"教育政策的推动下，随迁子女在城市学校接受义务教育的问题得到了基本的解决。其实，当前外来务工农民随迁子女中有近一半的儿童是学龄前教育阶段的孩子，这些孩子在城市接受学前教育的状况是很不容乐观的，这应引起社会各界的关注。我们应该在新户籍制度改革的背景下，扩大学前教育资源，制定外来务工农民随迁子女接受学前教育政策，为农民工家庭的随迁子女接受学前教育提供相应的教育选择。

当前，我国各地的外来务工农民随迁子女接受学前教育的问题主要表现在几个方面。一是需要接受学前教育的外来务工农民随迁子女数量巨大，城市的公办幼儿园根本无法满足这些儿童的入园需求，城市幼儿园在数量这方面有巨大的教育资源缺口，这是一个根本性的问题。这个根本性的问题处理不好，将会在整体上影响外来务工农民随迁子女在城市接受学前教育，导致这些孩子根本无法入园。二是相当数量的外来务工农民随迁子女不能完成国家规定的 3 年学前教育，一般只接受 1 年的学前教育，主要是在学前班学习 1 年。甚至还有部分外来务工农民家庭由于各方面的原因不送孩子入园，不让其子女接受相应的学前教育，这种情况虽然是少数，但还是存在。三是大部分的外来务工农民家庭是把孩子送到民办幼儿园入园。这些民办幼儿园学费相对较低，一般建在外来务工农民较为集中的区域，方便家长接送孩子。与公办幼儿园相比，这些民办幼儿园的办园条件一般，办园质量不高。四是在外来务工农民较为集中的区域还存在大量的私建幼儿园，也被称作游击幼儿园。这类幼儿园专门招收外来务工农民随迁子女入园。这类幼儿园一般来说不具备办园资格，租用附近废弃的厂房或民房，办园条件极其简陋，完全达不到办园的基本条件。为什么这些黑幼儿园还能够长期存在下来呢？一方面，外来务工农民的家庭有子女入园的需求，而政府相关部门又无法满足他们的入园需求，而这类黑幼儿园之所以能够生存下来，就是刚好填补了这方面的空白；另一方面，政府相关部门监管不力，对于这类黑幼儿园，发现取缔后，又跑到其他地方办园，因而称之为"游击幼儿园"。对于这类黑幼儿园的监管不仅涉及教育行政部门，还涉及公安、城管、工商与税收等部门，而教育行政部门又没有行政执法权，因此，只有各个部门联合行动，综合执法，才能有效抑制黑幼儿园的存在。

2. 完善外来务工农民随迁子女接受义务教育政策

对于外来务工农民随迁子女在城市学校接受义务教育的问题，我们国家与政府历来是十分重视的。20世纪90年代至今，我国颁布了一系列有关外来务工农民随迁子女的教育政策，特别是"两为主"教育政策的颁布及实施，极大地改善了外来务工农民随迁子女在城市学校接受义务教育的状况，目前能够进入城市公办学校就读的外来务工农民随迁子女的比例已超过了80%。外来务工农民随迁子女在城市接受义务教育还存在许多问题，有很大的改进空间，我们有必要从政策层面进一步完善外来务工农民随迁子女接受义务教育的相关举措。

随着新户籍制度的改革，横亘在外来务工农民随迁子女接受真正公平教育的障碍已经在制度层面上消除了，但要真正使农民工随迁子女也能享受到与城市当地学生同样的教育资源，还有很长一段路要走。农民工家庭的教育选择不仅在于其子女能够进入城市的公办学校接受教育，他们还希望其子女能够在城市的公办学校中享受到优质的教育资源。因此，对于城市的教育行政部门来说，有责任大力改善农民工随迁子女就读的各类公办学校的办学条件，推行城市义务教育学校办学标准的均衡化发展，提高薄弱学校的教育质量。因此，从这个层面来说，有必要进一步完善外来务工农民随迁子女接受义务教育的政策，不仅要有数量上的保证，而且还要有质量上的提高，为农民工家庭的教育选择提供数量上和质量上的保障，切实从更高的层面来改善外来务工农民随迁子女在城市学校接受义务教育的实际状况。

3. 改革外来务工农民随迁子女的中考政策

在我国各级政府部门的高度关注下，外来务工农民随迁子女的义务教育问题在逐步得到解决。但随着社会发展对劳动者技能要求的提高，义务教育已不能满足社会各界对教育层次提升的需求，相当一部分农民工随迁子女的家长希望孩子初中毕业后能够继续接受更高阶段的教育。高中阶段教育需求逐步成为大多数外来务工农民家庭教育选择的底线。而要接受高中阶段教育，就必须跨越中考这一门槛。中考就是义务教育阶段的学生在初中教育结束后，拟继续升入高中阶段教育而参加的选拔性考试。由于农民工随迁子女是在其户籍所在地以外的异地接受初中教育，一般来说，按照制度设计的规定，他们要回到其户籍所在地去参加中考，然后在其户籍所在地接受高中阶段的教育。农民工随迁子女在流入地完成初中教育后，拟继续在流入地升学而参加的中考，就称为异地中考。当前，农民工随迁子女在流入地接受完初中教育后通常面临四种基本选择：或留在本地继续上高中或中职学校；或就地就业；或回原籍上高中或中职学校；或回原籍待业就业。根据我们的调研数据表明，大部分的外来务工农民家庭都希望其随迁子女在流入地的城市学校继续升学，这就需要我们改革并制定相应的异地中考政策。虽然在户籍制度上已经松动，但要在全国各地完全实施异地中考，还有一段很长的路要走。

从当前的情况来看，外来务工农民随迁子女中考政策仍存在两方面的问题。①外来务工农民随迁子女在流入地参加中考的政策仍不明朗。一是国家对在流入地参加中考的政策指向不明确。中考是由省级政府组织实施的，对进城务工农民随迁子女能否在流入地参加中考，国家没有明确的政策规定。教育部办公厅发布的《关于做好初中毕业升学考试报名工作的通知》中的有关规定（要求"依法落实和保障每一个学生接受义务教育和参加初中毕业、升学考试的权利"），应可以理解为国家准许进城务工农民随迁子女在流入地参加中考。二是各地出台的在流入地参加中考政策的状况不尽相同。截至2017年年底，允许进城务工农民随迁子女在流入地参加中考的有天津、上海、安徽、福建、海南、山东6个省市，明确作出规定的有19个地级市（分布于河北、黑龙江、吉林、辽宁等14个省）以及4个区县（分布于安徽、山东、湖北3省），共涉及20个省市区。各地在流入地参加中考的政策对进城务工农民随迁子女大都设有一定的报考条件，如暂住证、原籍户口、流入地初中学籍证明和父母务工证明等。[1]
③各地所颁布的在流入地参加中考的政策仍具有较大的局限性。目前仅有少数省市允许进城务工农民随迁子女在流入地参加中考，而且是仅面向省内流动的农民工随迁子女，相对于随迁子女这一庞大群体，政策惠及的人群有限。大多数进城务工农民随迁子女不得不返回户籍地参加中考，并在户籍地接受高中阶段教育，成为新的农村留守儿童。另外，当前的高考制度由于严格限定考生在户籍地报名，严厉封堵"高考移民"，这就意味着进城务工农民随迁子女即使能够在流入地参加中考后接受高中教育，3年后仍需回到户籍所在地参加高考。这也在一定程度上影响了进城务工农民随迁子女在流入地参加中考的积极性。[2] 上面是研究者提供的前几年的农民工随迁子女异地中考的相关数据。近几年，颁布农民工随迁子女异地中考政策的省份虽然有所增加，但总体来说，对于农民工随迁子女的异地中考还是有限制的。也就是说，目前的政策既为农民工随迁子女的异地中考提供了平台与机会，同时也作出了相应的限制，这对于农民工家庭的教育选择来说，面临着一个较为艰难的教育决策，因为它涉及孩子继续留在城市的学校上学还是回到户籍所在地的学校继续上学的问题。对于义务教育阶段的随迁子女来说，不回去的话，面临着在城市学校继续上学的路被堵

① 吴霓：《农民工随迁子女异地中考政策研究》，《教育研究》2011年第11期。
② 吴霓：《农民工随迁子女异地中考政策研究》，《教育研究》2011年第11期。

住了；回去的话，又面临着在农村学校的学习适应问题，以及重新成为留守儿童的问题，带来新的家庭分割。

二、农民工家庭教育选择的教育政策影响

随着大量农民进入城市务工，带来的农村留守儿童的教育问题与农民工随迁子女就学问题，已引起我国政府及相关部门的广泛关注。近二十年来，我国政府及有关行政部门颁布了一系列农民工子教育政策，这些农民工子女教育政策影响着农民工家庭的教育选择，或者说，为农民工家庭的教育选择提供了相应的政策依据。按照时间顺序来进行排列，我国的农民工子女教育政策主要表现在以下几个方面。

（一）《城市农民工中适龄儿童少年就学办法（试行）》

20世纪90年代中期以后，农民工随迁子女的数量已达到了一定的规模，并且要求在城市学校就读的呼声也较高，这些农民工随迁子女在城市学校的就学问题开始引起相关部门的关注。在此背景下，1996年，我国政策第一次以部门规章的形式颁发了《城市农民工中适龄儿童少年就学办法（试行）》。该办法主要包括六个方面的内容：①规定了流入地政府及各职能部门的责任，即流入地人民政府（市、区、镇），要为农民工子女中的适龄儿童少年创造条件，提供接受义务教育的机会；②规定了家长及监护人的责任，即城市农民工中的适龄儿童少年的家长或其他监护人，必须保证其适龄子女或其他被监护人接受规定年限的义务教育；③规定了以在城市全日制中小学校借读作为主要的就学方式；④在城市可以举办民办打工子弟学校，创办多种办学形式；⑤规定了收费方式，即可以向流动儿童的父母或其他监护人收取一定的费用；⑥规范了教育管理形式，即要对流动儿童建立临时学籍，把流动儿童纳入统一的学籍管理中。这个办法的最大不足是忽视了农民工随迁子女的平等受教育权，随迁子女作为儿童群体中的一员，与其他儿童一样具有平等的受教育权；还有虽然规定了监护人在随迁子女完成义务教育方面的责任与义务，但并没有强调流入地政府在农民工随迁子女完成义务教育方面的责任与义务，这是不公平的。

（二）《流动儿童少年就学暂行办法》

1998 年原国家教委和公安部联合制定了《流动儿童少年就学暂行办法》，规定了流出地政府的责任以及教育督导原则，即流出地政府负有严格控制义务教育阶段适龄儿童少年外流的责任；规定了流出地政府要配合流入地政府共同做好适龄流动儿童少年的义务教育工作。1998 年的《流动儿童少年就学暂行办法》其实是对 1996 年的《城市农民工中适龄儿童少年就学办法（试行）》的补充，即在城市中要加强农民工随迁子女的教育与管理，在农村要严格控制农民工子女的外流，其目的是控制进入城市的农民工子女的数量，以免给城市的教育与管理带来更大的压力。1998 年的《流动儿童少年就学暂行办法》其实是《城市农民工中适龄儿童少年就学办法（试行）》的延续，并没有作多大的改动，只是强调流出地政府在随迁子女流出方面的责任。其实，农民工随迁子女在城市学校完成法律规定的义务教育年限的真正责任主体应该是流入地政府，也只有流入地政府能够承担得起这个责任与义务。

（三）《国务院关于基础教育改革与发展的决定》

2001 年，国务院发布了《关于基础教育改革与发展的决定》，提出了"以流入地政府管理为主和以公办中小学为主"的"两为主"教育政策。"两为主"教育政策规定了流入地政府对农民工随迁子女接受义务教育的责任与义务；"两为主"教育政策同时也规定了城市公办学校是接受农民工随迁子女在城市学校完成义务教育的主要单位。"两为主"教育政策在所有的农民工子女教育政策中是一个转折点，带有方向性的意义，特别是随迁子女在城市完成义务教育的责任主体的变化，这对于农民工随迁子女在城市学校接受义务教育具有里程碑式的意义。可以这样说，后续的相关农民工随迁子女教育政策都是围绕"两为主"教育政策作出补充与加强的，特别是在具体的措施方面进行细化，使其更具有可操作性，这对于解决农民工随迁子女在城市学校的就学问题具有极大的推动作用。

（四）《关于进一步加强农村教育工作的决定》

2003 年，国务院发布了《关于进一步加强农村教育工作的决定》，除继续强调"以流入地政府管理为主和以公办中小学为主"的政策外，还首次提出了"进城务工就业农民子女的概念"。将"进城务工就业农民子女"从"外来务工人员子女"中分离出来，重点关注进城务工就业农民子女的教育问题有重要的意义。进城务工就业农民子女在城市学校的就学与教育中处于弱势地位，是真正需要关注的弱势群体，他们在城市学校的受教育状况及存在的问题需要得到更多的关注、更大的改善。能否使"进城务工就业农民子女"接受公平而有质量的义务教育，对他们今后的发展是至关重要的。从这一时期开始，进城务工就业农民随迁子女的教育问题受到了越来越广泛的关注，这有助于他们不利处境的实际改变。

（五）《关于进一步做好进城务工就业农民子女义务教育工作的意见》

2003 年，教育部、中央编办、公安部、国家发展改革委、财政部、劳动保障部等六部门联合制定了《关于进一步做好进城务工就业农民子女义务教育工作的意见》（以下简称《意见》），并颁布实施。《意见》主要包括以下几个方面的内容：坚持"两为主"教育政策；规定了流入地政府及各职能部门的责任；规定了流出地政府的责任；继续坚持"一视同仁"的原则；建立经费筹措保障机制，实行贫困生资助政策；要减轻农民工家庭的经济负担，采取灵活的收费方式；要规范民办打工子弟学校的办学状况，并加强这类学校的管理。农民工子女教育政策的最大亮点是提出了建立农民工随迁子女经费筹措保障机制，实行贫困生资助政策。《意见》可以说是"两为主"教育政策的进一步深化，特别是要从经费方面保障"两为主"教育政策的实施，这样的政策措施也更具有可操作性。

（六）《关于解决进城务工农民问题的若干意见》

2006 年，国务院发布了《关于解决进城务工农民问题的若干意见》（以下简称《意见》）。该《意见》的主要内容包括要保障农民工子女平等接受义务教育；输入地政府要承担起农民工同住子女义务教育的责任，将农民工子女义务教育纳入当地教育发展规划，列入教育经费预算；要以全日制公办中小学为主接收农民工子女入学，并按照实际在校人数拨付给学校相应的公用经费；城市公办学校对农民工子女接受义务教育要与当地学生在收费、管理等方面同等对待，不得违反国家规定向农民工子女加收借读费及其他任何费用；输入地政府对委托承担农民工子女义务教育的民办学校，要在办学经费、师资培训等方面给予支持和指导，提高它们的办学质量。应该说，《意见》对保障农民工随迁子女在城市学校平等接受教育提供了切实保证，特别是站在教育公平的视角下审视农民工子女在城市学校的受教育问题，是非常值得肯定的，而且《意见》中所列出的措施都是"干货"，农民工随迁子女能够从中受益。

(七)《中华人民共和国义务教育法》

2006 年通过并施行的新《中华人民共和国义务教育法》首次从法律的高度，对流动儿童少年的就学问题作出了明确的规定。《义务教育法》规定："父母或者其他法定监护人在非户籍所在地工作或者居住的适龄儿童少年，在其父母或者其他法定监护人工作或者居住地接受义务教育的，当地人民政府应当为其提供平等接受义务教育的条件。具体办法由省、自治区、直辖市规定。"从教育部门法的高度关注流动儿童少年的就学问题，为今后做好进城务工就业农民子女接受义务教育工作提供了最为有力的法律依据，同时也极大地推进了"两为主"教育政策在各省市的实施，有力地促进了农民工随迁子女在城市学校受教育问题的切实解决。

(八)《关于进一步完善城乡义务教育经费保障机制的通知》

2015 年 12 月，国务院颁布了《关于进一步完善城乡义务教育经费保障机制的通知》。随着我国新型城市化建设和户籍制度改革的不断推进，学生的流动性不断加大，现行义务教育经费保障机制已不能很好地适应新形势的要求，特别是不能有效解决目前学生流动性增大的问题。城乡义务教育经费保障机制有关政策不统一、经费可携带性不强、资源配置不够均衡、综合改革有待深化等问题，都需要进一步采取措施来加以解决。在整合农村义务教育经费保障机制和城市义务教育奖补政策的基础上，建立城乡统一、重在农村的义务教育经费保障机制，是教育领域健全城乡发展一体化体制机制的重大举措。该项政策的最大亮点是建立了"钱随人走"的教育经费保障机制，有利于保障农民工随迁子女在城市学校就读的受教育权益，也为农民工家庭的教育选择提供了切实可行的经费保障机制，对农民工家庭的教育选择提供了最为有力的支持。这项政策措施的实施，也意在通过教育资源的重新配置来引导农民工家庭的教育选择，同时也引导区域内的教育资源的分流及教育资源的均衡配置。

（九）《关于加强农村留守儿童关爱保护工作的意见》

2016年2月，国务院颁布了《关于加强农村留守儿童关爱保护工作的意见》，提出了要完善农村留守儿童关爱服务体系，要强化家庭监护主体责任，父母要依法履行对未成年子女的监护职责和抚养义务；要进一步落实县、乡镇人民政府和村（居）民委员会职责；要加大教育部门和学校关爱保护力度。县级人民政府要完善控辍保学部门协调机制，督促监护人送适龄儿童、少年入学并完成义务教育，教育行政部门要落实免费义务教育和教育资助政策，确保农村留守儿童不因贫困而失学；要建立健全农村留守儿童救助保护机制，要建立强制报告机制，完善应急处置机制，健全评估帮扶机制，强化监护干预机制；要从源头上逐步减少儿童留守现象，要为农民工家庭提供更多帮扶支持，各地要大力推进农民工市民化，为其监护照料未成年子女创造更好条件，要完善和落实符合条件的农民工子女在输入地参加中考、高考政策；要强化农村留守儿童关爱保护工作保障措施；要加强组织领导，加强能力建设，强化激励问责，做好宣传引导工作。该项《意见》的出台是对农村留守儿童关爱教育工作的总结与进一步强化，是对农村留守儿童关爱教育的全方位、全过程覆盖。

从我国20年来所颁布的农民工子女教育政策来说，这些政策的颁布对于农民工家庭的教育选择产生了深刻的影响，这可以从农村留守儿童与农民工随迁子女的分布情况来加以反映。

2012—2015年全国农村留守儿童的数量，2012年2271.1万人；2013年2126.75万人；2014年2075.42万人；2015年2019.24万人。①

---

① 数据来源于中华人民共和国教育部：2012年、2013年、2014年、2015年的《全国教育事业发展统计公报》。由于中华人民共和国教育部的网页上没有2016年农村留守儿童的相关数据，2016年的相关数据就暂时空缺，这里只分析了2012年至2015年这4年有关农村留守儿童的整体情况。在此特别说明。

从 2012—2015 年的统计数据可以看出，全国农村留守儿童的数量是逐年下降的。为什么农村留守儿童的数量会呈现逐年下降的趋势呢？这与近年来，我国政府颁布的农村教育政策有极大的关系。当前我国农村教育政策主要包括"两免一补"政策、营养午餐计划、农村寄宿制学校建设计划、贫困生资助政策、农村留守儿童关爱扶助政策、教育扶贫政策、农民工返乡创业政策等方面。这些政策深刻地影响着农民工家庭的教育选择。一方面，是农村学校教育环境在总体上的改变，对于农村学生更有吸引力；另一方面，大量的农民工返乡创业，使得部分农村留守儿童变成了农村非留守儿童，从而在逐年减少农村留守儿童的数量。其实，无论从哪方面来说，农村留守儿童数量的逐年减少是一件好事。当然，这是在相关政策的影响下，农民工家庭作出理性教育选择的结果。

2012—2016 年全国义务教育阶段进城务工人员随迁子女数量，2012 年 1393.9 万人，2013 年 1277.17 万人；2014 年 1294.73 万人；2015 年 1367.10 万人；2016 年 1394.77 万人。[①] 除了 2013 年农民工随迁子女的规模略有下降外，农民工随迁子女的规模在 2012—2016 年都有所增加，其规模呈现逐年增长的趋势。为什么农民工随迁子女的规模会呈上升的趋势呢？这与近年来，我国政府颁布的系列农民工随迁子女的教育政策有着极大的关系。特别是在 21 世纪初，"两为主"教育政策的颁布，以及随后颁布的与"两为主"教育政策相关的系列政策（是对"两为主"教育政策的加强与深化），这些教育政策的颁布为农民工随迁子女在城市学校的入学、受教育过程、经费保障、升学及考试等方面都提供了政策支持，极大地改善了农民工随迁子女在城市学校的就学状况，从某种程度上也激发了农民工家庭把孩子随迁到城市学校就读的热情。

教育政策会对农民工家庭的教育选择产生深刻的影响，任何的农民工家庭的教育选择都是在一定的教育政策背景下作出的，教育选择不能脱离教育政策的宏观背景。我们对农民工家庭教育选择的研究，绝对不能忽视

---

① 数据来源于中华人民共和国教育部：2012 年、2013 年、2014 年、2015 年、2016 年的《全国教育事业发展统计公报》。

政策因素的宏观影响，它从更高层面上制约着农民工家庭的教育选择，有形或无形地影响着农民工家庭的教育选择。

第二节　教育政策伦理与农民工家庭的教育选择

政策是对价值的表达和资源的分配。资源分配涉及各种利益关系，而有关系的地方，就会存在伦理规范。资源分配只是政策表象，政策实质上是受伦理规范这只"看不见的手"制约的。有什么样的伦理规范就会有什么样的分配方式，有什么样的分配方式就会有什么样的政策措施。教育政策伦理分析是对政策背后的价值取向与利益关系的呈现，是对农民工家庭教育选择更深层次的剖析。探讨农民工子女教育政策的伦理演进是要呈现资源分配所遵循的准则及其合理性，同时为进一步推进农民工家庭教育选择的相关分析提供研究基础，这也有助于农民工子女教育政策的进一步完善。

一、农民工子女教育政策的伦理演进

随着我国工业化、城镇化和现代化的持续推进，以农村剩余劳动力为主体的务工就业农民流向城市，形成了规模庞大的农民工及其子女群体。1996 年至今，我国政府针对农民工子女受教育问题，颁布了一系列农民工子女教育政策。[①] 对农民工子女教育政策的研究，主要包括农民工子女异地中考政策、流入地升学考试政策、异地高考政策实施情况，农民工子女教育政策十年演进、演变路径、重大转变、制定方式转变，以及农民工

[①] 这里的农民工子女教育政策是指我国政府 1996 年至今颁布的有关农民工子女教育的相关政策。在颁布的政策中，既有专门的农民工子女教育政策，也有与农民工子女相关的农民工政策及教育政策法规，只要涉及农民工子女（包括农民工随迁子女或流动儿童等）的教育问题及其政策措施，这里统称为农民工子女教育政策。

子女教育政策演进的伦理分析等。① 但已有的研究对农民工子女教育政策的伦理演进缺乏系统分析，未能揭示农民工子女教育政策伦理的演进主线和价值取向，这对农民工家庭教育选择的研究来说，也有较大的局限性。

其实，无论采取何种视角来分析公共政策，"在公共政策研究中越来越重视其伦理价值已是当今政策发展与研究中的不争事实，这也促进了公共政策本身的发展，是对公共政策的丰富与完善，使其在实践中更具合法性"。② 公共政策分析离不开伦理规范研究。那么，什么是伦理规范呢？"伦理规范起源于利益的分配和人际关系的调节"。③ 又该如何来"分配"利益和"调节"关系呢？这涉及公平与效率及其关系问题，公平与效率是处理利益及其关系的两维度。本部分试图借助公平与效率的框架来剖析我国农民工子女教育政策的20年伦理演进历程。

（一）强调教育效率的政策伦理阶段

我国政府在20世纪末最重要的教育任务是实现"普九"目标，但到1998年年底，全国普及九年义务教育的人口覆盖率仅达到73%。④ 要在2000年实现"普九"目标，各级政府的"普九"任务重、压力大，特别是农民工随迁子女的"普九"困难大。一方面，适龄儿童从农村流向城市，因流动性强而不能有效监管其流向，无法保证其入学率和巩固率；另一方面，聚集在城市的大量适龄农民工随迁子女因入学困难，易成为辍学的对象，这些都是"普九"的盲点。如何解决适龄农民工随迁子女的义务

---

① 吴霓：《农民工随迁子女异地中考研究》，《教育研究》2011年第11期；吴霓、朱富言：《农民工随迁子女在流入地升学考试政策分析》，《教育研究》2014年第4期；吴霓、朱富言：《随迁子女在流入地高考政策实施研究——基于10个城市的样本分析》，《教育研究》2016年第12期；杨颖秀：《农民工子女就学政策的十年演进及重大转变》，《东北师范大学学报》（哲学社会科学版）2007年第6期；杨颖秀：《新生代进城务工农民子女的教育政策需求及政策制定方式的转变》，《教育研究》2013年第1期；肖庆华：《农民工子女就学政策的演变、困境和趋势》，《学术论坛》2013年第12期；谢春风：《我国流动儿童教育政策演进的伦理分析》，《教育科学研究》2015年第5期。

② ［美］卡尔·帕顿、大卫·沙维奇：《政策分析和规划的初步方法》，华夏出版社2001年版，第33页。

③ 赵汀阳：《论可能生活——一种关于幸福和公正的理论》，中国人民大学出版社2004年版，第138页。

④ 教育部：《全国教育事业统计公报》，1998年。

教育问题？在此背景下出台了《城市农民工中适龄儿童、少年就学办法（试行）》《流动儿童少年就学暂行办法》和"两为主"政策，这些政策以教育效率为伦理取向，强调尽快解决农民工随迁子女的义务教育问题，实现"普九"目标。

20 世纪 90 年代中后期，我国城市形成了规模庞大的农民工随迁子女群体，适龄农民工随迁子女的义务教育问题开始凸显。1996 年和 1998 年相继出台的《城市农民工中适龄儿童、少年就学办法（试行）》与《流动儿童少年就学暂行办法》，就是为了解决农民工随迁子女的义务教育问题。有学者把这两项政策称为"围堵战略"，即通过遏制、围堵而达到有限的包含和容纳。[①]"围堵战略"主要通过两条路径来实施：一条路径是解决农民工随迁子女在城市入学的存量问题，把农民工随迁子女安排在民办学校、全日制公办中小学附属教学班（组）以及专门招收流动儿童少年的简易学校。主要通过民办学校和简易学校来安置农民工随迁子女入学，达到"围"的目的。另一条路径是控制农民工随迁子女在城市入学的增量问题，由于农民工随迁子女是外来人口子女的主体，通过控制农民工随迁子女的流出源头来减少其流入城市的数量，政策措施是农民工中适龄儿童、少年户籍所在地教育行政部门应建立严格的适龄儿童少年管理制度，流动儿童少年常住户籍所在地人民政府应严格控制义务教育阶段适龄儿童少年外流。严控农村适龄儿童少年外流，实现"堵"的目标。

"围堵战略"未能有效控制农民工随迁子女的数量，农民工随迁子女继续增加，到 2000 年，"6～14 岁义务教育阶段的学龄流动儿童达到 878 万人。"[②]"围堵战略"无法解决农民工随迁子女的义务教育问题，只能采用疏导的教育政策。在此背景下，2001 年印发的《国务院关于基础教育改革与发展的决定》首次提出"两为主"政策，强调流入地政府及公办学校在农民工随迁子女接受义务教育方面的责任与义务。解决农民工随迁子

---

① 邵书龙：《国家、教育分层与农民工子女社会流动：contain 机制下的阶层再生产》，《青年研究》2010 年第 3 期。

② 段成荣、梁宏：《关于流动儿童义务教育问题的调查研究》，《人口与经济》2005 年第 1 期。

女义务教育问题的关键是要明晰责任主体，即农民工随迁子女接受义务教育的责任主体究竟是流出地政府，还是流入地政府，或是农民工随迁子女的监护人。1996 年和 1998 年的农民工随迁子女教育政策并未明确责任主体，导致谁都不愿承担农民工随迁子女接受义务教育的责任。因责任主体的模糊化，农民工随迁子女的义务教育状况并未得到有效改观。2001 年的"两为主"政策明确提出，流入地政府是农民工随迁子女接受义务教育的责任主体，须承担解决其教育问题的责任。事实上，也只有流入地政府有能力解决农民工随迁子女的义务教育问题。1996 年和 1998 年的政策中提出民办学校和简易学校是农民工随迁子女入学的主要接受单位。实际上，因民办学校和简易学校的容量有限，无法全部接受农民工随迁子女入学；而且，无论是在办学硬件上还是在办学软件上，民办学校和简易学校都无法满足农民工随迁子女就学的实际需求。要切实解决农民工随迁子女的就学问题，须打开公办学校的大门，无条件有义务地接受农民工随迁子女就学。事实上，也只有公办学校有容量来接纳农民工随迁子女完成义务教育。

（二）关注教育公平的政策伦理阶段

"两为主"政策明确了农民工随迁子女接受义务教育的责任主体和承担单位，大量农民工随迁子女进入公办学校就读，农民工随迁子女的就学状况开始成为政策关注的重点。在此背景下，2003 年至 2013 年，我国政府颁布了《关于进一步做好进城务工就业农民子女义务教育工作的意见》《国务院关于解决农民工问题的若干意见》《中华人民共和国义务教育法》《国家中长期教育改革与发展规划纲要（2010—2020 年）》《关于做好进城务工人员随迁子女接受义务教育后在当地参加升学考试工作的意见》等系列农民工随迁子女教育政策。这些政策以教育公平为伦理取向，关注农民工随迁子女的公平受教育状况。

随着适龄农民工随迁子女进入城市学校就读，教育政策更为关注其公平受教育状况。一是关注农民工随迁子女入学就读的费用问题。与城市当地适龄儿童一样，农民工随迁子女也开始享受免除学费政策，还要"通过设立助学金、减免费用、免费提供教科书等方式，帮助家庭经济困难的进城务工就业农民子女就学"。二是关注农民工随迁子女受教育状况的同等对待。相关政策要求学校"在评优奖励、入队入团、课外活动等方面，要做到进城务工就业农民子女与城市学生一视同仁。学校要加强与进城务工农民子女学生家庭联系，及时了解学生思想、学习、生活等情况，帮助他们克服心理障碍，尽快适应新的学习环境"。三是要公平对待农民工随迁子女就读的民办学校。相关政策要求"在办学场地、办学经费、师资培训、教育教学等方面加强对以接收进城务工就业农民子女为主的社会力量所办学校的扶持、指导和管理，规范其办学行为，促进其办学水平和教育质量的提高"。

农民工随迁子女完成义务教育后，其流向或是直接进入劳动力市场务工就业，或是在家待业，或是回到户籍所在地就读高中学校，或是在城市高中学校继续就读。完成义务教育的农民工随迁子女面临的最大困境是要回到户籍所在地升学考试，还是在城市升学考试及异地高考。在此背景下，《关于做好进城务工人员随迁子女接受义务教育后在当地参加升学考试工作的意见》的颁布，是对农民工随迁子女接受义务教育的关注延伸到接受高中教育的关注，是对农民工随迁子女入学就读的关注延伸到升学考试的关注，是对农民工随迁子女整个教育过程的关注，扩大了政策关注农民工随迁子女教育公平的范围。

（三）兼顾公平与效率的政策伦理阶段

大量聚集在大城市的农民工随迁子女给当地教育资源带来了压力。既为了关照国家的整体教育利益，又为了关切农民工家庭的教育利益，公平而有效率地利用好教育资源，需引导农民工随迁子女在分布区域、流动方向上的合理布局。在此背景下，我国政府相继出台了《国务院关于进一步推进户籍制度改革的意见》和《国务院关于进一步完善城乡义务教育经费保障机制的通知》。这两项政策在伦理取向上兼顾了教育公平与教育效率。

截至 2014 年，全国义务教育阶段就读的进城务工随迁子女人数为

1294.7万，占在校生总人数的比例为9.4％。① 规模庞大的农民工随迁子女主要分布在京沪广及省会城市，对当地教育资源形成了巨大压力，导致大城市的教育容纳能力日趋饱和。《国务院关于进一步推进户籍制度改革的意见》的出台，是要完全放开中小城市的落户限制，通过户籍制度改革来引导农民工向中小城市分流，推进义务教育覆盖包括农民工随迁子女在内的全部城市常住人口子女。户籍制度改革背景下的教育分流是要优化农民工随迁子女分布区域，充分有效地利用好教育资源。

使农民工随迁子女能在城市间合理流动，继而享受公平而有质量的教育资源。《国务院关于进一步完善城乡义务教育经费保障机制的通知》的颁布（以下简称《通知》），是在尊重农民工家庭教育选择的基础上，以"钱随人走"的经费保障机制来合理引导农民工随迁子女进行教育分流，特别是引导农民工随迁子女向中小城市教育分流。《通知》提出要"大力推进教育管理信息化，创新义务教育转移支付与学生流动相适应的管理机制，建立城乡统一的义务教育经费保障机制。实现相关教育经费可携带，增强学生就读学校的可选择性"。《通知》中提出的"钱随人走"机制对农民工随迁子女来说，无论是在户籍所在地还是在流入地就读，无论是在公办学校还是在民办学校就学，无论是在优质学校还是在薄弱学校入学，为农民工随迁子女提供了可供选择的教育权利，为保障农民工随迁子女的教育公平提供了切实可行的路径。

农民工随迁子女教育政策伦理的20年演变大致经历了三个阶段，从强调教育效率到关注教育公平，再到兼顾教育公平与效率，在伦理取向上是不断演进的。第一个阶段的政策伦理取向是强调国家教育利益的实现，完成适龄农民工随迁子女的"普九"目标，着力解决农民工随迁子女在城市学校"有学上"的问题。第二个阶段的政策伦理取向是关注农民工随迁子女的教育公平，着力解决农民工随迁子女在城市学校"上好学"的问题。第三个阶段的政策伦理取向是兼顾教育公平和效率，引导教育分流和尊重教育选择相结合，着力解决农民工随迁子女在城市学校接受公平而有

---

① 教育部：《中国教育概况——2014年全国教育事业发展情况》，2014年。

质量的教育问题。

二、农民工子女教育政策的伦理反思

我国 20 年的农民工随迁子女教育政策伦理取向总体上是进步的。要使进步不成为止步，还需进一步反思其伦理基础，反思实现了何方的公平与效率，探讨政策伦理的合法性；反思实现了何种程度的公平与效率，探究政策伦理的合理性；反思实现了何样的公平与效率，探求政策伦理的公正性；反思如何实现公平与效率，探索政策伦理的道德性。

任何政策都会受到伦理合法性的质疑，即政策是否全面及充分反映了各方的利益诉求。强势利益方能"发声"表达自身诉求，而弱势利益方可能会在表达自身诉求时"失声"。一方的利益诉求遮盖了其他方的利益诉求，会带来政策伦理的合法性问题。如何才能保障政策伦理的合法性？要在各政策利益方建立民主协商机制，保证各方都能在政策中发出自己的"声音"，全面及充分表达各方利益诉求而使政策更具合法性。对农民工随迁子女教育政策来说，需分析国家的教育诉求与农民工随迁子女的教育诉求是否在民主协商基础上得到了全面及充分的反映，并以此来反思农民工随迁子女教育政策伦理的合法性，即政策究竟反映了何方的教育公平与效率，教育公平与效率是否都得到了彰显。

任何政策都会面临伦理合理性的检验，即政策在何种程度上实现了各方的利益目标。强势利益方能利用自身优势来达到利益目标，弱势利益方在实现利益目标时可能会受到排挤，或未实现任何利益目标，或只实现了部分利益目标，强调一方的利益目标而忽视其他方的利益目标，会导致政策伦理的合理性问题。如何才能保证政策伦理的合理性？要在政策利益目标上实现各方的互利共赢。对农民工随迁子女教育政策来说，需分析国家教育目标与农民工随迁子女教育目标是否在互利共赢基础上都得到了实现，并以此来反思农民工随迁子女教育政策伦理的合理性，即各利益方实现了何种程度的教育公平与效率，教育公平与效率的实现是否达到了内在平衡。

任何政策还会承受伦理公正性的考量，即政策在处理利益关系时是否秉持了相互平等的原则。强势利益方能借助自身优势来打破利益关系的相互平等，导致利益关系不平等，带来政策伦理的公正性问题。如何才能维护政策伦理的公正性？要在各方间建立一种相互平等的利益关系。对农民工随迁子女教育政策来说，需分析在处理国家教育利益与农民工随迁子女教育利益关系时是否遵循了相互平等原则，并以此来反思农民工随迁子女教育政策伦理的公正性，即政策达到了何样的教育公平与效率，教育公平与效率在政策中是否保持了相互平等关系。同时，伦理公正性反思特别要关注弱势群体的平等受教育权，因为"公共行政追求社会公平就是要推动政治权力以及经济福利转向社会中那些缺乏政治、经济资源支持，处于劣势境地的人们"。[1]

对伦理有两种基本的理解。一种认为伦理是在处理人与人、人与社会相互关系时应遵循的道理和准则；另一种认为伦理是处于道德底线的一种人与人之间的情、爱、尊卑、长幼，以及普遍自然法则（如同类不能相食、近亲不能结婚，否则就违背伦理）的行为规范。[2] 但我们对伦理的理解往往强调前一种的利益调节，而忽视后一种的利益底线，因此任何政策还要直面伦理道德性的拷问，即政策是否关照了弱势群体方的利益底线。强势方在进行利益调节时往往会以牺牲弱势方的利益为代价，突破利益底线而带来政策伦理的道德性问题。如何才能维持政策伦理的道德性？要把政策建在保障弱势方的利益底线的基础上，把尊重弱势群体的人格尊严作为政策伦理前提，并以此来反思农民工随迁子女教育政策伦理的道德性，即政策是如何实现教育公平与效率的，是否做到了公平优先，是否把尊重弱势群体的人格尊严作为教育公平与效率的出发点。

三、农民工子女教育政策的伦理缺陷

对政策伦理不能止于反思，还需在反思基础上关注农民工随迁子女教

---

① H. G. Frederickson，*New Public Administration*，The University of Alabama Press，1980.7.

② 余佳麟：《伦理学概念》，民族出版社 2004 年版，第 4—5 页。

育政策伦理演进历程，分析其伦理缺陷，指出其实践困境，才具有现实意义。

　　我国农民工随迁子女教育政策的颁布与实施是自上而下的，主要是反映国家教育诉求，即如何有效安置农民工随迁子女在城市学校接受教育，虽然反映农民工随迁子女的教育诉求，但是无法完全表达农民工随迁子女公平受教育的"民意"。一方的利益诉求能得到充分体现，而其他方的利益诉求未能完全表达，会带来政策伦理的合法性问题，导致政策伦理缺陷。农民工随迁子女的教育诉求未能充分表达，会产生现实差距而带来实际教育问题，不断积累的教育问题会成为社会矛盾，成为社会不稳定因素。由于 1996 年和 1998 年的政策未充分反映农民工随迁子女在城市学校的入学诉求，致使农民工随迁子女的入学问题严重，成为各级政府不得不重视的问题，这反而倒逼"两为主"政策的颁布；由于 2012 年之前的政策未及时表达农民工随迁子女的升学考试诉求，致使农民工随迁子女升学考试问题成为社会矛盾，这反而倒逼升学考试政策的出台。政策若未及时反映农民工随迁子女的教育诉求，它就会以问题形式出现，反过来倒逼相关政策的出台；政策若能充分表达农民工随迁子女的教育诉求，它就会以预防形式解决相关问题，化解社会矛盾与冲突。

　　农民工随迁子女教育政策虽关注教育公平，但以教育效率为伦理主线，致使教育公平与效率的实现程度不成比例，存在"重效率轻公平"的伦理合理性问题，即为了强调国家教育利益而忽视农民工随迁子女教育利益，未达到互利共赢的伦理合理性，导致政策伦理缺陷，直接后果是带来了"城市学校挤"的大班额现象。"两为主"政策要求公办学校最大限度地接纳适龄农民工随迁子女就读。截至 2011 年，"进城务工人员随迁子女在公办学校就读的比例达到 80%"[1] 从而使"进城务工人员随迁子女在当地接受义务教育的问题得到初步解决"。[2] 但因"政府的'两为主'政策

---

　　① 袁振国：《教育公平是社会公平的重要力量》，中国教育报 2012 年 11 月 5 日。
　　② 教育部：《关于做好进城务工人员随迁子女接受义务教育后在当地参加升学考试工作的意见》，2012 年。

呈现出政府承担责任的权利能力与承担责任的行为能力之间的冲突"，[①]
只有通过增加学位来满足农民工随迁子女的入学需求，致使班级规模不断
扩大而导致大班额现象。适龄农民工随迁子女虽进入了公办学校就读，其
实是把校外的教育公平问题转变为校内的教育公平问题。2013 年，全国
小学大班额的比例是 13.25%，贵州省的比例达到 15.21%。贵州省小学
大班额情况最为严重的是六盘水市，2012 年，所占比为 23%；2013 年，
所占比为 23.48%；2014 年，所占比为 20.40%。2014 年，贵州省城市
初中大班额的比例为 26.99%，超过四分之一的班级是大班额。初中大班
额情况最为严重的是毕节市，2012 年，所占比为 57.74%；2013 年，所
占比为 56.02%；2014 年，所占比为 42.86%。[②] 由于大班额现象，学校
的生师比、生均图书册数、生均校园占地面积、每百名学生拥有计算机
数、生均仪器设备值严重失衡，带来了学校管理、班级教育、教师教学负
担、学生个性发展等问题，教育质量未得到有效保障，受教育状况也未得
到切实改善。

　　"两为主"政策明确提出要以公办学校为主来接纳农民工随迁子女就
读，但并未明确以什么样的公办学校来接纳农民工随迁子女就读，这会造
成农民工随迁子女无法享受到与城市户籍子女的同城待遇，因为公办学校
有优质学校与薄弱学校之分，致使农民工随迁子女的入学机会事实上不平
等，带来政策伦理的公正性问题，导致政策伦理缺陷。实际上，流入地政
府主要是以城郊学校（城郊学校一般来说是薄弱学校或闲置校园）来安置
农民工随迁子女进入公办学校就读。农民工及其子女主要聚集在城郊，把
农民工随迁子女安置在城郊学校虽符合"就近入学"原则，但"最终会形
成不同家庭的子女按照收入和拥有的社会资源来进行教育群分（sorting）
的现象，并且在居住方面表现出不同收入水平、职业和社会地位的社区之

　　① 杨颖秀：《农民工子女就学政策的十年演进及重大转变》，《东北师范大学学报》（哲学社
会科学版）2007 年第 6 期。
　　② 数据来源于贵州省教育厅：2013 年、2014 年、2015 年《贵州省教育统计年度报表》；中
华人民共和国教育部：《2013 年全国教育事业发展简明统计分析》。

间的相互隔离（residential segregation）……而且受教育者之间存在着同学相互影响的同群效应（peer effects）"。[1] 农民工所群居的城市区域，彼此间高情绪度和高亲密感的同质性还易导致内卷化，难以融入城市社会生活中，而"进城务工人员的内卷化也势必推动其子女的内卷化，不利于进城务工人员子女的城市融合"。[2] 因此，以城郊学校为主的入学安置方式会带来农民工随迁子女的群分现象和内卷化问题，造成他们与城市社会的隔离，成为城市社会的边缘群体。大量研究结果还表明，"由于教育代际间的强烈传递性，并没有改变两代人之间在职业流动上的模式，因而它是一种社会地位再生产的重要机制"。[3] 农民工及其子女作为城市中的弱势群体，在经济资本、文化资本和社会资本方面均存在劣势，再加上"排他"和"内固"的社会封闭机制，农民工家庭易形成低收入—低教育—低收入的恶性循环，导致阶层结构的再生产。

农民工随迁子女的利益底线是保障其平等受教育权，这与尊重农民工随迁子女的人格尊严相关。没有对农民工随迁子女人格尊严的尊重，就没有平等受教育权。正因为忽视从尊重人格尊严层面来保障农民工随迁子女教育的利益底线，政策伦理才会存在道德性问题，导致政策伦理缺陷，致使农民工随迁子女平等受教育权得不到保障。1996 年印发的《城市农民工中适龄儿童、少年就学办法（试行）》第 15 条规定："城市农民工中适龄儿童、少年在流入地接受教育，流入地学校或教学班、组，可以向其父母或监护人收取一定的费用。"此后，"不仅专门为进城务工农民子女准备的低收费、高收费、公办、民办、条件好、条件差等各种形式的学校应运而生，对进城务工农民子女教育问题的解决也进入了与城市儿童、少年相

---

① 雍莉、陆铭：《教育的公平与效率是鱼和熊掌吗——基础教育财政的一般均衡分析》，《中国社会科学》2005 年第 6 期。

② 黄兆信、李远煦、万荣根：《"去内卷化"：融合教育的关键——进城务工人员子女融合教育的现状与对策》，《教育研究》2010 年第 11 期。

③ 李路路：《再生产的延续——制度转型与城市社会分层结构》，中国人民大学出版社 2003 年版，第 32 页。

区别的二元境地"。① 这种"二元境地"是对农民工随迁子女作为儿童基本教育权的忽视，在利益底线上存在伦理缺陷，带来了农民工随迁子女的入学、在学和升学公平问题，易导致农民工随迁子女在社会融入上的"内卷化"、在校外生活上的"街角化"、在沟通交往上的"标签化"、在社会生活上的"边缘化"，造成农民工随迁子女的学习退步、心理叛逆、品格偏差，缺乏身份认同感和社会归属感，给农民工随迁子女成长带来个人风险、家庭风险和社会风险。

四、教育政策伦理走向及农民工家庭的教育选择

针对农民工随迁子女教育政策的伦理缺陷及现实困境，须摆正农民工随迁子女教育政策的伦理走向以克服其伦理缺陷，完善农民工随迁子女教育政策体系，促进农民工家庭教育选择的合理性。

第一，农民工随迁子女教育政策要进一步完善民主协商的伦理基础，提高政策伦理的合法性。要在克服"单向度"利益诉求表达的伦理缺陷基础上，"多向度"表达利益诉求，各方利益诉求都能得到充分表达，特别是要保证农民工家庭有机会充分表达其利益诉求，不断提高政策伦理的合法性。要通过建立区域性预警、学校层面预警和专项预警的预警系统，多层面反映农民工随迁子女受教育状况及其问题；要通过建立年度报告和专项报告制度，多角度反映政府部门、社会各界、学校及农民工家庭的教育诉求；要通过电子政务和网络平台建立信息公开制及互动平台，多渠道保障包括农民工在内的全体国民都有对农民工随迁子女受教育状况的知情权、参与权、建议权和监督权，并把各方教育诉求及时充分地反映在相关政策中。从这个角度来说，政策为农民工家庭的教育选择提供了更多的信息资源，同时也为农民工家庭合理的教育选择提供了保障。

第二，农民工随迁子女教育政策要进一步夯实互利共赢的伦理基础，增强政策伦理的合理性。教育政策目标不仅要建立在实现教育效率的伦理

① 杨颖秀：《新生代进城务工农民子女的教育政策需求及政策制定方式的转变》，《教育研究》2013 年第 1 期。

基础上，强调农民工随迁子女在公办学校就读比例、就近入学率、巩固率、毕业率、升学率等指标，以提高农民工随迁子女教育年龄，提升国民整体素养，实现国家教育利益。教育政策目标还要建立在保障教育公平的伦理基础上，要从大班额比、生师比、教师高一级学历比、生均校园占地面积、生均图书册数、生均仪器设备值、生均公用经费、对教师满意度等资源状况来保障其受教育权益；要从学业状态、学习成绩、学习满意度等质量状况来维护其受教育权益；要从营养状态、卫生状态、心理状态、沟通状态、品行状态等身心状况来保护其受教育权益，最大限度地实现农民工随迁子女教育公平。要在教育公平与效率的实现程度上达到平衡，实现互利共赢格局，增强政策伦理的合理性。从这个层面来说，互利共赢的教育政策环境，为农民工家庭合理的教育选择提供了有力的政策保证。

第三，农民工随迁子女教育政策要进一步巩固相互平等的伦理基础，维护政策伦理的公正性。农民工随迁子女教育政策要妥善处理效率与公平的关系，建立相互平等的伦理关系，促使政策伦理更加公正。要保障农民工随迁子女在入学机会上的平等性，既没有公办学校与民办学校的区分，也没有优质学校与薄弱学校的差异；要保障农民工随迁子女在升学考试上的平等性，既没有户籍区域的限制，也没有同城待遇的差别；要保障农民工随迁子女在社会融入上的平等性，既没有教育群分的隔离，也没有内卷化的困扰。要逐步消除农民工随迁子女与非农民工随迁子女的二元对立关系。要完全保障农民工随迁子女的平等受教育权，就要把农民工随迁子女当作是儿童群体中平等一员来接受同样教育，享受同龄儿童所具有的一切平等教育权，不以性别、民族、种族、户籍、地域差异而接受有差别的教育，不受任何歧视地享受作为儿童所具有的同等教育权。也就是说，"农民工子女无论在流入地还是在户籍地，都应当享有与城市儿童、少年同等的就学机会，同样的就学条件，城市儿童、少年能够得到的，农民工子女也应当能够得到"。[①] 从这个角度来说，相互平等的教育政策伦理，为农

---

① 杨颖秀：《农民工子女就学政策的十年演进及重大转变》，《东北师范大学学报》（哲学社会科学版）2007年第6期。

民工家庭合理的教育选择提供了公平的政策支持。

第四，农民工随迁子女教育政策要进一步加强底线约束的伦理基础，增强政策伦理的道德性。政策伦理走向是要进一步保证农民工随迁子女教育的利益底线，确保农民工随迁子女的平等教育权，使农民工随迁子女教育政策伦理受到"底线约束"，即任何教育政策都要建立在尊重农民工随迁子女人格尊严的伦理"底线"上，使农民工随迁子女本身受到政策的道德关怀。一方面，要把尊重农民工随迁子女的人格平等作为政策伦理的前提条件，以人格平等为出发点，贯穿于教育机会平等、教育过程平等和教育结果平等，从人格平等走向教育平等，继而走向社会平等。另一方面，要建立以保障农民工随迁子女平等教育权为本的政策体系，政策措施要以保证农民工随迁子女平等教育权为中心，任何政策措施都要服务于农民工随迁子女的身心发展。从这个层面来说，底线约束的教育政策伦理，为农民工家庭合理的教育选择提供了基本的政策保障。

第三节 农民工家庭教育选择的政策支撑

对于农民工家庭的教育选择，离不开政策的支持。那么，在政策层面，特别是在教育政策层面，如何来有力地支撑农民工家庭合理的教育选择呢？这种合理的教育选择既要符合国家的整体利益，又要满足农民工家庭自身的利益，特别是要有助于促进农民工子女的身心发展。我们的教育政策应该既对农民工家庭的合理的教育选择提供支撑，也对农民工家庭的教育选择提供相应的教育引导，使国家的教育资源得到最充分的利用。

一、学前教育政策的改革

对于外来务工农民随迁子女接受学前教育的问题，首先要制定相关的教育政策，通过教育政策来支持外来务工农民的随迁子女能够接受公平而有质量的学前教育。在整个教育阶段中，相对来说，农民工随迁子女接受学前教育的问题更为突出，相关的教育政策应该着重考虑以下几方面的事项。

（一）采取外来务工农民随迁子女分类入园措施

随着新户籍制度的改革，中小城市基本上放开了户籍限制，对于这些中小城市，要从教育政策层面上保证包括外来务工农民随迁子女在内的孩子都有进入公办幼儿园的机会。在这方面，中小城市面对的压力较小，应该有能力达到这个目标。对于大城市而言，要采取与新户籍制度改革相配套的措施，每年都要新办一定比例的公办幼儿园，用于解决包括外来务工农民随迁子女在内的孩子"入园难""入园贵"的问题，逐步增大外来务工农民随迁子女进入公办幼儿园的比例。农民工家庭中的学龄前孩子在城市中具有巨大的学前教育需求，对于这些教育需求，我们的政策措施要采取分类入园的办法，逐步加以满足与化解，为农民工家庭的教育选择提供丰富的教育供给。

（二）在外来务工农民较集中的区域成立公办幼儿园

根据外来务工农民随迁子女的实际入园需求，政府投资成立公办幼儿园来招收孩子入园。在办园面积、硬件设施、师生比、保育员的配置等方面达到国家标准，有条件的区域还要办成示范性幼儿园，要为外来务工农民随迁子女提供优质的学前教育资源。对于分散在城区的外来务工农民随迁子女也要为他们进入公办幼儿园提供条件，尽可能满足他们进入公办幼儿园的需求。要扩大农民工子女入园的比例，就要把公办幼儿园作为学龄前农民工子女入园的主要途径，也能为学龄前农民工子女入园提供切实的保障。因此，要根据需要，在务工农民较集中的城市区域成立公办幼儿园，为农民工家庭的教育选择提供更多的可供选择的学前教育资源，这需要在教育政策层面上予以保证。

（三）农民工随迁子女接受学前教育纳入15年教育规划

当前，全国的各个省份都在提倡15年基础教育，要把外来务工农民随迁子女接受学前教育也纳入15年基础教育的规划中，写进各级政府的"十三五"教育规划中，这样就能从政策层面为外来务工农民随迁子女在城市接受学前3年教育提供经费保障与政策支持。把外来务工农民随迁子女接受学前教育纳入15年基础教育规划中，能为外来务工农民随迁子女接受学前教育提供与城市当地儿童一样的生均公用经费，这样就能为外来务工农民随迁子女接受公平的学前教育提供政策及经费上的保障。同时，在教育政策层面上也是对农民工家庭教育选择的一种实际支持，而且这种支持是写进了各个城市的基础教育发展规划中，体现了一定的权威性和可靠性。

（四）大力发展普惠性幼儿园

对于没有办园资格的黑幼儿园和游击幼儿园要从政府行政层面坚决采取措施予以取缔，保障外来务工农民随迁子女接受学前教育的合法权益。同时，对于办学条件较好的民办幼儿园，政府要加大支持力度来支持其发展，大力鼓励普惠性幼儿园的发展，通过优惠政策来鼓励社会资源及资金进入学前教育领域，不断增加学前教育资源的存量。通过购买学位的形式，每招收1名外来务工农民随迁子女入园，要给予相应的生均公用经费，用于改善办园条件。对于民办幼儿园还可给予专项经费和相应的奖励经费来改善其办园条件，同时还要支持办园质量较高的民办幼儿园申请示范性幼儿园，不断提高民办幼儿园的办园质量。对于民办幼儿园还要从师资配置、师资进修培训、职称评定、评奖评优等方面给予公办幼儿园同等待遇，激发民办幼儿园在改善办园条件与招收外来务工农民随迁子女入园方面的积极性。这样，政府通过加大对民办幼儿园的教育投入，可以为外来务工农民随迁子女享有公平而有质量的学前教育提供全方位的保障。同时，还可以为农民工家庭的教育选择提供更多的学前教育资源，使农民工家庭能够根据自身的实际情况来进行教育选择，也使农民工家庭的教育选择更有合理性。

二、义务教育政策的改革

我国政府首先是从义务教育政策入手来化解农民工子女的教育问题，应该说，关于农民工子女的义务教育政策是比较成熟的。那么，在后续的义务教育政策中，应该如何进一步从政策层面来支撑与完善农民工家庭的教育选择呢？需要从以下几个方面来对义务教育政策进行改革与完善，以支持农民工家庭的教育选择。

（一）进一步提高外来务工农民随迁子女进入公办学校的比例

目前，在全国范围内虽然已有超过 80% 的外来务工农民随迁子女能够进入城市公办学校接受义务教育，但这在各个城市之间存在着极大的不均衡。在中小城市中，农民工随迁子女能够进入公办学校就读的比例最高。有些小城市中的外来务工农民随迁子女能够进入公办学校就读的比例甚至达到 100%，中等城市公办学校接纳外来务工农民随迁子女就读的比例也很高，只是略低于小城市的比例。但对于大城市及省会城市而言，情况就大不一样了。有些大城市和省会城市接纳外来务工农民随迁子女就读的比例不到 80%，有些城市甚至还不到三分之二，这与大城市及省会城市本身的教育资源压力有很大关系。还有一点需要说明的是，有些地方，对于农民工随迁子女在城市公办学校就读比例的数据是有出入的，主要是因为有些城市的统计口径不一样，有些城市把在民办学校购买学位也算是农民工随迁子女进入公办学校就读。事实上，在民办学校购买学位与在城市公办学校就读，两者之间存在很大的差别，不能把在民办学校购买学位算作农民工随迁子女进入公办学校就读的比例。

因此，针对上述问题，特别是对于大城市及省会城市来说，在新户籍制度改革的背景下，要进一步加大对义务教育的投入力度，新办或改造公办学校来用于接纳外来务工农民随迁子女就读。特别是在外来务工农民随迁子女较为集中的区域，根据随迁子女的实际入学需求和数量，尽可能成立或增加公办学校，挖掘公办学校接纳外来务工农民随迁子女就读的潜力，进一步提高外来务工农民随迁子女进入公办学校的比例，让每一位外来务工农民随迁子女有选择进入公办学校接受义务教育的机会，保障他们合法的受教育权益。同时，要进一步扩大城市公办学校的义务教育资源，这是对农民工随迁子女选择进入城市公办学校接受义务教育需求程度的进一步满足。

（二）改善打工者子弟学校的办学条件

目前，各个城市中都有相当比例的外来务工农民随迁子女在打工者子弟（民办）学校接受义务教育。但是这些打工者子弟学校在办学条件及办学质量等方面与公办学校存在较大的差距。在新户籍制度改革背景下，应给予外来务工农民以市民待遇，其子女也应享有与其他市民子女相同的教育资源。对于进入打工者子弟学校的外来务工农民随迁子女来说，要根据学生的实际数量给予同等的生均公用经费，用于改善打工者子弟学校的办学条件。同时，根据国家颁布的义务教育学校办学标准，对打工者子弟学校的各项办学指标进行严格考核，对于考核指标不达标的项目，通过政策支持与专项经费支持来限期整改，以期达到相应的办学标准，不断改善打工者子弟学校的办学条件。同时，对于打工者子弟学校教学质量比较薄弱等实际问题，要从提高打工者子弟学校的师资水平的角度给予相应的支持。对打工者子弟学校的教师要进行全员进修培训，到其他公办学校跟班进修，并配备相应的专业发展指导教师，派遣公办学校的优秀教师到打工者子弟学校任教，对其进行对口支援及帮扶，帮助提高打工者子弟学校的教学水平和教学质量。总之，教育行政部门不要把打工者子弟学校与公办学校区别开来，要在办学条件与办学质量方面同等对待，要补齐打工者子弟学校办学条件与办学质量的短板，不断改善打工者子弟学校的教育环境，使外来务工农民随迁子女能够从中受益。

（三）提高公办学校的办学水平

我们在调研中发现，接纳外来务工农民随迁子女就读的公办学校，一般都是城郊学校，或者是城区的薄弱学校，这些学校或者是新办的，或者是由于城市当地户籍的生源不足，而用于招收外来务工农民随迁子女就读。与城市其他公办学校相比，其办学水平存在差距。外来务工农民随迁子女能够进入城市公办学校就读，这是在入学机会上的教育公平。但外来务工农民随迁子女就读的公办学校在办学质量上与其他城市公办学校存在较大的差距，这对于外来务工农民随迁子女而言，存在教育过程中的事实不公平，这种教育不公平是对外来务工农民随迁子女享有平等权的漠视。同时，教育过程的不公平还会带来教育结果的不公平。教育公平是社会公平的基石。

因此，提高接纳外来务工农民随迁子女就读学校的办学质量，是摆在当前教育行政部门与公办学校面前的现实问题，要从保证教育公平过渡到保障教育质量，这是今后接纳外来务工农民随迁子女就读学校的办学重点与方向。关键一点，还是要在极大地改善这类公办学校办学条件的基础上，大力提高这些公办学校的教育管理水平和教师教育水平，逐步提高教学质量。同时，要根据城市义务教育学校均衡发展的相关政策，使优质公办学校对这些接纳外来务工农民随迁子女的薄弱学校进行对口帮扶。还可以通过集团化办学，打造学校联盟来提高薄弱学校的办学水平，让外来务工农民随迁子女享受公平且优质的教育资源，为外来务工农民随迁子女的全面成长打下扎实的基础。此外，不断提高农民工随迁子女就读学校的办学水平和教育质量，也可以不断提高农民工家庭教育选择的满意度。

三、异地中考政策的改革

针对目前农民工随迁子女异地中考的现状，以及政策面临的困境，对于外来务工农民随迁子女异地中考政策，提出如下的政策措施建议，从而为农民工家庭的教育选择提供政策支持。也就是说，对相关的户籍制度和中考政策进行改革，发挥政策对农民工家庭教育选择的影响作用，从而有利于农民工家庭作出较为合理的教育选择。

（一）剥离附于户籍上的各种福利待遇

当前的户籍制度改革的目标是推进户籍制度改革，放宽中小城市和小城市落户条件。有计划有步骤地解决好农民工在城市的就业和生活问题，逐步实现农民工在劳动报酬、子女就学、公共卫生、住房租购以及社会保障方面与城市居民享有同等待遇。在户籍制度改革的背景下，作为解决农民工随迁子女在城市接受高中阶段教育的重要政策保证，异地中考政策应列入下一步教育改革的日程。应以中小城市户籍改革为契机，配套改革与户籍制度直接相关的制度，淡化包括劳动就业、子女入学、住房分配、社会保障等政策规定中对户口的特殊要求，逐步剥离附着于其上的福利及其他各种功能，实现农业人口和非农业人口的主体平等，打破农民工随迁子女异地中考并继续升学的体制障碍。户籍制度的改革只是解决农民工子女异地中考的一步，不过这一步迈过了异地中考制度改革的体制机制障碍。

（二）适当降低异地中考的门槛

目前各个省份都颁布及实施异地中考政策。面对农民工家庭不断积累的其子女在务工就业城市异地中考的现实需求，以及各方面的教育舆情，各个省份的异地中考政策可以依据客观条件与实际情况，适当降低农民工随迁子女在城市学校异地中考的相关条件，把农民工随迁子女异地中考的门槛放低一点，要进一步细化和落实政策措施，确保符合条件的进城务工农民随迁子女都能够在流入地的城市学校参加中考，有条件的城市能够根据实际情况接纳农民工随迁子女就读普通高中学校。异地中考制度的改革，实际上可以为农民工家庭的教育选择提供更多的机会，为农民工家庭的教育选择营造一个开放的系统，从而成为社会公平与教育公平的基石。

（三）把握住城市高中学校的接纳量

要进一步预测城市普通高中学校的接纳"容量"，同时对城市农民工及其随迁子女的规模与变动趋势进行前瞻性预测，还需要对于农民工家庭就读普通高中的教育需求进行相应的测算，以此来规划农民工随迁子女进入城市普通高中就读的数量与规模，并对城市的普通高中学校进行相应的布局调整。从长远看，还要把农民工家庭在城市就读普通高中的需求纳入城市的教育发展规划中，根据经济社会发展的态势进行统一布局。同时，要以现有办学条件和教育教学水平所能提供的学位数量为依据，对城市普通高中阶段教育的供给与需求变动状况作出科学判断。只有把握住城市普通高中学校的接纳量，才能在此基础上为城市普通高中"扩容"，扩大城市的普通高中教育资源，为农民工家庭的教育选择提供相应的数据参考，尽量使农民工家庭的教育选择具有一定的合理性。

（四）解决教育经费在区域间的"支出流动"问题

当前，部分地区及学校对于接纳农民工随迁子女就读普通高中缺乏积极性，与义务教育学校接纳农民工随迁子女就读形成了明显的差距，为什么会出现这种情况呢？一个主要的原因是农民工随迁子女来到城市普通高中就读并未带来教育经费的"可转移支付",并且由于农民工随迁子女群体的大量涌入还使得教育经费被"稀释",并导致城市学校的"借读费""赞助费"等费用增加。如何来化解城市普通高中接纳农民工随迁子女就读的积极性问题呢?可以通过在全国推行可跨地区结算使用的教育券制度,建立中央财政拨一点、流出地政府出一点、流入地政府补一点的"三位一体"的教育券经费筹措机制,从资金、规章制度和支持服务等方面对教育券进行设计与评估,使得学校可以凭学生缴纳的教育券在当地政府兑换,实现教育经费的分配与流动学生规模相匹配。① 这样可以有效解决城市地区普通高中阶段教育经费不足的问题,消除户籍制度对学生自由流动带来的不利影响,进而提高城市学校接纳农民工随迁子女的积极性。同时,这也可为农民工家庭实现更高层次的教育选择提供一种切实可行的路径,为农民工随迁子女在城市学校接受普通高中教育创造条件。

(五) 向外出务工农民子女全面开放免费的中等职业教育

由于中等职业教育具有自身的特点,它与高考的联系没有普通高中教育那样密切。一方面,当前的国家免费中等职业教育只惠及城市本地户籍人口,但实际情况是招生处于不饱和状态,招不足生源;另一方面,由于农民工随迁子女属于外来人口,却享受不到免费的优惠政策。如果放开户籍限制,让农民工随迁子女也能在城市享有免费的职业教育,中等职业教育作为推进异地中考政策的突破口,既可以较好地解决农民工随迁子女的继续升学和就业问题,也有利于城市职业教育的发展。从 2010 年 1% 全国人口抽样调查数据看,12～14 周岁的农民工随迁子女在省内流动的比例占 64.92%,跨省流动的比例占到 35.08%。农民工随迁子女以省内流动为主的特点,在一定程度上也为异地中考政策的探索提供了一定的发挥空间,减少了异地中考政策的复杂程度和实施难度。② 从这个数据也可以看出,农民工随迁子女以省内流动为主的特点,使得向外出务工农民随迁

---

① 吴霓、朱富言:《农民工随迁子女在流入地升学考试政策分析》,《教育研究》2014 年第 4 期。

② 吴霓、朱富言:《农民工随迁子女在流入地升学考试政策分析》,《教育研究》2014 年第 4 期。

子女全面开放免费中等职业教育，具有极大的可行性和可操作性，可以为农民工家庭的教育选择提供更多的机会与路径，使农民工随迁子女完成义务教育后的走向更加多元化。

四、城市学校布局调整的政策

城市中小学校的设置是根据本城市户籍的学龄儿童规模来布局的。随着农民工随迁子女数量在城市的不断扩大，原有的城市学校布局已不能适应城市发展的实际需求。同时也为了满足农民工家庭对于其子女的教育需求，特别是为了解决农民工随迁子女上学距离的问题，有必要实施城市学校布局调整政策，对城市的中小学校进行布局调整。那么，如何来对城市中小学校进行布局调整呢？关键是要解决学校布局调整的测算问题。

（一）布局调整的测算

在农村地区，教育部已经下发了相关文件，原则上已经停止了撤点并校，因此，在这里不讨论农村地区的学校布局调整问题。其实，在农村地区，特别是在偏远的乡村学校存在"学校空"的问题。当前农村学校的这种分布状态其实也会影响农民工家庭的教育选择，农村学校空，意味着农村学校教育资源的不集中。也就是说，农村留守儿童较难享受到较好的教育资源，缺乏一种较好的学校教育环境。

我们这里主要讨论城市学校的布局调整问题。随着农民工随迁子女的数量在城市的不断增加，为了落实"两为主"的教育政策，城市的公办学校普遍出现了大班额现象，严重地影响了农民工随迁子女的教育公平。根据课题组的实地调研，特别是实际观察的情况可以看出，有些地区及学校的大班额问题较严重，有些学校的班级规模超过七八十人，有的班级学生人数甚至接近百人。如何使农民工随迁子女在城市学校能够公平地接受教育，必须对城市的中小学校进行合理地布局调整，推进城市义务教育学校办学标准的均衡化发展，特别是以此为契机来改造城市薄弱学校。城市学校与农村学校的布局调整是有较大区别的。本部分主要是介绍城市小学和城市中学合理布局的测算方法，并以此来对城市的中小学校进行布局调整，为农民工家庭的教育选择提供一个较为合理的空间场域。

（二）城市小学学校布局的测算

城市的人口居住比较集中，经济发展条件也比较好，交通便利，小学的学校布局主要应考虑人口因素。

根据不同地区小学的最佳规模，可以计算出一所小学的服务人口。其公式为：

小学服务人口数＝最佳规模在校生数/6～11 岁人口占总人口的比重。

上述公式可测算出城市一所小学的服务人口。如果一所城市小学最佳规模为 24 个班，一个标准班的人数为 40 人，根据第六次人口普查得到的一般人口结构，城市 6～11 岁适龄儿童占该地区的总人口的比例为 6.486%。

城市小学服务人口数＝$40 \times 24 / 6.486\% \approx 15000$（人）[1]

从上面的公式可以看出，城市一所小学的服务人口为 15000 人。也就是说，在城市每 15000 人左右的片区就要设置一所小学，这样的城市小学布局是合理的，也有利于孩子就近入学。随着农民工随迁子女数量的增加，在设置小学的数量与空间时，要考虑农民工随迁子女的学龄人口占农民工数量的比重，城市中的小学要按上述服务人口数来合理布局小学数量与规模及其空间分布状况。在合理布局小学数量与规模的同时，也要对新建改建的学校进行标准化建设，以便外来务工农民随迁子女能公平接受教育。由于就读小学阶段的农民工随迁子女的年龄较小，农民工家庭的教育选择更多的是看重就近入学，从方便入学的角度来选择相应的就读学校，因此，城市学校的布局调整政策将会极大地影响农民工家庭的教育选择，学校的空间分布状况也是影响农民工家庭教育选择的一个重要因素。

（三）城市初中学校布局的测算

根据 11～15 岁的学龄人口比例及最佳初中规模数，可以得出一所初中的服务人口数，用公式表示为：

---

[1]　以上数据的测算具体参见范先佐等：《中国中西部地区农村中小学合理布局结构研究》，中国社会科学出版社 2009 年版，第 234 页。

一所初中的服务人口＝最佳规模在校生数/11～15岁人口占总人口比重。[①]

城市初中最佳规模为24～36个班，标准班人数为45人，按照第六次人口普查得到的一般人口结构，城市11～15岁初中学龄人口占该城市地区总人口的比例为3.877%，那么城市一所初中的服务人口约为：

最小值＝45×24/3.877%≈28000（人）

最大值＝45×36/3.877%≈42000（人）[②]

从上面的公式可以看出，城市一所初中的服务人口数为28000～42000人。也就是说，当城市人口为28000～42000人时，要设置一所初中。随着农民工随迁子女数量的增加，在设置初中时要考虑到农民工随迁子女增加的数量，城市初中要按上述服务人口数来合理布局初中数量与规模。在合理布局初中数量与规模的同时，要对新建改建的学校进行标准化建设，以使在城市学校的农民工随迁子女能够公平地接受教育。按照城市初中服务人口数的标准来布局调整中学的数量、规模与空间，有利于缓解城市学校的大班额现象。从这个角度来说，学校布局调整政策会对农民工家庭的教育选择产生实际影响，农民工家庭事实上也会根据城市学校的大班额现象来进行教育选择，他们会尽量避免在大班额的学校就读。

五、完善"钱随人走"的教育分流政策

2015年，国务院颁布的《关于进一步完善城乡义务教育经费保障机制的通知》的最大亮点是提出了"钱随人走"的经费保障机制，我们把它概括为"钱随人走"的教育分流政策。

"钱随人走"的教育分流政策其实是通过政策层面（即通过经费分配方式的改革）来引导农民工家庭的教育选择，把经费分配作为推动农民工

[①] 以上数据的测算具体参见范先佐等：《中国中西部地区农村中小学合理布局结构研究》，中国社会科学出版社2009年版，第240页。

[②] 以上数据的测算具体参见范先佐等：《中国中西部地区农村中小学合理布局结构研究》，中国社会科学出版社2009年版，第240页。

子女教育分流的最为有力的手段。通过建立学生生均公用经费可携带性的经费机制，使得农民工家庭具有自主选择其子女在城乡间流动的权利，以资源配置的形式来带动城乡学校本身的改革，特别是推动农村学校努力改善教育教学环境。对于城市学校而言，可以激发它们接纳农民工随迁子女就读的积极性，并以此带动教育教学质量的提高。通过建立"钱随人走"的经费保障机制，也可以使农民工家庭作出在不同城市间流动的教育选择，可以引导农民工随迁子女从教育资源较为紧张的大城市向教育资源较为宽松的中小城市流动。这样的话，既可以使农民工随迁子女享受公平而有质量的教育资源，也可以使国家整体的教育资源得到较为合理的利用。通过建立"钱随人走"的教育分流机制，也为农民工家庭对城市学校的教育选择提供了不同的机会，提供了更多的选项。农民工家庭可以根据自身情况及其子女的实际状况，对学校进行选择，对不同类型的学校、不同教育风格的学校、不同距离的学校，可以根据自身的具体情况来进行相应的教育选择。这样，农民工家庭的教育选择就由被动的选择改为主动的选择，以前是学校选择农民工随迁子女，现在是农民工随迁子女选择学校。这种教育选择形式的变化，一方面可以极大地激发农民工家庭关注教育、学校、孩子学习状况的热情，并参与到其中，有助于家校合作；另一方面，也可以极大地推动城市学校自身的教育教学改革，使其自觉地提高教学水平，自觉地提升教育质量和教育管理能力，不断增强学校自身的吸引力。

要发挥教育政策对于农民工家庭教育选择的影响作用，还有特别重要的一点需要强调，即一定要加强政策内容的宣传。我们在实地访谈中发现，部分农民工家庭对于国家的相关政策并不知情，甚至根本不了解相关的政策措施。很多农民工家庭是在不熟悉政策背景的情况下作出教育选择的，这样很容易带来农民工家庭教育选择的盲目性，继而产生不必要的负面效果。一项政策再好，如果政策的利益相关方不了解、不清楚政策内容，这样的政策肯定发挥不出它应有的政策效果，达不到它应有的政策目标。特别是对于农民工群体来说，由于信息渠道不畅通和学历文化层次相对较低，他们较少主动去关心相关的政策内容，造成信息的极度不对称，他们的教育选择极可能就是跟风，或者跟着感觉走。因此，我们不仅要根据实际情况来制定和颁布相关的政策制度，还要加大对农民工家庭的政策宣传力度，通过电视、广播、报纸、微信、短信、宣传栏等媒体，以多种形式、多样途径和各种载体来让农民工家庭熟悉相关的教育政策，以使农民工家庭在信息较充分的情况下作出教育选择，使得农民工家庭的教育选择尽可能地合理，尽可能地达到国家利益和农民工家庭利益的双赢，也使得教育资源得到最充分有效的利用，极大地促进农民工子女的身心健康发展。

结　语

　　农民工家庭的教育选择涉及千家万户，其实是我国当前最大的民生工程。农民工家庭的教育选择是当代中国社会关注的时代主题，从事农民工家庭教育选择的研究具有不容置疑的现实价值。对教育选择的研究较早始于经济学的范畴，是对家庭的教育投入与教育收益关系的研究，后来逐渐过渡到社会学研究的范畴，这种过渡具有重要的社会学意义，它使我们能够从一个更为广泛的视野来看待教育选择，当前教育选择已成为社会学研究中的重要课题。在西方社会里，较早的是关于中产阶级家庭的教育选择的研究。"教育选择"这个概念引入我国后，逐渐聚焦于农民工家庭的教育选择。因为农民工家庭的教育选择，不仅决定了其子女是处于留守状态，还是处于随迁状态，而且对整个教育资源的配置及整体社会状况会产生重要影响。所以，它是我们这个时代的主题，是我国当前最大的民生工程。

　　本书主要从以下九个部分来呈现研究内容。第一部分是绪论，主要是介绍本课题研究的过程与方法、研究思路与核心概念、相关理论与主要观点、研究现状、述评及趋势。第二部分是介绍教育选择在整个社会历程及教育发展中的表现形态，呈现出教育选择的演变发展史。第三部分是根据问卷调查表所统计与分析出来的数据，以及实地访谈得到的资料，从农村留守儿童、留守儿童的监护人、农民工随迁子女、随迁子女的监护人这四个方面来呈现农民工家庭教育选择的现状及农民工子女的受教育状况。第四部分是个案研究，以四个案例来反映当前农民工家庭教育选择的不同样态，是对农民工家庭教育选择的深度呈现。第五部分是对农民工家庭教育选择的现状进行比较分析，是对农民工家庭教育选择状况的深度描述。第六部分是对农民工家庭教育选择的问题及原因的分析，呈现农民工家庭在教育选择过程中存在的问题，以及这些问题背后的原因。第七部分逐一分析了影响农民工家庭教育选择的经济因素、文化因素、教育因素、大众心理因素、政策因素及孩子诉求因素。第八部分是对农民工家庭教育选择的线性机制、非线性机制和多元机制进行了分析，提出了当前农民工家庭教育选择的决策机制。第九部分是对农民工家庭教育选择与相关政策的关系进行了研究，特别是探讨了当前的教育政策改革如何支撑农民工家庭合理的教育选择。

在对上述九个部分进行研究的基础上，本书得出了以下五个主要观点。一是从总体来说，农村留守儿童的数量呈现下降的趋势，农民工随迁子女的规模呈现增加的趋势；二是农民工家庭的教育选择是教育供给与教育需求矛盾的反映；三是农民工家庭的教育选择受到经济状况为主导的多种因素的影响；四是农民工家庭的教育选择是以线性机制为主导的多元决策机制；五是农民工家庭的教育选择与国家政策之间是相互影响的。

附　录

农村留守儿童问卷调查表

亲爱的同学，您好！我是贵州财经大学的老师，为更深入了解留守儿童的状况，特制作该问卷表。本次调查采用匿名形式，占用你几分钟的时间，希望你如实认真填写，谢谢你的支持！

　　填表说明：请根据自己的实际情况在相应的选项处打"√"，每个问题只选择一个答案。

1. 你是_____。

　　A. 男生　　　　　　B. 女生

2. 你是_____的学生。

　　A. 小学四年级　　B. 小学五年级　　C. 小学六年级　　D. 初中一年级

　　E. 初中二年级

3. 你的年龄是_____。

　　A. 9 岁　　　　　B. 10 岁　　　　C. 11 岁　　　　D. 12 岁

　　E. 13 岁　　　　F. 14 岁　　　　G. 15 岁

4. 你和_____一起在家。

　　A. 爸爸　　　　B. 妈妈　　　　　C. 爷爷奶奶　　　D. 外公外婆

　　E. 其他兄弟姐妹F. 自己

5. 你是_____？

　　A. 一直在老家学习

B. 曾经随父母在城市学校读书，后回到老家学校学习

C. 先在家乡学校学习，后随父母到城市学校学习，再又回到家乡学校学习

6. 你在班上的学习成绩是_____。

　　A. 好　　　　　　B. 较好　　　　　　C. 一般　　　　　　D. 较差

7. 父（母）不在家，你觉得对你的影响是_____。

　　A. 很大　　　　　B. 较大　　　　　　C. 一般　　　　　　D. 没有

8. 如果让你选择的话，你会继续留在家乡的学校上学。_____

　　A. 很不同意　　B. 不太同意　　C. 略不同意　　D. 略微同意

　　E. 比较同意　　F. 非常同意

9. 你觉得父母让你留在家乡的学校学习，主要的原因是_____。

　　A. 我是女孩　　　　　　　B. 家里没钱

　　C. 父母要出去挣钱　　　　D. 在城市里不容易进学校

　　E. 年龄太小

10. 与父母一起外出，并在城市的学校读书。_____

　　A. 你的哥哥　　B. 你的弟弟　　C. 你的姐姐　　D. 你的妹妹

　　E. 你的其他兄弟姐妹　　　　F. 没有其他的兄弟姐妹

11. 你认为父（母）外出务工对于你的影响不大。_____

　　A. 很不同意　　B. 不太同意　　C. 略不同意　　D. 略微同意

　　E. 比较同意　　F. 非常同意

12. 你觉得父（母）不在家，对你影响最大的一项是_____。

　　A. 学习　　　　　B. 生活　　　　　C. 品格　　　　　D. 心理

　　E. 亲情

13. 你喜欢在自己家乡的学校学习吗？_____

　　A. 很喜欢　　　　B. 喜欢　　　　　C. 一般　　　　　D. 不喜欢

14. 你最不满意自己学校的一项是_____？

　　A. 学习环境　　B. 教学质量　　C. 教师上课　　D. 同学关系

　　E. 其他

15. 你的愿望是_____?

    A. 继续升学   B. 以后随父母到城里去读书

    C. 毕业后去务工   D. 以后要考上大学

16. 你想与父母一起外出、并到城市学校读书的想法是_____。

    A. 很强烈   B. 比较强烈   C. 一般强烈   D. 不强烈

17. 你对父（母）把你留在家乡学校学习的做法是_____?

    A. 很满意   B. 比较满意   C. 无所谓   D. 不满意

附录 2

农村留守儿童监护人问卷调查表

亲爱的家长，您好！我是贵州财经大学的老师，为更深入了解农村留守儿童状况，特制作该问卷表。本次调查采用匿名形式，占用您几分钟的时间，希望您如实填写，谢谢您的支持！填表说明：请根据自己的实际情况在相应的选项处打"√"，每个问题只选择一个答案。

1. 你是留守儿童的_____。

    A. 母亲　　　　　B. 父亲　　　　　C. 爷爷和奶奶　D. 外公外婆

    E. 亲戚

2. 你与_____孩子留守在家。

    A.1 个　　　　　B.2 个　　　　　C.3 个　　　　　D.4 个

    E.5 个

3. 你更倾向于把女孩留守在家。_____

    A. 很同意　　　　B. 比较同意　　　C. 略微同意　　D. 不同意

    E. 很不同意　　F. 无所谓男孩女孩

4. 你更倾向于把_____的孩子留守在家。

    A. 上小学低年级　　　　　　B. 上小学中年级

    C. 上小学高年级　　　　　　D. 上初中

5. 你把孩子留守在家的主要原因是_____。

    A. 家庭经济较困难　　　　　B. 在城市更难上学

    C. 在家更容易照顾　　　　　D. 在家上学方便

    E. 孩子太小了

6. 你的文化程度是_____。

    A. 小学毕业　　　　　　　　B. 初中毕业

    C. 高中（中专）毕业　　　　D. 专科及以上毕业

7. 如果让你选择的话，你愿意让孩子继续留守在家。_____

    A. 很不同意　B. 不太同意　C. 略不同意　D. 略微同意

    E. 比较同意　F. 非常同意

8. 你的月收入是_____。

    A. 1000 元以下　　　　　　　B. 1000～2000 元

    C. 2000～3000 元　　　　　　D. 3000～4000 元

    E. 4000 元以上

9. 你的家庭月收入是_____。

    A. 2000 元以下　　　　　　　B. 2000～3000 元

    C. 3000～4000 元　　　　　　D. 4000～5000 元

    E. 5000 元以上

附录 3

农民工随迁子女问卷调查表

亲爱的同学，您好！为了解随迁子女状况，特制作该问卷表。本调查采用匿名形式，希望你如实认真填写。请根据自己的实际情况在相应的选项处打"√"，每个问题只选择一个答案。

1. 你是_____。

    A. 男生   B. 女生

2. 你是_____的学生。

    A. 小学四年级   B. 小学五年级

    C. 小学六年级   D. 初中一年级

    E. 初中二年级

3. 你的年龄是_____。

    A. 9 岁   B. 10 岁   C. 11 岁   D. 12 岁

    E. 13 岁   F. 14 岁   G. 15 岁

4. 你是和_____一起到城市来务工上学的。

    A. 爸爸   B. 妈妈   C. 爸爸妈妈

5. 你在班上的学习成绩是_____。

    A. 好   B. 较好   C. 一般   D. 较差

6. 你是从_____与父母亲一起来城市务工上学的。

    A. 小学一年级   B. 小学二年级

    C. 小学三年级   D. 小学四年级

    E. 小学五年级   F. 小学六年级

    G. 初中一年级   H. 初中二年级

7. 与你一起随父母来城市学校读书的兄弟姐妹有。_____

    A. 0 个   B. 1 个   C. 2 个   D. 3 个

    E. 4 个

8. 你还有_____兄弟姐妹留在家乡的学校读书。

    A. 0 个   B. 1 个   C. 2 个   D. 3 个

E. 4 个

9. 相比原来老家的学校，你更喜欢现在就读的学校？_____

    A. 很不同意   B. 不太同意   C. 略不同意   D. 略微同意

    E. 比较同意   F. 非常同意

10. 你最满意现在就读学校的一项是_____。

    A. 学校环境   B. 教学质量   C. 教师上课   D. 同学关系

11. 你最不满意现在就读学校的一项是_____？

    A. 同学歧视   B. 老师看不起   C. 教师上课   D. 上学距离远

12. 如果让你选择的话，你更愿意继续留在城市学校学习。_____

    A. 很不同意   B. 不太同意   C. 略不同意   D. 略微同意

    E. 比较同意   F. 非常同意

13. 你对于父（母）把你带到城市学校学习的做法是_____。

    A. 很满意   B. 比较满意   C. 无所谓   D. 不满意

14. 你以后的愿望是_____？

    A. 继续在城里学校升学   B. 留在城里生活

    C. 毕业后去务工   D. 努力学习考上大学

15. 你觉得父母带你到城市的学校来读书的主要原因是_____？

    A. 城市学校的教育质量好   B. 一家人能在一起

    C. 我是男孩子   D. 家里经济较宽裕

16. 你在城市学校里遇到的最大困难是_____。

    A. 学习跟不上   B. 学习成绩较差

    C. 不适应学校环境   D. 同学关系不好

17. 你的父母_____辅导你的学习。

    A. 经常   B. 有时间   C. 偶尔   D. 从不

18. 你的父母最关心你的_____。

    A. 学习成绩   B. 生活方面   C. 品格方面   D. 心理方面

附录 4

随迁子女监护人问卷调查表

亲爱的家长，您好！为更深入了解随迁子女状况，特制作该问卷表。本次调查采用匿名形式，占用您几分钟的时间，希望您如实认真填写，谢谢您的支持！

　　填表说明：请根据自己的实际情况在相应的选项处打"√"，每个问题只选择一个答案。

1. 你是随迁子女的＿＿＿＿＿。

　　A、母亲　　　　　B. 父亲

2. 你是与妻子（丈夫）一起在城市务工的吗？＿＿＿＿＿

　　A. 是　　　　　　B. 不是

3. 你的文化程度是＿＿＿＿＿。

　　A. 小学　　　　B. 初中　　　　C. 高中　　　　D. 中职中专

　　E. 大专及以上

4. 你妻子（丈夫）的文化程度是＿＿＿＿＿。

　　A. 小学　　　　B. 初中　　　　C. 高中　　　　D. 中职中专

　　E. 大专及以上

5. 你每月的收入是＿＿＿＿＿。

　　A. 2000 元以下　　　　　　B. 2000～3000 元

　　C. 3000～4000 元　　　　　D. 4000～5000 元

　　E. 5000～6000 元　　　　　F. 6000 元以上

6. 你家庭每月的收入是＿＿＿＿＿。

　　A. 3000 元以下　　　　　　B. 3000～4000 元

　　C. 4000～5000 元　　　　　D. 5000～6000 元

　　E. 6000～7000 元　　　　　F. 7000～8000 元

　　G. 8000 元以上

7. 与你（家庭）一起随迁的孩子有＿＿＿＿＿。

　　A. 1 个　　　　B. 2 个　　　　C. 3 个　　　　D. 4 个

8. 你还把_____孩子留守在家乡学校读书。

    A. 0 个   B. 1 个   C. 2 个   D. 3 个

9. 你更愿意把男孩带到城市学校里来读书。_____

    A. 很不同意   B. 不太同意   C. 略不同意   D. 略微同意

    E. 比较同意   F. 非常同意

10. 你更愿意把_____孩子带到城市学校里来读书。

    A. 上小学低年级   B. 上小学中年级

    C. 上小学高年级   D. 上初中一年级

    E. 上初中二年级   F. 上初中三年级

11. 如果条件允许的话，你先会把_____带到城市学校来读书。

    A. 全部孩子   B. 部分孩子   C. 男孩子   D. 女孩子

    E. 年龄小的孩子F. 年龄大的孩子

12. 你把孩子带到城市学校读书的主要原因是_____。

    A. 经济状况较好   B. 工作较稳定

    C. 能和孩子在一起   D. 农村学校教育质量差

    E. 农村学校教学环境不好   F. 农村学校管理较差

    G. 农村学校各方面都一般   H. 老家没人照顾小孩

13. 你觉得农村老家的学校是_____。

    A. 教育质量差   B. 教学环境不好

    C. 管理较差   D. 各方面都较一般

    E. 不知道

14. 你觉得城市学校_____。

    A. 教育质量好   B. 教学环境好

    C. 教师上课好   D. 孩子能接受更好的教育

15. 你是在_____务工。

    A. 本省的县市务工   B. 本省的省会城市务工

    C. 外省的县市务工   D. 外省的省会城市务工

    E. 沿海及经济发达的城市务工

F. 北京、上海、广州等大城市务工

16. 你外出务工的时间是_____。

　　A. 5 年以下　　　B. 5～10 年　　　C. 10～15 年

　　D. 15～20 年　　　E. 20 年以上

17. 你的孩子上的学校是_____。

　　A. 公办学校　　　　　　　　B. 打工子弟学校

　　C. 民办学校　　　　　　　　D. 学费较贵的私立学校

18. 你认为孩子在城市上学的最大障碍是_____。

　　A. 手续繁杂　　　　　　　　B. 各种证件要齐全

　　C. 不能就近入学　　　　　　D. 不能上好的学校

　　E. 费用难以承担

19. 你希望你的孩子_____。

　　A. 能在城市学校读高中，并在城市参加高考

　　B. 能在城市学校读高中，回到家乡参加高考

　　C. 能一直在城市学校读初中、高中，并在城市参加高考

20. 如果再次让你选择的话，你会让孩子继续留在城市学校学习。_____

　　A. 很不同意　　B. 不太同意　　C. 略不同意　　D. 略微同意

　　E. 比较同意　　　　　　　　　F. 非常同意

21. 作为监护人来说，你最关心你孩子的_____。

　　A. 学习成绩　　B. 升学状况　　C. 生活方面　　D. 品格方面

22. 你_____辅导你孩子的学习。

　　A. 经常　　　　B. 有时间　　　C. 偶尔　　　D. 从不

23. 你希望你的孩子今后_____。

　　A. 不再去务工　　　　　　　B. 在城市里有稳定的工作

　　C. 能考上大学　　　　　　　D. 毕业后去务工

24. 你觉得教育行政部门要做的主要事情是_____。

　　A. 简化手续，让孩子更容易上学　B. 让孩子都能上公办学校

C. 让孩子能上更好的学校　　　　D. 能有更多的机会升入高一级学校

25. 你觉得学校要做的主要事情是_____。

A. 让孩子能适应学习　　　　　　B. 提高孩子的成绩

C. 改善教学环境　　　　　　　　D. 融洽同学关系

26. 你对城市教育部门在孩子上学方面的做法的满意程度是_____。

A. 很高　　　　B. 较高　　　　C. 一般　　　　D. 较低

E. 很低

27. 你对孩子所上学的城市学校的满意程度是_____。

A. 很高　　　　B. 较高　　　　C. 一般　　　　D. 较低

E. 很低

参考文献

1. ［美］卡尔·帕顿、大卫·沙维奇：《政策分析和规划的初步方案》，华夏出版社 2001 年版。

2. 李路路：《再生产的延续——制度转型与城市社会分层结构》，中国人民大学出版社 2003 年版。

3. 田慧生、吴霓主编：《农民工子女教育问题研究：基于 12 城市调研的现状、问题与对策分析》，教育科学出版社 2009 年版。

4. 王毅杰：《流动儿童与城市社会融入》，社会科学文献出版社 2010 年版。

5. 叶敬忠、潘璐：《别样童年：中国农村留守儿童》，社会科学文献出版社 2008 年版。

6. 赵汀阳：《论可能生活——一种关于幸福和公正的理论》，中国人民大学出版社 2004 年版。

7. 中国进城务工农民子女教育研究及数据库建设课题组：《中国进城务工农民随迁子女教育研究》，教育科学出版社 2010 年版。

8. 蔡禾、王进：《农民工永久迁移意愿研究》，《社会学研究》2007 年第 6 期。

9. 陈振明：《非市场缺陷的政府经济学分析——公共选择与政策分析学者的政府失败论》，《中国社会科学》1998 年第 6 期。

10. 陈沁、袁志刚：《土地替代教育——城市化进程中农业家庭的教育选择》，《经济学》（季刊）2012 年第 1 期。

11. 董泽芳、王彦斌：《社会流动与教育选择》，《教育研究与实验》

2007 年第 1 期。

　　12. 段成荣：《我国流动儿童最新状况——基于 2005 年全国 1‰人口抽样调查数据的分析》，《人口学刊》2008 年第 6 期。

　　13. 范先佐：《教育公平与制度保障——进城务工人员子女接受义务教育的现状分析》，《教育发展研究》2007 年第 12 期。

　　14. 范兴华等：《流动儿童、留守儿童与一般儿童社会适应比较》，《北京师范大学学报（社会科学版）》2009 年第 5 期。

　　15. 方长春：《家庭背景与教育分流——教育分流过程中的非学业性因素分析》，《社会》2005 年第 4 期。

　　16. 辜胜阻、易善策、李华：《城市化进程中农村留守儿童问题及对策》，《教育研究》2011 年第 9 期。

　　17. 韩晓燕、文旼：《"隐性抗争"与"隐性合谋"：城市新移民家庭策略的互动模式——以上海市农民工家庭的初中后教育选择为例》，《云南师范大学学报》（哲学社会科学版）2011 年第 2 期。

　　18. 胡枫、李善同：《父母外出务工对农村留守儿童教育的影响——基于 5 城市农民工调查的实证分析》，《管理世界》2009 年第 2 期。

　　19. 黄兆信、李远煦、万荣根：《"去内卷化"：融合教育的关键——进城务工人员子女融合教育的现状与对策》，《教育研究》2010 年第 11 期。

　　20. 江绪林：《解释与严密化：作为理性选择模型的罗尔斯契约论证》，《中国社会科学》2009 年第 5 期。

　　21. 教育部：《关于做好进城务工人员随迁子女接受义务教育后在当地参加升学考试工作的意见》，2012 年。

　　22. 李春玲：《社会政治变迁与教育机会不平等——家庭背景及制度因素对教育获得的影响（1940—2001 年）》，《中国社会科学》2003 年第 3 期。

　　23. 李芬、慈勤英：《流动农民对其适龄子女的教育选择分析——结构二重性的视角》，《青年研究》2003 年第 12 期。

24. 李文彬：《农民工子女义务教育财政供给机制研究》，《教育发展研究》2010 年第 9 期。

25. 梁宏、任焰：《流动，还是留守？——农民工子女流动与否的决定因素分析》，《人口研究》2010 年第 2 期。

26. 廖娟：《人力资本投资风险与教育选择——基于个体风险态度的研究》，《北京大学教育评论》2010 年第 3 期。

27. 蔺秀云、王硕：《流动儿童学业表现的影响因素——从教育期望、教育投入和学习投入角度分析》，《北京师范大学学报》（社会科学版）2009 年第 5 期。

28. 刘少杰：《中国社会转型中的感性选择》，《江苏社会科学》2002 年第 2 期。

29. 刘精明：《教育选择方式及其后果》，《中国人民大学学报》2004 年第 1 期。

30. 刘杨、方晓义等：《流动儿童城市适应状况及过程——一项质性研究的结果》，《北京师范大学学报》（社会科学版）2008 年第 3 期。

31. 曲恒昌：《西方教育选择理论与我国的中小学入学政策》，《比较教育研究》2001 年第 12 期。

32. 上海市教育调查组：《上海农民工子女义务教育后出路问题研究》，《教育发展研究》2008 年第 3 期。

33. 邵书龙：《国家、教育分层与农民工子女社会流动：contain 机制下的阶层再生产》，《青年研究》2010 年第 3 期。

34. 王培刚、庞荣：《都市农民工家庭化流动的社会效应及其对策初探》，《湖北社会科学》2003 年第 6 期。

35. 王水珍、刘成斌：《流动与留守——从社会化看农民工子女的教育选择》，《青年研究》2007 年第 1 期。

36. 王利娟：《排斥与团结：社会分层机制下的教育选择》，《兰州学刊》2008 年第 3 期。

37. 王进、汪宁宁：《教育选择：理性还是文化——基于广州市的实证调查》，《社会学研究》2013 年第 3 期。

38. 王小红：《基于教育社会分层视角的农村学生社会流动与教育选择》，《中国农业大学学报》（社会科学版）2013 年第 4 期。

39. 王思琦、柴万方：《"过日子"逻辑与农民的教育选择》，《北京社会科学》2015 年第 1 期。

40. 王晓慧、刘燕舞：《新生代农民工对子女的教育选择及应对策略研究》，《华中农业大学学报》（社会科学版）2015 年第 1 期。

41. 魏建：《理性选择理论与法经济学的发展》，《中国社会科学》2002 年第 1 期。

42. 文军：《从生存理性到社会理性选择：当代中国农民外出就业动因的社会学分析》，《社会学研究》2001 年第 6 期。

43. 吴晓燕、吴瑞君：《上海市农民工子女初中后教育的现状、问题以及难点分析》，《教育学术月刊》2009 年第 1 期。

44. 吴霓等：《农村留守儿童问题研究报告》，《教育研究》2004 年第 10 期。

45. 吴霓：《农民工随迁子女异地中考研究》，《教育研究》2011 年第 11 期。

46. 吴霓、朱富言：《农民工随迁子女在流入地升学考试政策分析》，《教育研究》2014 年第 4 期。

47. 吴霓、朱富言：《随迁子女在流入地高考政策实施研究——基于 10 个城市的样本分析》，《教育研究》2016 年第 12 期。

48. 肖庆华：《农民工子女就学政策的演变、困境和趋势》，《学术论坛》2013 年第 12 期。

49. 谢春凤：《我国流动儿童教育政策演进的伦理分析》，《教育科学研究》2015 年第 5 期。

50. 颜敏：《技能高中还是普通高中？——中国农村学生的教育选择》，《中国农村经济》2012 年第 9 期。

51. 杨娟：《不确定条件下的最优教育选择——基于期权模型的实证

研究》,《北京师范大学学报》(社会科学版) 2008 年第 4 期。

52. 杨菊华、段成荣:《农村地区流动儿童、留守儿童和其他儿童教育机会比较研究》,《人口研究》2008 年第 1 期。

53. 杨颖秀:《农民工子女就学政策的十年演进及重大转变》,《东北师范大学学报》(哲学社会科学版) 2007 年第 6 期。

54. 杨颖秀:《新生代进城务工农民子女的教育政策需求及政策制定方式的转变》,《教育研究》2013 年第 1 期。

55. 易承志:《进城务工农民子女教育问题的政府治理》,《华中师范大学学报 (人文社会科学版) 》2007 年第 11 期。

56. 雍莉、陆铭:《教育的公平与效率是鱼和熊掌吗——基础教育财政的一般均衡分析》,《中国社会科学》2005 年第 6 期。

57. 于珍:《从边缘到中心: 十年来农民工子女教育研究的历程》,《教育导刊》2008 年第 5 期。

58. 袁晓娇、方晓义等:《流动儿童社会认同的特点、影响因素及其作用》,《教育研究》2010 年第 3 期。

59. 袁振国:《教育公平是社会公平的重要力量》,《中国教育报》2012 年 11 月 5 日。

60. 张锦华、吴方卫:《梯度二元融资结构下中国农村家庭的教育选择——基于嵌套 LOGIT 模型的实证分析》,《农业技术经济》2007 年第 2 期。

61. 张绘等:《流动儿童学业表现及影响因素分析——来自北京的调研证据》,《北京大学教育评论》2011 年第 3 期。

62. 张力跃:《对农民职业教育选择行为的理性视角分析》,《清华大学教育研究》2011 年第 5 期。

63. 中央教育科学研究所课题组:《进城务工农民工随迁子女教育状况调研报告》,《教育研究》2009 年第 4 期。

64. 朱伟珏:《一个揭示教育不平等的社会学分析框架》,《社会科学》2006 年第 5 期。

后　记

　　本书稿是在国家社科基金《农民工家庭的教育选择与政策支撑》（项目编号：16BSH041）的研究报告的基础上修改完成的。

　　自课题立项以来，我开始了相关的研究工作。整个研究过程既有辛劳，也有收获，心中感慨良多。一份研究报告，既呈现出研究的整个过程，也表达出自己的心路历程。在 2016 年年底完成了相关的文献梳理工作、研究方案的制定及问卷调查表和访谈提纲的开发工作。2017 年的第一季度完成了数据的采集工作，到第二季度的 6 月底全部完成了数据的统计与分析工作。整个写作过程从 2017 年 7 月持续至 2018 年 1 月。为了把研究成果以书稿的形式呈现出来，我一字一句地修改与推敲，尽量做得完善。在写作过程中，有初稿完成的喜悦、享受文字的快乐，也有反复修改的苦闷。

　　我 2008 年从北京师范大学博士毕业来到贵州工作，在近 10 年的时间里，我一直从事农民工子女的相关研究，得到了两项国家社科基金、教育部人文社科基金、贵州省省长基金、贵州省教育改革与发展十大招标课题基金的持续支持。感谢这些基金对我的农民工子女研究的持续支持。这些年来，我关于农民工子女的研究内容主要包括农村留守与流动儿童教育的比较研究、学校布局调整与农民工子女公平接受教育研究、农民工子女关爱服务体系建设研究、户籍制度改革背景下的农民工子女教育政策研究等。总体来说，这些都是关于农民工子女现实状况的研究。在当前状态下，为了深入推进农民工子女的研究，需要从农民工子女现实状况的研究转向农民工子女为什么会这样的研究，这就需要对农民工家庭的教育选择进行研究，这是我进行本课题研究的原因。农民工家庭教育选择的研究是要呈现农民工子女目前状况的背后原因，是要探究农民工家庭教育选择的整个过程、相应的影响因素及其决策机制。

虽然，这些年来我一直在从事农民工子女的相关研究，也尽了最大努力来对农民工家庭的教育选择进行研究，但由于本人能力与水平有限，再加上农民工家庭教育选择本身的复杂性，在对农民工家庭的教育选择研究中还存在着较大的薄弱点，敬请各位专家学者及相关人士批评指正。我认为，这些薄弱点主要表现在以下几个方面。一是对农民工家庭的教育选择状况的呈现不够集中，有些地方显得较为分散，有些分析也较为简单，对有些现象及问题没有很深入地进行分析；二是对于农民工家庭教育选择的影响因素的研究还不够透彻，有些地方的分析泛泛而谈，特别是没有把影响因素间的内在关系较为清晰地揭示出来，当然，这也是比较难揭示出来的；三是对于农民工家庭教育选择的决策机制最好是能够用模型的形式呈现出来，但由于本人在这方面的能力有限而无法做出来。从某种程度来说，模型确实能够较为完整地呈现农民工家庭教育选择的整个决策过程，但由于农民工家庭教育选择机制本身的复杂性，模型也有其自身的缺陷，无法对此进行较为完整的概括。对于上述的不足方面，在后续的研究中会加以改正，特别是要做出一些有深度的研究，从而对农民工家庭的教育选择有较强的解释力，体现出学术研究本身所应有的价值。

我从2008年博士毕业后一直从事农民工子女研究，到现在已经10年了。10年来，除了完成正常的教学科研及人才培养任务外，我把全部的精力放在农民工子女的研究上，对于农民工子女的研究已经化成了我的血液，流淌在我的心中。这些年来，既有对农村留守与流动儿童调研的艰辛，也有自己在理论思考上的艰难，但关注弱势群体教育的初心却一直没变，激励着我克服各种困难，激励着我不断前行。随着社会的发展，曾经的农民工子女终将成为一个历史概念，但当下的几千万农民工子女需要我们去关注，这是研究者的使命。不管怎样，在未来，我将继续尽己所能来从事农民工子女的相关研究，就如我曾在《人民教育》上发表的一篇文章中所说的"只要中国大地还有留守儿童，我就要为他们呐喊"。这是发自我内心的心声，也是我不断前行的动力，激励着作为学者的我在这方面不断努力。

我要感谢我的夫人成升琼女士，在写作过程中包揽了所有的家务活及对孩子学习的指导，使我能静下心来努力写作。我也要感谢我儿子肖涵洋，假期也不能与你相伴，谢谢你的理解。我常常眼睛饱含着热泪与感动，感谢我所认识的每一个人，感谢这个伟大的时代；同时我也要感谢自己，感谢自己这么多年来的坚持与努力，无论是在偏远的山村中调研、在孤独中的思考，还是在深夜中的写作、在文章中的直言。

在本书的编辑和出版过程中，人民出版社的王艾鑫老师付出了许多艰辛的劳动，在此表示衷心的感谢！

肖庆华